플랫폼 비즈니스

플랫폼 비즈니스의 이해와 생태계 구축

채 서 일

PLATFORM BUSINESS

들어가며…

성공하는 기업에 대한 정의는 시대마다 달랐다. 산업사회에서는 제품이 곧 기업의 경쟁력이었다. 따라서 경쟁자보다 제품을 잘 만들고 많이 팔고, 더 좋은 서비스를 제공하는 회사가 성공을 거두었다. 예를 들면 GE, P&G, GM, 현대자동차, LG화학, 삼성전자와 같은 회사들이다.

하지만 인터넷의 상용화와 스마트폰의 등장으로 가속된 디지털화는 성공하는 기업에 대한 정의를 바꿔 놓기 시작했다. 디지털화는 모든 사물과 사물이, 사물과 사람이, 사람과 사람이 연결되는 네트워크 사회를 만들었다. 이러한 시대에는 관계의 연결을 통해 서로 다른 능력을 가진 회사들과 협업하여 소비자에게 더 좋은 가치를 제공하는 회사가 성공을 거둘 확률이 높다. 사물인터넷(Internet of Things)을 포함한 모든 디지털 기술[1)]의 발전이 가져온 제조의 혁신은 생산성을 높이고 제조원가를 낮췄다. 또한 애프터서비스 등의 영역에서 급격한 전환 비용(Transformation Cost)의 변화를 가져왔다. 이러한 변화는 기업의 수익성 향상에 기여하면서 제조업의 패러다임 변화를 가져오고 있는 셈이다.

예를 들어 제조업의 꽃이라 불리는 자동차 산업을 살펴보자. 어제까지는 자동차 생산을 위한 가치사슬을 어떻게 구축하고 유지하여 생산 효율

1) 인공지능(AI), 블록체인(Block chain), 클라우드(Cloud), 빅데이터(Big data) 기술 등을 의미

성을 높일지만을 고민해도 되었다. 왜냐하면 품질 좋은 자동차를 가지고 있다는 것이 차별화의 우선 포인트였고, 성공의 제1조건이었기 때문이다.

하지만 오늘날은 어떠한가? 디지털화로 인해 자동차 산업에는 두 개의 생태계가 생겨났다. 하나는 제품 생태계이며, 다른 하나는 운송과 모빌리티 생태계이다. 제품 생태계는 디지털화로 인해 소프트웨어와 하드웨어 시스템을 연결하는 자율주행차로 진화하고 있으며, 내연기관은 친환경차로 바뀌어 가고 있는 중이다. 이러한 변화는 제품의 수월성을 추구한다는 면에서는 이전에 소비자가 요구하는 가치와 같다고 할 수 있다.

그러나 운송과 모빌리티 생태계의 관점에서 자동차는 더 이상 소유가 아닌 사용의 개념으로 변화하고 있다. 예를 들어 렌터카를 소유의 관점에서 보면 자동차 OEM의 경쟁자라기보다는 보완재의 성격이 강하였다. 렌터카 회사는 자동차 제조사의 제품을 구매하는 소중한 고객이었던 것이다. 하지만 사용의 관점에서 살펴보면 렌터카는 드라이버와 자동차, 승객을 연결하는 새로운 비즈니스로 진화하고 있다. 그 결과, 우버(Uber), 그랩(Grab) 등과 같은 모빌리티 플랫폼 기업이 기존의 자동차 산업이 생각하지 못하던 위협적인 경쟁자로 부상하였다. 이러한 변화는 비단 자동차 산업에서만 나타나는 현상은 아니다.

제조업이 아닌 부동산 거래와 같은 서비스 시장도 관계의 연결이 중요해진 것은 마찬가지다. 얼마 전까지만 해도 살 집을 찾기 위해 많은 세입자들은 오랜 시간 발품을 팔아야만 했다. 하지만 부동산 114, 직방, 다방 등 온라인 부동산 중개 플랫폼이 집주인과 세입자를, 또 복덕방과 복덕방을 연결하면서 오프라인 부동산 중개업소를 찾는 횟수가 현저히 줄어들었다.

이처럼 공급자 시장과 소비자 시장이 존재하고, 이들을 가운데서 중개(Matchmaking)하는 비즈니스를 '플랫폼 비즈니스(Platform Business)'라고 부른다. 그런 의미에서 기존의 동네 복덕방도 플랫폼 비즈니스라고 볼 수 있다. 그러나 이러한 플랫폼들은 작은 지역 상권에 의존하면서 크게 성장하지 못했다. 거래 비용(Transaction Cost)이 높았기 때문이다. 거래 비용이 높다는 의미는 공급자와 소비자를 모으고 중개하기 위해 들어가는 시간, 돈, 노력 등이 크다는 의미다. 이러한 비용이 높다는 것은 플랫폼을 운영하는 사업자의 이익이 줄어들거나, 공급자와 소비자가 플랫폼을 이용하면서 내는 사용료 등이 높아진다는 것을 뜻한다.

따라서 거래 비용이 높으면 플랫폼을 운영하는 사람도, 이용하는 사람도 해당 플랫폼에 대해서 크게 매력을 느끼지 못하고 사업이나 이용을 중단하게 될 가능성이 높다. 하지만 인터넷을 비롯한 IT기술의 발달이 거래 비용을 혁신적으로 감소시킴으로써 플랫폼 비즈니스의 매력도를 급상승시켰다. 이것이 최근 플랫폼 비즈니스가 각광받는 이유이며, 우버(Uber), 그랩(Grab) 또는 온라인 부동산 플랫폼 등이 급격하게 성장하게 된 이유이다.

온라인을 활용한 플랫폼이 그 안에 담을 수 있는 정보는 무궁무진하다. 이와 더불어 플랫폼 비즈니스는 미래에도 계속해서 진화할 것으로 예상된다. 특히 4차 산업혁명 핵심기술인 사물인터넷(IoT), 스마트 센서(Smart Sensor), 인공지능(AI) 등은 우리 생활 곳곳에 스며들어 다양한 데이터를 생성해 낼 것이다. 또한 이 정보들이 즉시 온라인 플랫폼의 상품(서비스) 정보와 결합되어 내가 원하는 최적화된 상품(서비스)을 자동으로 찾아줄 것이다. 성공한 온라인 플랫폼 기업들은 정보처리 능력의 혁신을 근간으로 큰 성공을 이뤄왔고, 앞으로도 그럴 것으로 보인다.

기업의 목표는 생존과 성장이다. 이를 위해 기업은 경쟁력을 향상하기 위한 노력을 지속한다. 그런데 노력의 방향은 기업을 둘러싼 환경에 따라 변한다. 현재의 기업 환경은 세상이 디지털화되면서 급격하게 변화하고 있고, 이에 따라 비즈니스 모델도 급변하기 시작했다. 그 결과 '플랫폼 비즈니스가 대세다' 또는 '플랫폼이 제품을 이긴다(Platform beats product)'[2]라는 말들이 디지털 시대가 던진 기업의 화두로 떠올랐다.

이 책은 3개의 Part와 10개의 장으로 구성되어 있다. Part 1에서는 디지털화에 따른 비즈니스모델의 변화인 플랫폼 비즈니스의 부상에 대해 설명하고 있다. 플랫폼 비즈니스가 미래 핵심적인 비즈니스로 자리매김하거나 중요한 비즈니스 모델의 한 형태가 될 것인가, 아니면 한때의 유행으로 지나갈 모델인가에 대한 논의와 플랫폼 비즈니스모델의 실체에 대한 설명이 제시된다.

Part 2에서는 플랫폼 생태계 도식(Platform Ecosystem Canvas)을 이용하여 플랫폼 비즈니스를 만들어 가는 방법을 5단계로 나누어 설명한다. Step 1에서는 플랫폼에서 하고자 하는 비즈니스를 정의하고 이에 따른 참여자와 가치단위를 정하며, Step 2에서는 플랫폼에 참여할 사람들을 모으는 방법과 사업 성공의 핵심인 플랫폼 네트워크 효과를 디자인하는 방법을 설명한다. Step 3에서는 플랫폼 운영자로서 내가 할 일과 플랫폼에 도움을 줄 파트너가 할 일을 구분하고 플랫폼을 효율적으로 운영하는 방법에 대해

2) '플랫폼이 제품을 이긴다("Platform beats product")'라는 말은 2015년 11월에 MIT(Massachusetts Institute of Technology)의 한 강연에서 보스턴 대학 교수인 Marshall Van Alstyne이 처음 사용했다. 그 강연의 제목은 "Platform shift: How new biz models are changing the shape of industry"이었으며, 이후에 이 강연은 Marshall Van Alstyne, Jeffrey Parker, Sangeet Paul Choudary가 공동으로 집필한 《Platform Revolution(2016)》이라는 책으로 탄생하게 되었다.

설명한다. Step 4에서는 플랫폼 비즈니스의 수익 모델을 구체화하는 방법을 기술하고 Step 5에서는 플랫폼 비즈니스에 영향을 미치는 이해관계자(Stakeholder)를 정의하며 이들과 어떻게 상생을 하며 플랫폼 사업의 성공을 위한 대응책은 무엇인지 설명한다.

Part 3에서는 성공적인 제조업을 영위하는 기업이 기존의 비즈니스와 플랫폼 비즈니스를 어떻게 가져가는 것이 바람직한가에 대해 기술하고 있다. 파이프라인 비즈니스의 플랫폼화 가능성과 기존 파이프라인 기업의 플랫폼화를 위한 방법, 그리고 플랫폼 비즈니스를 성공적으로 런칭하기 위한 의사결정포인트들이 무엇이 있는가를 살펴본다.

이 책을 통해 경영을 하거나 경영학에 관심이 있는 모든 이들에게는 플랫폼 비즈니스의 본질을 명확하게 이해하는 데 도움이 되기를 바라며 실제 플랫폼 비즈니스 창업을 꿈꾸는 기업가들에게는 플랫폼 비즈니스를 어떻게 구상하고 디자인할지에 대한 현실적인 도움을 주는 길라잡이 역할이 되기를 바란다. 그리고 기존 비즈니스의 경쟁력을 제고하기 위해 어떻게 플랫폼 비즈니스를 도입할지에 대한 고민을 하는 기업담당자들에게는 플랫폼 비즈니스에 대한 이해와 실행력을 높일 수 있는 지침서가 되기를 바란다.

목차

Part 1. 플랫폼 비즈니스란 1

1장 플랫폼 비즈니스는 정말 대세인가 3

1절 _ 플랫폼이 제품을 이긴다 6

2절 _ 플랫폼 비즈니스에 대한 의문들 8

3절 _ 플랫폼과 플랫폼 비즈니스의 존재 이유 17

2장 플랫폼 비즈니스란 21

1절 _ 플랫폼 비즈니스의 명확한 정의 23

2절 _ 플랫폼이라는 용어의 다양한 사용 28

3절 _ 플랫폼 비즈니스의 종류 33

4절 _ 플랫폼 생태계(Platform Ecosystem) 37

Part 2. 플랫폼 생태계 디자인 45

3장 비즈니스를 정의하고, 참여자와 가치단위를 정한다 47

1절 _ 비즈니스의 정의 50

2절 _ 참여자와 가치단위의 정의 51

3절 _ 가치제안(Value Proposition) 53

4장 참여자들을 모으고, 플랫폼의 네트워크 효과를 디자인한다 _ 67

1절 _ 참여자가 만드는 네트워크 효과(Network Effects)란? ········· 69

2절 _ 네트워크 효과와 바이럴리티 ········· 74

3절 _ 참여자를 모으는 기본원칙 ········· 75

4절 _ 네트워크 효과 디자인의 기본원칙 ········· 82

5절 _ 네트워크 효과를 높이는 방법 ········· 85

6절 _ 네트워크 효과 저해 요인 ········· 96

7절 _ 네트워크 효과를 발생시키지 못하면 플랫폼이 아니다 ········· 98

5장 내가 할 일과 파트너가 할 일을 구분한다 _ 107

1절 _ 플랫폼의 지원활동과 필요 자원 ········· 109

2절 _ 자원 보유의 선택과 집중 ········· 112

6장 수익 모델을 구체화한다 _ 121

1절 _ 수익을 바라보는 플랫폼 비즈니스의 새로운 시각 ········· 123

2절 _ 수익 창출 방법 ········· 128

3절 _ 수익 창출 대상의 선정과 유의사항 ········· 141

4절 _ 플랫폼의 운영 비용 ········· 150

7장 이해관계자를 정의하고 대응책을 마련한다 _ 155

1절 _ 플랫폼을 움직이는 '이해관계자' ········· 157

Part 3. 파이프라인 기업의 플랫폼 비즈니스 전환전략 165

8장 파이프라인 기업의 플랫폼화 가능성 167

1절 _ 파이프라인 기업 vs. 플랫폼 기업 ··········· 169

2절 _ 플랫폼화가 쉬운 산업 vs. 어려운 산업 ··········· 174

3절 _ 기존 파이프라인 기업의 플랫폼화 성공 사례 ··········· 182

4절 _ 플랫폼화를 못 해서 망한 사례 ··········· 183

9장 기존 파이프라인 기업의 플랫폼화를 위한 방법 189

1절 _ 수직계열화 대신 플랫폼을 이용하여 거래비용을 낮추자 ··········· 191

2절 _ 제품만이 아니라 제품이 만들어내는 생태계의 중요성을 인지하자 ··········· 192

3절 _ 내부에서 플랫폼화를 먼저 이루자 ··········· 193

4절 _ 플랫폼을 통해 사용자 간 거래가 자연스럽게 이뤄지도록 하자 ··········· 194

5절 _ 파이프라인 비즈니스의 강자가 플랫폼화할 때 가지는 장점 ··········· 195

6절 _ 파이프라인 비즈니스를 플랫폼 비즈니스로 전환할 때 주의할 점 ··········· 198

10장 성공적인 런칭을 위한 의사결정 포인트 203

1절 _ 플랫폼 비즈니스를 우리가 주도할 것인가? 참여할 것인가? ··········· 205

2절 _ 누구를 파트너로 선택할 것인가? ··········· 207

3절 _ 플랫폼의 범위와 깊이를 어떻게 구축할 것인가? ··········· 209

4절 _ 플랫폼을 얼마나 개방해야 하는가? ··········· 211

5절 _ 경쟁의 범위를 주의해야 한다 ··········· 218

6절 _ 파이프라인 기업이 플랫폼에서 성공하기 위해서 ··········· 220

사례 기업리스트 ··········· 231

찾아보기 ··········· 242

Part 1.

플랫폼 비즈니스란

1장. 플랫폼 비즈니스는 정말 대세인가

2장. 플랫폼 비즈니스란

학습목표

1. 플랫폼 비즈니스의 위상과 가능성을 확인한다.

2. 플랫폼 비즈니스의 개념과 생태계(Ecosystem)의 구성을 이해한다.

Part 1. 플랫폼 비즈니스란

1장. 플랫폼 비즈니스는 정말 대세인가
2장. 플랫폼 비즈니스란

Part 2. 플랫폼 생태계 디자인

3장. 비즈니스를 정의하고, 참여자와 가치단위를 정한다
4장. 참여자들을 모으고, 플랫폼의 네트워크 효과를 디자인한다
5장. 내가 할 일과 파트너가 할 일을 구분한다
6장. 수익 모델을 구체화한다
7장. 이해관계자를 정의하고 대응책을 마련한다

Part 3. 파이프라인 기업의 플랫폼 비즈니스 전환전략

8장. 파이프라인 기업의 플랫폼화 가능성
9장. 기존 파이프라인 기업의 플랫폼화를 위한 방법
10장. 성공적인 런칭을 위한 의사결정 포인트

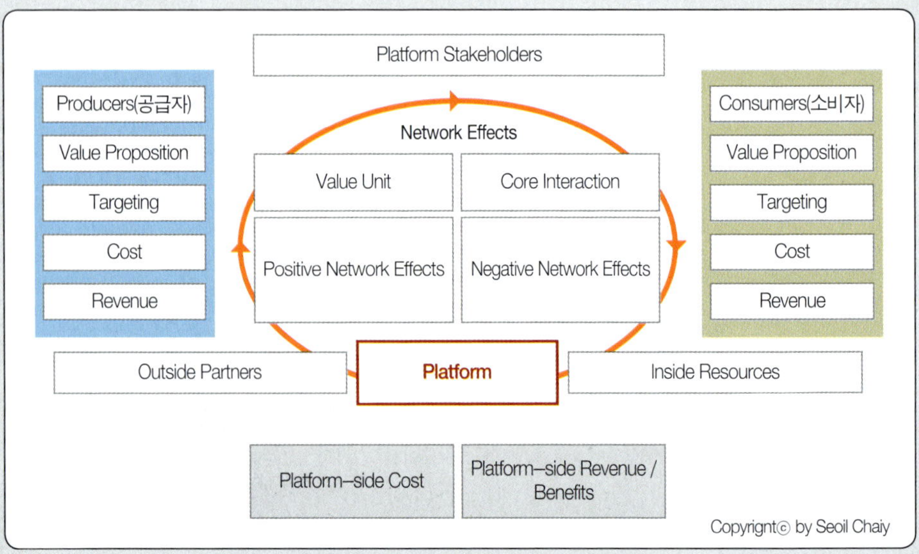

1장.

플랫폼 비즈니스는 정말 대세인가

1절 플랫폼이 제품을 이긴다

2절 플랫폼 비즈니스에 대한 의문들

3절 플랫폼과 플랫폼 비즈니스의 존재 이유

플랫폼 비즈니스는 정말 대세일까?

글로벌 숙박 플랫폼인 에어비앤비(airbnb)는 시가총액이 580억 달러에 이르는 글로벌 기업으로 플랫폼 비즈니스를 연구하는 사람들에게는 바이블과 같은 대표 기업들 중 하나라고 할 수 있다.

에어비앤비의 창업자인 '조 게비아(Joseph Gebbia Jr)'와 '브라이언 체스키(Brian Joseph Chesky)'는 다니던 직장을 그만두고 전형적인 백수의 삶을 살고 있었다. 그러다 보니 결국에는 월세를 못 내는 상황까지 직면하게 되었고, 이를 해결하기 위한 방법을 고심하게 된다.

때마침 이들이 살고 있는 샌프란시스코에는 미국 산업디자인학회의 컨퍼런스가 예정되어 있었고, 컨퍼런스에 참석하는 많은 산업 디자이너들이 숙소를 구하지 못해 곤란한 상황이 발생하고 있었다. 결국 이들은 컨퍼런스 참석자들에게 자신의 숙소에 에어매트리스와 아침을 제공하고 함께 모인 숙박자들과의 네트워킹을 제공하여 이에 대한 서비스 수수료를 받는 아이디어를 내게 된다. 이를 통해 두 명의 청년 백수는 1주일 만에 1,000달러를 벌어서 월세를 낼 수 있었다.

고객들은 저렴한 비용으로 숙소를 구할 수 있었고, 더불어 샌프란시스코의 가정집을 체험하며 문화를 느낄 수 있었다. 몇 개의 간이침대를 놓고 시작한 숙박 공유업은 불과 10년 만에 전 세계 3억 명 이상의 사용자, 530만 개 이상의 숙소를 확보한 글로벌 숙박공유 플랫폼으로 성장했고 플랫폼 비즈니스 창업을 꿈꾸는 모든 이들에게 우상이 되었으며 기존의 호텔업계에게는 위협적인 경쟁자로 등장하게 되었다.

* 2019년 9월 기준 시가총액으로, 동년도 5월 상장 직전에는 1,200억 달러의 기업 가치를 기록

PLATFORM BUSINESS

1장. 플랫폼 비즈니스는 정말 대세인가

필자가 만나본 기업의 CEO와 사업본부장들의 질문은 거의 비슷한 내용들이다.

- 세상이 플랫폼으로 바뀐다는데 우리도 플랫폼 비즈니스를 해야 하나요?
- 아무리 그래도 우리가 잘하는 건 제조업인데 제조를 포기하고 플랫폼을 해야 합니까?
- 그래도 누군가는 제품을 만들어야 하는 거 아닙니까? 이렇게 생각하고 플랫폼을 무시하기엔 플랫폼이 제품을 이긴다는 말이 맘에 걸리고요.
- 그렇다고 플랫폼 비즈니스를 시작하려 하니 이런 건 젊은 친구들이 벤처로 하는 비즈니스라는 생각이 드는데 교수님은 어떻게 생각하세요?
- 내가 잘하는 것을 하자 하다가도 플랫폼으로 성공한 회사들의 가치 얘기를 들으면 플랫폼을 안 하면 내가 시대에 뒤처지나 하는 생각이 들기도 하는데요……
- 해보려고 하니 뭘 어떻게 시작해야 할지 막막하네요. 우리 회사에는 플랫폼 전문가가 없어요.

1절 _ 플랫폼이 제품을 이긴다

오늘날, 많은 투자자들은 필요자산이 적은 플랫폼 사업(Asset-light Platform)이 많은 자산이 필요한 전통적 파이프라인 사업보다 훨씬 더 지속 가능한 경쟁 우위를 가진 것으로 인식하고 있다. **표 1-1**에 있는 포춘(Fortune) Top 500 기업 순위는 이 말들이 틀리지 않음을 시사한다. 시가총액(Market Cap) 기준, 상위 10개 기업 중 플랫폼 기업이 차지하는 비중은 최근 비즈니스 트렌드를 웅변적으로 보여준다. 2006년 1개밖에 없던 플랫폼 기업이 2011년엔 3개, 2016년엔 6개에서 2019년 6월 기준으로는 7개가 되어 플랫폼 기업이 성공의 대세가 되어가고 있음을 알 수 있다.

표 1-1 Fortune 500 Top 10 (시가총액 기준)

	2006	2011	2016	2019.06 기준
1위	ExxonMobil $451B	ExxonMobil $406B	$612B	$1,050B
2위	$386B	$376B	Google $539B	amazon $943B
3위	$295B	PetroChina $277B	$443B	$920B
4위	citi $275B	Shell $237B	amazon $370B	Google $778B
5위	Gazprom $272B	ICBC $228B	facebook $369B	facebook $546B
6위	PetroChina $257B	$218B	BH HS $358B	BH HS $507B
7위	Bank of America $241B	IBM $217B	ExxonMobil $342B	Alibaba $435B
8위	TOYOTA $241B	Chevron $212B	Johnson&Johnson $323B	Tencent 腾讯 $431B
9위	ICBC $240B	Walmart $205B	$266B	VISA $379B
10위	Shell $228B	中国移动 $196B	Tencent 腾讯 $255B	Johnson&Johnson $376B

Invasion of Platform Companies

■ Platform ■ Other

출처: www.visualcapitalist.com

플랫폼 기업에 대해 투자자들이 이렇게 인식하는 가장 큰 이유는 네트워크 효과(Network Effects)[1] 때문이라고 할 수 있다. 네트워크 효과가 어느 수준 이상 발휘되기 시작하면, 판매 및 운영 비용이 낮아지고, 규모 확장에 필요한 비용 또한 거의 무시할 수 있게 된다. 이는 플랫폼 기반 사업이 높은 수익성을 가질 수 있게 하며, R&D와 신제품 개발에도 훨씬 더 많이 투자할 수 있는 여력을 만들어 준다. 그렇기에 투자자들은 플랫폼 사업이 미래 수익 창출의 가능성이 가장 크다고 느끼고 있으며, 이러한 이유 때문에 전통적인 자산집약적 사업에 비해 훨씬 더 높게 회사 가치를 평가하고 있다.[2]

또한, 경영컨설팅 회사인 베어링포인트가 2016년에 실시한 한 조사 결과에 따르면, 원래의 사업 구조에서 플랫폼 사업 모델로 다각화한 기업들은 전통적인 단일 사업 모델을 지속한 기업에 비해 주식의 가치가 65%까지 높아졌다고 한다. 게다가 2011년과 2016년 사이에, 기존 사업과 플랫폼 사업 모델을 혼합한 하이브리드 사업 모델을 채택한 기업들은 5년 동안 연 8%의 성장률을 달성했는데, 이는 전통적 사업 모델을 유지한 기업들이 성취한 연 4% 성장률보다 두 배나 높은 결과를 보여주고 있다고 한다.[3]

---

1) 네트워크 효과(Network Effects): 재화나 용역의 새로이 추가되는 사용자가 다른 기존의 사용자에게 그 제품의 가치를 올려주는 정도를 말하며, 이 장의 뒷부분에서 자세히 다뤄질 예정이다.

2) Jacques Bughin, Tanguy Catlin, and Miklós Dietz(2019. 5). "The right digital-platform strategy". McKinsey Quarterly.

3) Bearing Point(2018). How to adopt a digital platform business model.(www.bearingpointbeyond.com)

2절 _ 플랫폼 비즈니스에 대한 의문들

현재뿐만 아니라 향후 얼마 동안은 플랫폼 비즈니스가 대세를 이룰 것이라는 데에는 이견이 없어 보인다. 하지만 플랫폼 비즈니스를 선택한 모든 기업의 미래가 장밋빛인 것만은 아니다. 플랫폼 비즈니스는 수많은 비즈니스 모델의 한 종류일 뿐, 모든 비즈니스의 해답이 될 수는 없기 때문이다.

플랫폼 비즈니스 모델 또한 다른 비즈니스 모델처럼 거시적 · 미시적 환경 변화, 시장 및 소비자 행동의 변화에 영향을 받는다. 이러한 환경적 변화가 언젠가는 '플랫폼이 제품을 이긴다'라는 명제를 깨뜨릴 수도 있다는 점을 간과해선 안 된다.

지금도 현장에서는 플랫폼 비즈니스와 관련해서 많은 전문가와 기업들이 의문의 눈길을 보내고 있다. 시가총액의 관점에서 보면 플랫폼 비즈니스가 대세 같은데, 매출액이나 이익의 관점에서 보면 아직은 시장가치가 거품인 것 같다는 것이다. 그런 이유로 실제 플랫폼 비즈니스를 추진해야 할지, 말아야 할지 고민하고 있는 기업들이 많다. 이들이 가지고 있는 의구심들은 다음과 같은 것들이다.

제조업이 주력인 기존 기업들도 플랫폼 비즈니스를 도입해야 하는가?

첫 번째 의문은 '기존에 제조업 등을 주된 사업으로 해온 기업들도 플랫폼을 통한 비즈니스 모델 개선 혹은 혁신을 해야만 하는가'다. 즉, 경영자라면 누구도 부정할 수 없는 트렌드인 플랫폼 비즈니스를 우리 기업도 받아들여야 하는지에 대한 고민이다.

경영자들의 고민을 이해하지 못하는 바도 아니다. 짧게는 수년, 길게는 수십 년 동안 성공적인 제품을 만들어 사옥도 짓고, 생산라인도 구축했으며, 직원도 수백~수천 명인데 갑자기 제조를 버리고 플랫폼 비즈니스를 해야 한다고 하면 기업가들 입장에서는 난처할 수밖에 없을 것이다.

정말 플랫폼 비즈니스를 해야만 하는 걸까? 현재 플랫폼 기업의 성장 속도를 보면 이런 추세는 쉽게 잠잠해질 것 같진 않다. 지금까지의 결과만 놓고 본다면 플랫폼 기업의 무서운 성장세는 당분간 계속될 것이라는 전망이 압도적이다. 하지만 거래 중심의 플랫폼 기업만 살아남고 제품을 만드는 기업이 줄어들게 되면 플랫폼 기업들 간의 과잉경쟁에 휘말릴 수 있다는 우려도 나온다.

지금은 거래 중심의 시장이 블루오션[4]이지만 시간이 지나면 늘 역사는 반복되듯 오히려 제조 시장이 블루오션이 될지도 모를 일 아닐까? 거래가 이루어지지 않으면 제품의 가치가 사라지듯 제공할 제품 또는 서비스가 없다면 거래 또한 성립되지 않기 때문이다. 준비가 잘 되지 않은 상태로 급격한 비즈니스 모델의 변화를 가져오는 것은 오히려 기업을 몰락으로 내모는 지름길이 될 수 있다.

4) 블루오션(Blue Ocean): 현재 존재하지 않거나 알려져 있지 않아 경쟁자가 없는 유망한 시장. 이에 대칭되는 개념은 레드오션(Red Ocean)이라고 한다.

지금까지 나타난 현상들을 관찰해 본 결과 필자는 플랫폼 비즈니스로의 급격한 모델의 변화보다는 기존의 제조업에 플랫폼 비즈니스 모델을 접목한 하이브리드 비즈니스 모델로 가져가는 것이 제조 기업에게는 더 좋은 방법이라고 생각한다.

대표적으로 제조업에 플랫폼을 성공적으로 접목한 기업인 삼성과 애플의 사례를 보자. 애플은 아이팟, 아이폰, 맥북 등과 같은 독점적 제품들을 제조 판매하며 아이튠즈(iTunes)라는 플랫폼을 기반으로 이익을 창출한다. 삼성 또한 갤럭시 시리즈 제품의 혁신을 지속적으로 강화하면서 갤럭시스토어, 삼성페이 등과 같은 다양한 플랫폼을 운영하여 시너지를 만들고 이익을 창출한다. 제품과 플랫폼이 시너지를 내며 이익을 창출하고 있는 것이다.

이렇듯 기존의 제품 중심 제조기업들은 작은 변화를 시작으로 기존 비즈니스인 제조 판매와 이를 활용한 플랫폼 비즈니스와의 적절한 조화를 이끌어내서 성공했다. 마치 인터넷이 막 등장했을 땐 세상이 모두 온라인화될 듯 보였지만 현실은 온-오프라인이 적절한 조화를 이루며 공존하며 성공해온 것처럼 말이다.

기업은 고유의 가치사슬(Value Chain)[5]을 가지고 있다. 이 가치사슬 중 한 부분만 플랫폼화에 성공해도 기존 비즈니스와의 시너지는 배가 된다

5) 가치사슬(Value Chain): 기업이 제품과 서비스를 생산해 부가가치가 생성되는 일련의 과정을 일컫는 것으로 연구개발(R&D), 디자인, 부품 생산·조달, 가공, 제조, 마케팅, 판매, 관리 및 서비스 등의 모든 과정이 포함된다.

(특히, 가치사슬의 수직적 통합을 통해 성장한 우리나라의 몇몇 기업들은 이러한 시너지에 대해 고민해야 할 것이다).

이는 비즈니스를 하기 위한 특정 기능을 내가 직접 하는 것이 좋을지, 아니면 그동안의 전문성을 바탕으로 내가 가지고 있는 기능을 플랫폼을 통해 제공하면 좋을지에 대한 의사결정이다. 기존 비즈니스를 플랫폼화할 수 있는 조건 및 가능성에 대해서는 Part 3에서 좀 더 알아보도록 하겠다.

미국처럼 한국 시장에서도 플랫폼 기업이 성공을 거둘 수 있을까?

그림 1-1을 보면 세계적으로 큰 규모의 플랫폼 기업들은 대부분 북미 시장을 중심으로 발달되어 있다. 그다음으로 발달한 곳이 아시아 시장이다. 아마도 그 이유는 IT의 발전과 단일 시장으로서 플랫폼 비즈니스를

그림 1-1 대륙별 Platform 기업 분포 현황

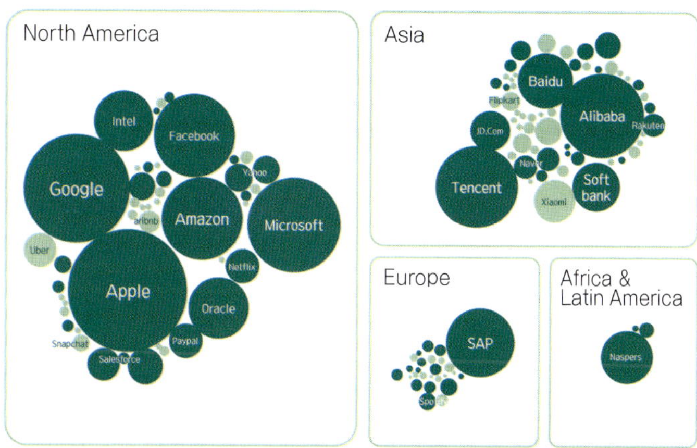

출처: P.Evans, CGE: CB Insights, Capital IQ, CrunchBase(2015)에서 modify & update

하기 위한 규모의 경제, 그리고 위험을 감수하는 혁신적 마인드를 가진 기업가 정신 때문일 수도 있다. 아시아 시장에서는 알리바바와 텐센트, 소프트뱅크 등 중국과 일본의 회사들이 플랫폼 기업으로 성장하면서 빠른 속도로 시장을 확장하고 있다.

시가총액 기준으로 작성한 아시아 상위 기업 순위를 **표 1-2**에서 보면 상위 10개 기업 중 4개가 플랫폼 기업이거나 하이브리드 모델을 가지고 있는 기업들이다. 물론 북미 시장에 비해 느리기는 하지만 아시아 시장도 플랫폼 비즈니스가 대세가 되어갈 가능성이 높다는 이야기다.

표 1-2 아시아 기업 시가총액 순위

순위	기업명		국가	시가총액
1	**알리바바**	Alibaba Group	**중국**	**$480.8B**
2	**텐센트**	Tencent 腾讯	**중국**	**$472.1B**
3	중국공상은행	ICBC	중국	$305.1B
4	**삼성**	SAMSUNG 삼성전자	**한국**	**$272.4B**
5	중국건설은행	中国建设银行 China Construction Bank	중국	$224.9B
6	중국평안보험	中国平安	중국	$220.2B
7	페트로차이나	PetroChina	중국	$198.7B
8	**차이나모바일**	中国移动 China Mobile	**중국**	**$197.6B**
9	중국농업은행	中国农业银行 AGRICULTURAL BANK OF CHINA	중국	$197.1B
10	도요타	TOYOTA	일본	$176.6B

출처: https://www.forbes.com/global2000

시가총액 기준으로 작성한 국내 상위 기업 순위를 **표 1-3**에서 보면 우리나라 기업들도 플랫폼 기업이 증가하는 추세를 보이긴 하나 아직도 포춘 500 Top 10 표(**표 1-1**)나 아시아 기업 순위와는 차이가 있다.

이 표에서 보면 우리나라는 아직도 제조업 중심 기업이 주를 이루고 있다. 상위권에서 플랫폼 기업을 찾아보기 힘들다. 플랫폼 기업들이 줄줄이 상위권을 차지하고 있는 미국이나 중국과는 대비된다. 하지만 우리나라에도 불고 있는 플랫폼의 열기를 보면 조만간 우리나라도 플랫폼 기업들이 상위권을 점점 더 차지해 나갈 것으로 보인다.

우리나라 플랫폼 기업은 크기만으로 보면 중국과 일본의 플랫폼 기업들의 성장에 비해 작은 편이다. 우리나라 국민의 대다수는 이미 카카오톡, 배달의 민족, 직방 등 국내 플랫폼 기업들의 서비스를 이용하고 있다. 하지만 국내 기업은 미국의 우버, 에어비앤비, 인스타그램 등과 같이 기존 기업들이 가지고 있던 생태계를 장악하는 수준까지는 성장하지 못했다. 이는 아직까지 자산 공유를 통한 수익 창출과 관련된 규제와 플랫폼 기업에게 성장의 자양분인 데이터 이용에 관한 규제가 거의 변하지 않고 있는 탓이 크다.

표 1-3 **국내 기업 Top 10 (시가총액 순위)**

	2006	2011	2016	2019.06 기준
1위	SAMSUNG 삼성전자 90.2조	SAMSUNG 삼성전자 124.2조	SAMSUNG 삼성전자 250.7조	SAMSUNG 삼성전자 289.7조
2위	한국전력 27.2조	HYUNDAI 46.5조	SK 하이닉스 32.9조	SK 하이닉스 58.9조
3위	posco 26.9조	HYUNDAI MOBIS 33.2조	HYUNDAI 31.6조	HYUNDAI 27.5조
4위	KB 25.2조	posco 32.4조	한국전력 29.1조	NAVER 24.8조
5위	신한금융지주회사 18.1조	KIA 28.7조	HYUNDAI MOBIS 25.3조	HYUNDAI MOBIS 23.6조
6위	SK telecom 18.0조	현대중공업 21.3조	NAVER 25.3조	LG화학 22.6조
7위	우리금융지주 17.8조	LG화학 21.2조	SAMSUNG 삼성물산 23.9조	CELLTRION 21.4조
8위	SK 하이닉스 16.7조	신한금융지주회사 19.9조	SAMSUNG 삼성생명 22.6조	신한금융지주회사 19.5조
9위	HYUNDAI 14.8조	SAMSUNG 삼성생명 18.1조	posco 22.3조	LG생활건강 19.4조
10위	kt 13조	KB 15.6조	신한금융지주회사 21.5조	SK telecom 19.2조

■Platform ■Other

출처: 한국거래소

물론 이러한 규제들 때문에 우리 기업들은 세계적으로 불고 있는 플랫폼 비즈니스 광풍에 직격탄을 맞진 않았다. 하지만 만약 상황이 바뀌어 글로벌 플랫폼 기업들이 국내 시장에 본격적으로 침투할 수 있는 여건이 마련된다면 국내 산업은 우리가 상상할 수 없을 정도로 위기를 맞을 수 있다. 왜냐하면 우리 기업들은 사업을 해 본 경험이 없어 경쟁에 대응할 준비가 안 되어 있을 것이기 때문이다. 규제를 통해 산업을 보호하는 것은 궁극적으로 기업의 경쟁력을 저해하는 원인이 된다. 우리 기업들은 언제 닥칠지 모를 글로벌 경쟁에 맞설 수 있는 방안을 시급히 마련해야 하고, 정부의 정책은 기업들이 경쟁력을 하루라도 빨리 높일 수 있도록 규제를 철폐하는 방향으로 나아가야 하는 것이 바람직하다. 국내의 규제가 문제라면 기업들이 해외에서 플랫폼 비즈니스를 시작해 경험을 축적하는 것도 고려해 봄직하다.

플랫폼 비즈니스는 장밋빛 미래를 보장하는가?

앞에서 설명된 필자의 논조를 받아들인다면, 국내 많은 기업들은 플랫폼 비즈니스를 꼭 해야만 하는 것이 아닌가라고 생각할 것이다. 그렇다면 플랫폼 비즈니스는 기업의 장밋빛 미래를 보장할 수 있을까? 누구도 미래를 장담할 수는 없지만 지금까지의 추세로 비춰볼 때 그럴 가능성이 매우 높다고 감히 말할 수 있다.

그 이유는 크게 두 가지다.

첫 번째 이유는 네트워크 효과의 힘이 우리가 생각하는 것보다 훨씬 강력하기 때문이다. 세상은 점점 모든 것이 연결되는 초연결 사회로 변화하고 있다. 모든 커뮤니케이션과 정보는 방대한 네트워크 내에서 실시간으로 이동하고 있으며, 다양한 가치들을 요구하고 있다. 제품의 대량생산을 통해 소비자들에게 일방적인 판매를 고수하는 파이프라인 비즈니스[6]는 네트워크에서 요구되는 다양한 가치를 만족시키기 어렵다. 따라서 시간이 지날수록 경쟁력을 잃어갈 가능성이 높다.

반면 플랫폼 기업은 네트워크 효과를 활용하여 가치를 창출한다. 플랫폼은 자체적으로 제품이나 서비스를 만들어 내지 않는다. 대신에 플랫폼에 참여하는 기업이나 사람들이 스스로 가치를 창출하도록 유도하고 지원한다. 따라서 상대적으로 적은 자원을 투자하고도 파이프라인 비즈니스에서는 상상하기 힘든 다양한 가치들을 생산해 낸다. 플랫폼의 네트워크가 만들어 낸 가치가 다양해질수록 더욱 많은 기업과 사람들이 네트워크에 참여하게 되고 이들은 다시 더 많은 가치를 만들어 낸다. 이러한 선순환 구조를 통해 플랫폼은 빠른 속도로 규모를 확장해 가며 그들만의 생태계를 더욱 견고하게 만든다. 이러한 네트워크 효과를 통한 선순환 구조는 플랫폼 비즈니스의 경쟁력의 원천이며, 네트워크 효과가 없는 파이프라인 기업이 한시라도 빨리 플랫폼화를 해야 하는 이유다.

두 번째 이유는 기업가치 평가의 추세가 바뀌어 가고 있다는 점이다. 기업의 가치를 판단하는 기준은 다양하다. 과거에는 주로 기업의 규모나 자산 등 눈에 보이는 기준을 통해 가치를 판단했다. 기업의 규모나 자산

6) 파이프라인 비즈니스: 여러 공정 단계가 한 가지 라인으로 프로세스화되어 있는 비즈니스로 일반적인 제조, 생산 중심의 기업들이 갖는 비즈니스 형태를 말한다. 이를 가치사슬이 일자로 되어 있다고 해서 Linear Business라고도 한다.

은 쉽게 비교가 가능하기 때문이다. 그 시절에는 규모나 자산의 크기에 비례하여 수익성과 성장성이 결정되는 경향이 있었다.

이 기준으로 보자면 자산을 많이 보유하고 있는 현대자동차나 기아자동차가 자산이 거의 없는 우버나 리프트 같은 차량 공유 플랫폼 기업보다 가치가 높아야 정상이다. 절대적인 비교는 어렵지만 2019년 10월 기준으로 우버의 시가총액은 약 60조 원에 달한다. 그에 비해 현대자동차의 시가총액은 약 26조 원이다. 나스닥과 코스피의 절대적인 비교는 불가능하지만 단순히 정량적인 숫자로 판단하면 우버의 가치가 약 2배 이상 높다. 기업공개 초반에 우버는 약 3배가량인 약 90조 원까지 기업가치가 상승했던 때도 있었다. 왜 이러한 평가가 나타날까?

이는 나스닥의 기업가치 평가기준이 재무구조나 자산을 보던 기존의 절대적인 평가에서 비즈니스의 미래 경쟁력과 수익화 가능성에 중점을 두고 평가하는 방향으로 변화하고 있기 때문이다.

많은 플랫폼 기업들이 사업 초기에 적자를 내고 있다. 하지만 플랫폼 비즈니스 모델의 경우에는 사업이 궤도에 오르기만 하면 쉽게 흑자로 전환될 것이라는 기대를 바탕으로 기업의 가치를 평가하고 있다. 국내 증시의 경우 아직까지는 대부분 전통적인 평가기준을 기반으로 기업의 가치를 판단하고 있다. 그러나 플랫폼 기업들의 증가 속도로 볼 때 나스닥과 같이 미래의 경쟁력에 초점을 맞춰서 가치를 평가하는 시기가 멀지 않을 것으로 보인다. 이 시기가 되면 기업의 플랫폼화는 기업가치 상승을 위해 매우 필요한 변화이자 혁신이 될 것이다.

플랫폼이 먼저 발생한 미국 시장의 모습과 현재 글로벌 시장을 이끌어 나아가고 있는 선두 기업들의 면모를 세세히 들여다보면 플랫폼 비즈니스가 대세인 것만은 확실한 것 같다. 아마도 국내 시장 또한 멀지 않은 미래에 플랫폼 기업들이 장악할 것으로 보인다. 기업의 플랫폼화는 더 이상 선택이 아니라 필수일 가능성이 크다.

3절 _ 플랫폼과 플랫폼 비즈니스의 존재 이유

세상에는 물건(Product)이나 서비스(Service)를 팔고 싶어 하는 사람들이 아주 많다. 동시에 이것들을 사고 싶어 하는 사람들 또한 아주 많이 존재한다. 그림 1-2와 같이 이들은 서로가 원하는 것을 제공하고, 그 대가를 받는다. 이들이 서로의 욕구 충족을 위해 교환을 하는 것이 거래(Transaction)다.

거래를 진행할 때 팔고 싶어 하는 사람과 사고 싶어 하는 사람이 겪는 가장 큰 어려움은 무엇일까? 바로 '거래를 원하는 사람들이 아주 많다는 것'이다. 이것은 무슨 의미일까?

그림 1-2 일반적인 거래의 관계

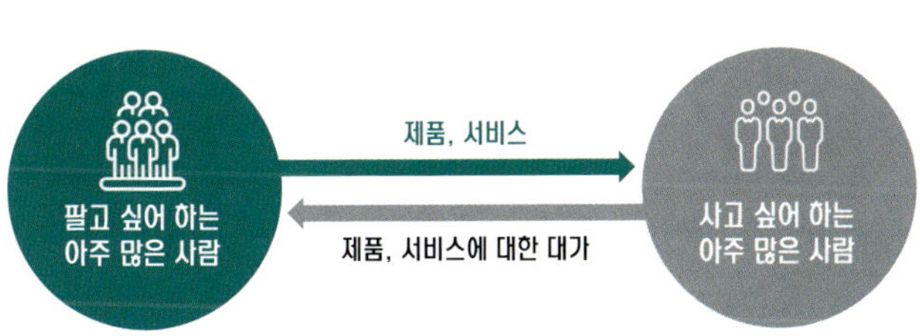

팔고 싶어 하는 사람도, 사고 싶어 하는 사람도 아주 많기 때문에 이들은 서로 찾아다니면서 거래를 해야 한다. 내 물건(서비스)을 사고 싶어 하는 사람을 찾아다녀야 하고, 내가 원하는 물건(서비스)을 파는 사람을 찾아다녀야 한다. 그런데 우리 삶은 그렇게 한가롭지 않다. 또 내가 원하는 상대를 찾아다니면서 거래를 하기 위해서는 시간, 노력, 돈 등 여러 가지 비용이 발생한다. 우리는 이를 거래비용(Transaction Cost)[7]이라고 한다.

이렇게 번거롭고 거래비용도 드는 일을 누군가가 대신해 준다면 어떨까? 아마도 우리는 조금 더 편한 삶을 살 수 있게 될 것이다. 또 내 시간과 돈을 조금 더 가치 있는 일에 집중적으로 사용하게 되어 의미가 있을 것이다.

이렇게 '원하는 상대와의 거래를 성사시켜 주는 것'을 우리는 중개(Matchmaking)라고 한다. 플랫폼의 본질은 여기에 있다. 그림 1-3과 같이 중개가 일어나는 장소를 플랫폼이라고 하고, 플랫폼을 만들고 운영한 대가로 돈을 버는 것이 플랫폼 비즈니스이다.

그림 1-3 플랫폼을 통한 거래 관계

7) 거래비용(Transaction Cost): 각종 거래행위에 수반되는 모든 비용으로 거래 전 협상, 정보수집부터 계약 체결을 감시할 때 발생하는 비용까지 포함된다.

이처럼 플랫폼 비즈니스 본질은 다수의 팔고 싶어 하는 사람과 사고 싶어 하는 사람들이 있다는 것부터 출발한다. 따라서 이 책에서 소개하는 여러 내용 중 상당 부분은 플랫폼의 이용자를 늘리고 거래를 활성화시키는 방법에 집중돼 있다.

1장의 요약

글로벌 기업들의 비즈니스 트렌드를 볼 때, 플랫폼 비즈니스는 당분간 미래 비즈니스의 대세로 자리 잡을 것으로 보인다. 기존의 제조업 기반의 기업들도 미래 경쟁력을 제고하고 새로운 가치를 창출하기 위해서는 플랫폼 비즈니스의 도입이 필요하다.

하지만, 준비가 부족한 상황에서 성급한 플랫폼 비즈니스의 창업이나 급격한 플랫폼 비즈니스 모델로의 전환은 자칫 큰 위험을 초래할 가능성이 있다. 플랫폼 비즈니스를 창업하기 위해서는 플랫폼 기업이 갖춰야 할 요소들을 면밀히 준비해야 하고, 기존 기업 모델을 플랫폼 비즈니스화하려는 기업들은 기존의 비즈니스 모델을 유지하면서 가치사슬(Value Chain)의 일부를 플랫폼 비즈니스 모델로 전환하는 하이브리드 형태의 도입을 같이 고려해 보는 것도 바람직하다.

기업이 플랫폼 비즈니스를 도입해야 하는 이유는 크게 두 가지로 정리할 수 있다. 첫째는 '네트워크 효과'이다. 플랫폼은 네트워크 효과를 통해 기존 파이프라인 비즈니스가 만들어 내지 못하는 다양한 가치를 창출한다. 이렇게 만들어진 가치는 더욱 많은 사람을 플랫폼으로 끌어들이는 선순환 구조를 만들어 낸다. 플랫폼 비즈니스는 이러한 선순환 구조를 바탕으로 기존의 비즈니스 생태계를 잠식하며 급격하게 성장한다.

기업이 플랫폼 비즈니스를 도입해야 하는 두 번째 이유는 기업의 평가 기준이 미래 성장성에 초점이 맞춰지고 있기 때문이다. 기업의 성장성은 네트워크 효과의 유무에 따라 큰 차이를 보인다. 따라서 투자자들은 자산이 많은 현대자동차보다 네트워크 효과가 있는 우버의 기업차기를 더 높게 평가하기도 한다. 이처럼 기업가치의 상승을 위해서도 플랫폼 비즈니스의 도입은 필수가 되어가고 있다.

플랫폼 비즈니스는 북미를 중심으로 매우 활성화되어 있다. 최근에는 중국과 일본 등 아시아 또한 플랫폼 기업들이 강세를 보이고 있으며, 한국도 카카오나 네이버 같은 플랫폼 기업들의 상승세가 무섭다. 하지만 안타깝게도 여러 규제로 인해 성장 가능성이 큰 플랫폼 기업들이 제대로 역량을 발휘하지 못하는 것 또한 현실이다. 정부는 플랫폼 기업들이 글로벌 수준의 경쟁력을 갖출 수 있도록 하루 빨리 규제를 개선해야 한다.

1장의 연습 문제

1. '플랫폼 기업이 대세다'라는 말이 나온 이유에 대해 기술해 보시오.
2. 우버의 현재 가치와 GM(General Motors)의 현재 가치를 찾아보고 왜 이렇게 평가가 되는지에 대해 기술해 보시오.

2장.

플랫폼 비즈니스란

1절 플랫폼 비즈니스의 명확한 정의

2절 플랫폼이라는 용어의 다양한 사용

3절 플랫폼 비즈니스의 종류

4절 플랫폼 생태계(Platform Ecosystem)

혁신적인 제품거래형 플랫폼 '알리바바'

제품거래형 플랫폼의 대표주자인 알리바바(Alibaba) 그룹의 시가총액은 4조 4,083 홍콩달러(미화 5,658달러)로 소셜형 플랫폼인 페이스북(5,644달러)을 넘어 글로벌 시가총액 6위 기업으로 도약했다.

알리바바 그룹의 초창기 사업 모델은 중국의 중소기업 제품과 이를 필요로 하는 전 세계 기업들을 연결하는 B2B 중심의 거래 플랫폼이었다. 사업 초반에는 다소 어려움을 겪기도 했지만 이미 세계의 공장이라고 불리고 있는 중국인 만큼 알리바바의 성공은 보장된 것이나 마찬가지였다.

B2B로 크게 성공한 알리바바는 이후 B2C, C2C로 사업 영역을 지속적으로 확장해 나갔다. 대표적으로 개인 고객을 대상으로 한 온라인 쇼핑몰인 '타오바오', 부유층을 겨냥한 쇼핑몰인 '티몰', 해외 고객을 위한 '알리익스프레스' 등을 연달아 성공시키며 신화를 써내려 갔다.

하지만 알리바바가 이러한 신화를 써내려 갈 수 있었던 이유가 단순히 중국이라는 거대한 시장을 가지고 있었기 때문만은 아니다. 알리바바가 타오바오 서비스를 런칭할 당시 중국의 온라인 쇼핑 시장을 지배하고 있던 곳은 글로벌 전자상거래 기업인 '이베이(ebay)'였다. 당시만 해도 새로 만들어진 타오바오가 글로벌 플랫폼인 이베이를 이길 가능성은 매우 낮아 보였지만 결국 이베이를 물리치고 중국 온라인 쇼핑 시장의 1인자로 우뚝 섰다. 그 원동력은 바로 차별화된 정책과 시스템에 있었다.

타오바오는 '거래 수수료가 없는' 거래형 플랫폼이다. 그 당시 대부분의 거래형 플랫폼은 거래를 통해 발생하는 수수료가 주 수익원이었다. 하지만 타오바오는 거래 수수료를 과감하게 포기함으로써 보다 저렴하게 제품이 거래될 수 있도록 했다. 이는 중국의 소비자들에게 '이베이보다 타오바오가 싸다'라는 인식을 확실하게 심어주는 계기가 되었고, 더욱 많은 사람들을 타오바오로 끌어들였다. 이렇게 사람들이 플랫폼에 모여들게 되자 광고를 적극적으로 활용하여 수익을 창출해 나갔다.

또 다른 차별화 포인트는 안전하고 편리한 결제 방식인 알리페이(Alipay)의 개발이었다. 알리페이는 신용카드, 은행 계좌를 통해 현금을 충전해 사용하는 금융 서비스로 이를 통해 결제를 하면 금액은 잠시 알리페이 계좌에 예치되었다가 배송이 완료된 이후에 판매자에게 전달된다. 이러한 결제 시스템은 제품 사기에 대한 두려움이 큰 중국인들의 마음을 사로잡았다. 현재 알리페이는 스마트폰을 통해 편의점이나 대형마트, 음식점 같은 거의 모든 오프라인 매장에서도 활용 가능하며, 핀테크 기반의 디지털 금융 서비스로 발전 중이다.

이처럼 알리바바는 단순한 거래형 플랫폼 비즈니스에서 수익 모델을 혁신하고, 거래 방식을 개선함으로써 기존과는 전혀 다른 새로운 비즈니스를 탄생시켰다. 하루에도 수십, 수백 개의 플랫폼 비즈니스가 만들어지는 오늘날에, 더 이상 새로운 아이디어만으로 플랫폼을 성공시키는 것은 불가능에 가깝다. 이제는 플랫폼 비즈니스의 세부 요소들을 이해하고 어떤 부분을 혁신함으로써 고객의 마음을 사로잡을 것인가를 고민해야 한다. 이것이 우리가 플랫폼 비즈니스를 공부해야 하는 이유다.

* 매일경제 기사 '페이스북 제친 알리바바, 시가총액 세계 6위로' 2019. 12.17 인용

* 한겨레 기사 '알리바바 창업자 마윈 회장의 모든 것' 2014. 09.27 인용

PLATFORM BUSINESS

2장. 플랫폼 비즈니스란

1절 _ 플랫폼 비즈니스의 명확한 정의

플랫폼과 플랫폼 비즈니스가 다수의 공급자와 다수의 구매자 간 거래의 번거로움(거래비용)을 줄여 주기 위해서 존재한다는 것은 이제 어느 정도 이해가 되었을 것이다. 이제부터는 우리 주위에서 접할 수 있는 실제 플랫폼 비즈니스를 살펴보면서 플랫폼과 플랫폼 비즈니스를 보다 명확하게 정의해 보자.

그림 2-1에 나타난 바와 같이 우리는 이미 먼 과거부터 일상생활에서 여러 가지 플랫폼을 이용해 왔다. 다만 플랫폼이 어디에 형성되어 있는가만 바뀌었을 뿐이다. 과거에는 오프라인(off-line)이 대부분이었으나 지금은 주로 인터넷, 앱 등 온라인(on-line)에 위치해 있다. 그렇다고 플랫폼과 플랫폼 비즈니스를 정의하는 데 있어 굳이 온라인만을 생각할 필요는 없다. 과거의 전통적인 플랫폼 비즈니스에서도 그 특징은 충분히 드러난다.

우리가 실제 경험하고 있는 가장 가까운 플랫폼은 대한민국 곳곳에 있는 전통시장이다. 전통시장에는 물건을 파는 공급자와 이를 사려는 구매자가 존재한다. 이 두 집단은 전통시장이라는 플랫폼에서 각자가 필요로 하는 것을 거래한다. 전통시장의 운영/관리 주체는 거래의 장을 제공하고 점포 임대료/관리비 등을 받아서 시장이라는 플랫폼을 운영한다.

결혼 중매 회사도 플랫폼이다. 결혼을 원하는 남자와 여자를 중매 혹은 만나게 해주고 그 대가로 돈을 받는다. 결혼 중매 회사라는 플랫폼 안에서 미혼 남녀의 중매(혹은 만남) 서비스가 거래되고 있는 것이다.

부동산 중개소 또한 우리 주변에 있는 플랫폼이다. 부동산은 임대인과 임차인의 거래가 발생되는 곳이다. 집을 팔고 싶은 집주인과 집을 구매하고 싶은 사람의 거래도 발생한다. 부동산 중개소는 이러한 거래를 도와주고 성사시켜 준 대가로 중개 수수료를 받아 돈을 번다.

그림 2-1 **우리 생활 속의 플랫폼**

전통시장, 결혼 중매 회사, 부동산 중개소의 사례를 보면 우리는 플랫폼을 "제품(Product)이나 서비스(Service)를 판매하고 싶은 사람들과 구매를 원하는 사람들이 모여, 상대방이 원하는 것을 제공하고 내가 원하는

것을 획득할 수 있는 장소"라고 말할 수 있다.

그림 2-2 **우리 생활 속의 플랫폼의 교환구조**

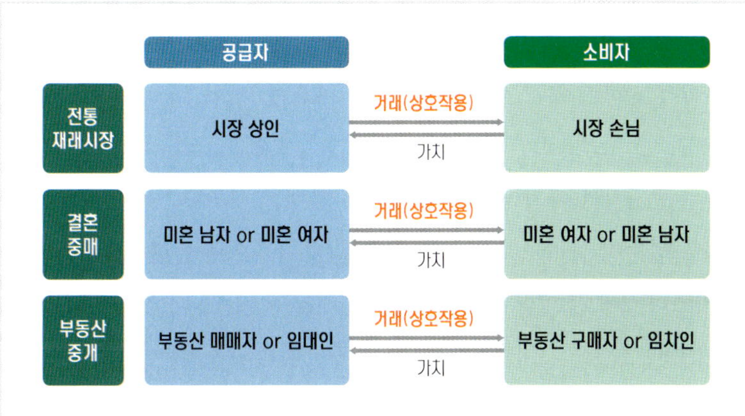

이 개념을 경영학의 용어로 바꿔 보자. **그림 2-2**와 같이 '제품이나 서비스를 판매하고 싶은 사람'을 공급자(Producers), '사기를 원하는 사람'을 소비자(Consumers), '공급자나 소비자가 원하는 것'을 가치(Value), 무언가를 '제공하고 획득하는 행위'를 거래(Transaction)라고 표현한다. 즉 플랫폼의 가장 단순하면서 명확한 정의는 "공급자와 소비자가 모여 가치를 거래하는 장소"라고 정리할 수 있다.

그런데 플랫폼 비즈니스에 대한 기존의 정의나 설명 들을 살펴보면 '가치의 거래나 교환'을 상호작용(Interaction)이라고 표현하고 있다. 이는 플랫폼이 제품(서비스)뿐만 아니라 '좋아요' 같은 감정 표현도 교환의 대상으로 보기 때문이다. 따라서 플랫폼을 "제품(서비스)의 공급자와 소비자가 상호작용할 수 있는 장소"라고 정의해도 무난할 것 같다.

그렇다면, 플랫폼 비즈니스란 무엇일까? 플랫폼이 공급자와 소비자가 상호작용할 수 있는 장소이므로, 플랫폼 비즈니스는 이 장소를 활용해서 돈을 버는 행위라고 볼 수 있다. 즉, "플랫폼 비즈니스란 제품(혹은 서비스)의 공급자와 소비자가 상호작용할 수 있는 장소를 제공 및 운영하여 이익을 창출하는 활동"이라고 정의할 수 있다.

많은 전문가와 학자들이 플랫폼 혹은 플랫폼 비즈니스를 어떻게 정의 내리고 있는지 살펴보자. 그들의 정의를 종합적으로 살펴봄으로써 플랫폼 비즈니스에 대한 본질이 좀 더 명확해질 수 있기 때문이다. **표 2-1** 에 정리한 그들의 정의를 살펴보면, 공통적으로 등장하는 단어는 공급자(Producers), 구매자(Consumers), 가치(Value), 교환(Exchange; '거래'나 '상호작용'이라는 표현으로 이해해도 무방하다)인 것을 알 수 있다.

표 2-1 플랫폼 비즈니스에 대한 다양한 정의

	"Platform은 참여자 간의 상호작용을 촉진하면서 그들의 잘못된 행위에 대한 규제가 가능한 개방형 구조" **출처**: 'Platform Revolution' by Geoffrey G. Parker, Marshall W. Van Alstyne and Sangeet Paul Choudary (2016)
	"Platform을 통해 Business를 연결하여 이익을 창출하는 것" **출처**: Three Elements of a Successful Platform Strategy by Mark Bonchek and Sangeet Paul Choudary (2013)
McKinsey & Company	A platform is a business model that allows multiple participants (producers and consumers) to connect to it, interact with one another, and create and exchange value **출처**: The rise of ecosystems and platforms by Tanguy Catlin (2018)
Gartner	Platform businesses bring together producers and consumers in high-value exchanges in which the chief assets are information and interactions. These interactions are the creators of value **출처**: Why is Everything a "Platform"? by Bill Swanton (2018)

이는 플랫폼 비즈니스가 운영되기 위한 가장 기본적인 요소라고 해도 과언이 아니다. 이러한 요소들에 기초하여 플랫폼 비즈니스를 정의하고 이를 기반으로 기본 모델을 도식화한다면 **그림 2-3**과 같다.

그림 2-3 **플랫폼 비즈니스란?**

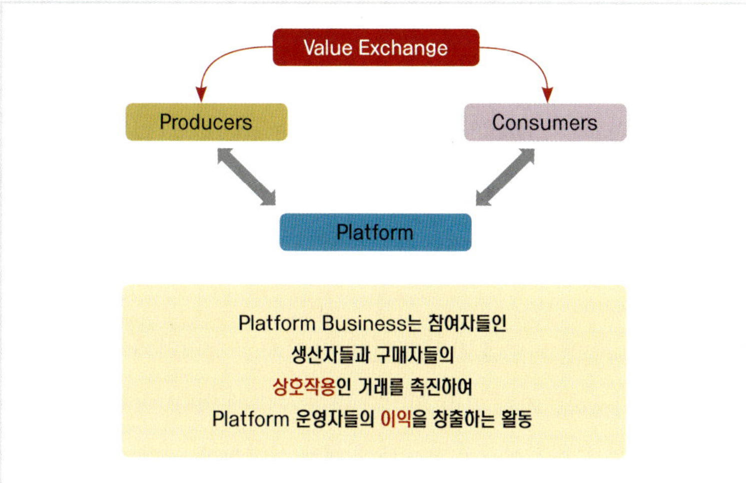

본 책에서는 이러한 기본 모델에서 출발하여 플랫폼 비즈니스를 하는데 필요한 기본 요소들에 대한 이해가 포함되어 있다. 여러 종류의 참여자들, 그들의 목적, 행위, 특징 그리고 플랫폼 비즈니스의 꽃인 네트워크 효과가 이에 포함된다. 그리고 플랫폼 비즈니스를 하는 운영자의 관점에서 어떤 기능을 내재화하고 어떤 기능을 아웃소싱할지, 그리고 이들의 비용과 수익은 어떻게 되는지, 플랫폼에 영향을 미치는 이해관계자들은 누구이고 어떤 영향을 미치는지와 같은 사항들을 플랫폼 비즈니스 전반을 아우르는 플랫폼 생태계 캔버스(Platform Ecosystem Canvas)라는 개념을 이용하여 설명하고자 한다.

2절 _ 플랫폼이라는 용어의 다양한 사용

'플랫폼'이라는 단어를 구글링해 보면 약 33억 개의 결과가 검색된다. '플랫폼 비즈니스'를 구글링하면 23억 개 정도의 결과가 나온다. 그리고 '플랫폼 비즈니스 모델'이라는 용어를 찾으면 4.6억 개 정도 나온다. 이제는 플랫폼이라는 용어가 일반적인 명사가 되었다는 방증이다.

그런데 사람들이 이해하는 플랫폼은 조금씩 서로 다르다. 여러 플랫폼의 의미에 대해 정확히 아는 사람들이 그리 많지 않다. 따라서 먼저 플랫폼의 개념에는 어떤 것들이 있는지 이해하고 넘어갈 필요가 있다.

플랫폼은 다양한 의미를 가지고 있다. 쓰임 또한 다양하기 때문에 어디에, 어떻게 사용하는가에 따라 의미가 다를 수밖에 없다. 이제 가장 보편적으로 쓰이는 플랫폼이라는 용어들에 대해 알아보자.

예전에는 플랫폼이라는 말을 듣고 제일 먼저 떠올리는 것이 기차를 타고 내리는 곳을 의미하는 플랫폼이었다. 물론 아직도 그 플랫폼이라는 용어는 그 의미 그대로 쓰인다.

그러나 요즘에는 **표 2-2** 처럼 비즈니스에서 쓰이는 4가지 개념이 제일 흔하게 사용된다. 하드웨어 플랫폼(Hardware Platform), 소프트웨어 플랫폼(Software Platform), 서비스 플랫폼(Service Platform) 그리고 비즈니스 플랫폼(Business Platform)이다. 이들 각각의 의미와 특성에 대해 알아보자.

표 2-2 Platform 용어의 다양한 사용 예

■ **Hardware Platform**

표준 공정을 통해 다양한 제품을 만들어 내는 기반 및 도구
→ 제품 개발 및 생산 비용을 낮추고 품질을 높임

eg.) 현대차와 기아차의 자동차 플랫폼 공유(소나타 & K5 등)

■ **Software Platform**

다양한 Application이 작동할 수 있도록 기능을 제공해주는 공통적인 실행환경(OS 등)

Windows 10

eg.) IOS, 안드로이드, Windows와 같이 다양한 App을 사용할 수 있는 OS

■ **Service Platform**

자사 Platform의 기능 및 기술을 다른 서비스들이 자유롭게 사용할 수 있도록 하여 Ecosystem을 확장

App Store

eg.) 애플 Appstore의 App개발 Tool을 외부 개발자에게 개방

■ **Business Platform**

Platform을 사업 수단으로 활용
성공한 Biz를 Platform화 또는 Platform을 만들어 Biz화

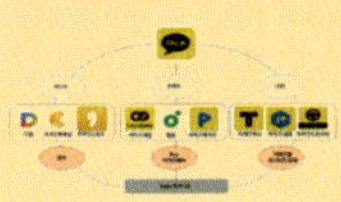

eg.) 카카오톡 Biz 성공 후 Platform으로 변화된 카카오의 Ecosystem

하드웨어 플랫폼

하드웨어 플랫폼은 제조업에서 많이 쓰인다. 제품의 대량 생산과 비용 대비 좋은 품질을 만들기 위해 쓰이는 기본 뼈대라고 해도 무방하다. 예

를 들어 현대자동차와 기아자동차는 같은 급의 차량에 동일한 플랫폼을 사용해서 제조원가를 절감하는 효과를 가진다. 동급 차종인 소나타와 K5는 같은 플랫폼을 공유하는 차량들이다. 플랫폼은 공유하나 플랫폼 위에 만들어지는 차량 모델과 부품들은 다르다. 즉, 하드웨어 플랫폼은 제품 개발 비용을 공유하고 대량생산을 용이하게 하여 생산의 효율성을 높여주는 하나의 방법이다.

소프트웨어 플랫폼

소프트웨어 플랫폼은 우리가 흔히 접하고 있는 OS와 같은 운영체제를 의미한다. 마이크로소프트의 윈도우나 애플의 iOS, 구글의 안드로이드가 이에 속한다. 개발자들이 만들어 낸 앱(Apps)을 설치하고 사용할 수 있는 환경을 제공하는 운영체제를 소프트웨어 플랫폼이라고 한다.

서비스 플랫폼

서비스 플랫폼은 앱이나 프로그램 개발자들을 위해 필요한 플랫폼이다. 소프트웨어 플랫폼의 제품이나 서비스를 만들어 내기 위해 개발 툴(tool)이나 소스(source) 등을 공유하는 데 쓰인다.

많은 사람들이 소프트웨어 플랫폼과 서비스 플랫폼의 의미를 헷갈려 하는 경우가 있다. 쉽게 정리하면 스마트폰에서의 서비스 플랫폼은 우리가 쓰는 앱을 만드는 도구다. 소프트웨어 플랫폼은 서비스 플랫폼으로 만들어 낸 앱을 설치하고 사용하는 기본 바탕으로, 우리의 눈에 바로 보이는 화면이라고 생각하면 된다. 소프트웨어 플랫폼과 서비스 플랫폼은 서로 밀접한 연관성을 갖는다. 서비스 플랫폼을 통한 다양한 앱 생산은 소프트웨어 플랫폼이 만들어 내는 생태계를 확장하고 키우는 데 매우 중요한 역할을 하기 때문이다.

비즈니스 플랫폼

비즈니스 플랫폼은 말 그대로 비즈니스를 하기 위한 플랫폼을 의미하며, 사업을 위한 가상공간(virtual space)으로 이용하는 것을 말한다. 에어비앤비는 플랫폼 비즈니스의 가장 대표적인 사례로, **그림 2-4** 에서 보는 바와 같이 공급자인 집 주인과 소비자인 여행객을 매칭해 주는 비즈니스

대표적인 플랫폼 비즈니스인 에어비앤비는 2008년 설립됐다.

설립자들의 집에 에어 매트리스(Air mattress) 침대(Bed)를 잠자리로 마련해 주고 아침식사(Breakfast)를 제공하는 비즈니스로 시작한 에어비앤비는 플랫폼 비즈니스의 특성을 활용해 기존 어떤 호텔 브랜드들의 확장 속도보다 빠르게 규모를 키워 나갔다. 현재 전 세계 어떤 호텔보다도 더 많은 숙소를 보유하고 있다. 설립한 지 약 10년이 지난 2019년 기준으로 에어비앤비는 180여 개 국가와 34,000여 개 도시에 100만 개 이상의 숙소를 보유하고 있다. 세계적인 호텔 브랜드 힐튼이나 매리어트도 이렇게 많은 도시들을 커버하지 못할뿐더러 숙소의 수도 에어비앤비를 따라갈 수 없다. 또한 이렇게 빠른 속도로 확장을 한다는 것은 불가능이다.

2019년 1월 기준 에어비앤비는 서울 내 8,500여 개의 숙소를 가지고 있으며, 한국 전 지역을 기준으로는 46,000개가 넘는 숙소를 보유하고 있다.

에어비앤비는 저 많은 숙소를 자신들이 소유하고 있지 않다. 각 숙소의 운영 및 관리는 해당 숙소 주인이 도맡는다. 기존 호텔들은 모든 숙소에 대한 유지 및 보수 비용을 부담해야 하기 때문에 에어비앤비처럼 많은 장소에 숙소를 운영하기 어렵다.

이처럼 플랫폼 비즈니스는 기존 파이프라인 기업들이 하지 못했던 많은 것들을 이뤄질 수 있게 해준다. 내가 직접 소유하거나 제조하지 않더라도 새로운 제품이나 서비스를 소비자들에게 충분히 제공해 줄 수 있다.

출처: 에어비앤비 홈페이지

그림 2-4 플랫폼 비즈니스의 대표적인 사례: Airbnb

를 통해 수익을 창출한다. 가장 대표적이면서 전형적인 플랫폼 비즈니스의 형태를 갖춘 기업이라고 할 수 있다. 따라서 에어비앤비가 창출한 가상공간을 비즈니스 플랫폼이라 한다. 이러한 가상공간을 이용하여 거래를 하는 비즈니스를 플랫폼 비즈니스라 한다.

이 책에서 사용하는 플랫폼의 의미는 비즈니스 플랫폼을 의미한다. 앞에서 정의한 대로 공급자와 소비자가 상호 거래를 하는 장을 뜻한다.

아직 잘 알려지지는 않았지만 국내 플랫폼 기업의 사례로 최근 큰 호응

동대문 도매시장은 전국에 산재해 있는 의류 소매상들과 해외에서 의류를 구매해 자국에서 소매상을 운영하는 수많은 소비자들이 이용하는 오프라인 플랫폼이다.

그러나 소매상들이 매번 동대문 시장을 방문해 직접 구매하기에는 거래비용이 너무 크다는 문제점이 있었다. 이런 문제점을 해결해 주기 위해 나타난 직업이 '사입삼촌'이다.

사입삼촌은 소매점에서 요구하는 스타일의 옷을 자신들과 거래하는 도매상에서 대신 구입해 주는 역할을 했다. 그러나 이제는 링크샵스가 도표에 나와 있는 도매상, 사입삼촌 그리고 소매점들의 애로점(Pain Points)들을 해결해 주는 플랫폼으로 자리매김하고 있다.

출처: 티타임즈

을 얻고 있는 동대문 시장의 링크샵스라는 재미있는 아이디어를 가진 플랫폼을 그림 2-5에 정리하였다.

그림 2-5 플랫폼 비즈니스의 사례 링크샵스

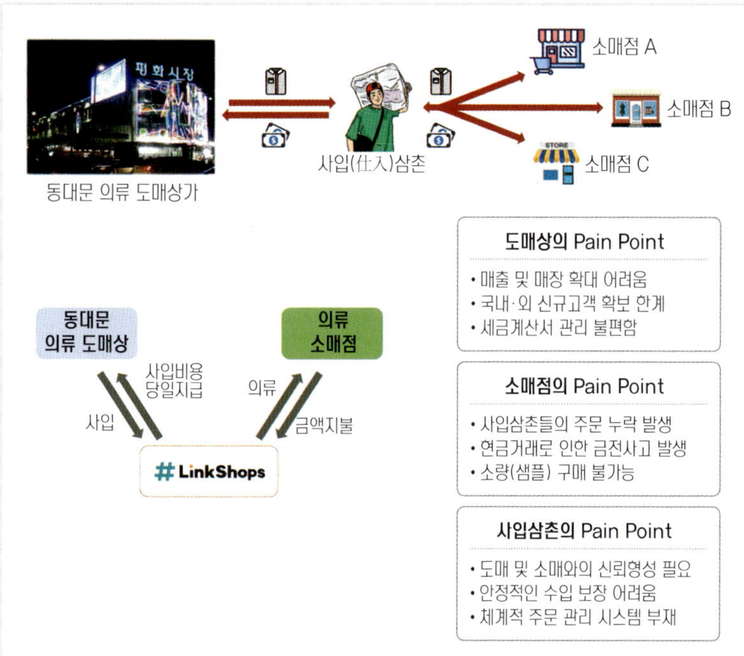

3절 _ 플랫폼 비즈니스의 종류

본격적인 플랫폼 생태계 캔버스(Platform Ecosystem Canvas)를 설명하는데 앞서, 플랫폼 비즈니스의 종류를 간단히 구분하고 넘어가자. 플랫폼 비즈니스의 종류는 플랫폼의 거래단위와 목적에 따라 표 2-3과 같이 총 4가지로 구분할 수 있다. 물론 플랫폼 비즈니스 종류에 대한 구분은 누가 무슨 목적으로 하는가에 따라 전부 다를 수 있다.

이 책에서는 물질적인 제품을 거래하는 제품거래형 플랫폼, 무형의 서비스를 거래하는 서비스거래형 플랫폼, 사용자 간의 커뮤니티 공간을 제공하는 소셜형 플랫폼, 사용자들의 자산 공유를 중개하는 자산공유형 플

표 2-3 플랫폼 비즈니스의 종류

■ 제품거래형 Platform
참여자가 금전적인 거래를 통해
물리적인 제품을 구매 또는 판매할 수 있도록 하는 Platform

■ 서비스거래형 Platform
참여자가 금전적인 거래를 통해
서비스를 제공받을 수 있도록 하는 Platform

■ 소셜형 Platform
참여자들의 콘텐츠, 정보 등을 Platform을 통해 서로 공유하여
참여자들이 원하는 가치를 창출할 수 있도록 하는 Platform

■ 자산공유형 Platform
Platform을 통해 참여자의 소유 자산을 공유하여
자신이 원하는 가치를 창출할 수 있도록 하는 Platform

랫폼으로 나누기로 한다.

제품거래형

제품거래형 플랫폼은 온라인 쇼핑몰이 대표적이다. 가장 많은 사람들이 사용하고 우리에게 익숙한 형태다. 제품을 판매하는 공급자와 구매하는 소비자를 연결해 주어 공급자가 생산하는 제품을 플랫폼에서 소비자가 구매할 수 있도록 한 것이다.

우리 주변에서 쉽게 찾아볼 수 있는 아마존, 이베이, 쿠팡, 11번가 등 전자상거래 플랫폼과 배달의 민족, 요기요와 같은 음식 배달 플랫폼, 직방, 다방, 호갱노노와 같은 부동산 중개 플랫폼 등이 제품거래형 플랫폼에 속한다.

서비스거래형

서비스거래형 플랫폼은 앞서 말한 제품거래형 플랫폼과 동일한 프로세스와 특징을 갖는다. 다만 거래되는 대상이 물질적인 제품이 아닌 무형의 서비스라는 점이 다르다. 여행 가이드 서비스를 거래하는 마이리얼트립, 재능 공유 플랫폼인 크몽, 결제 플랫폼인 페이팔, 삼성페이 등 사용자들이 어떤 행동을 함에 있어 필요한 서비스를 제공하는 플랫폼을 서비스거래형 플랫폼이라 한다.

소셜형

소셜형 플랫폼은 우리가 생활 속에서 가장 많이 접하고 우리의 일상에 많은 영향을 미치는 플랫폼이다. 페이스북이나 인스타그램, 유튜브, 틱톡, 링크드인 등이 대표적인 소셜형 플랫폼이다. 이들은 개인의 일상을 공유하거나, 자신들의 메시지나 콘텐츠를 불특정 다수에게 알리고 싶어 하는 사람들이 모인 온라인 공간이라는 특징이 있다.

소셜형 플랫폼은 거래나 중개를 통해 수익을 창출하는 비즈니스는 아니다. 이러한 플랫폼들은 참여자들이 상호작용으로 만들어 내는 다양하고 재미있는 공간을 마련해 줌으로써 많은 사람들을 플랫폼에 모으고, 이렇게 모인 사람들을 대상으로 광고 등을 통해 수익을 창출한다.

자산공유형

자산공유형 플랫폼은 공급자가 자신의 자산을 소비자와 공유해 대여료를 지급받는 형태의 플랫폼이다. 거래형 플랫폼과 프로세스는 유사하나 공급자가 자산을 판매를 하는 것이 아니라 대여하는 형태인 점에서 차이가 있다. 자산공유형 플랫폼에서는 소비자와 공급자의 역할이 바뀔 경우도 많다. 공급자가 소비자가 되기도 하고 때로는 소비자가 공급자가 되기도 한다. 차량이나 집이라는 자산을 활용하는 우버(Uber), 에어비앤비(Airbnb), 투로(Turo)[1]가 대표적인 자산공유형 플랫폼이다.

---

1) 투로는 자동차를 공유하는 비즈니스 플랫폼이다.(https://turo.com)

자산공유형 플랫폼 비즈니스의 제품이나 서비스를 보면 대부분 유휴자산인 경우가 많다. 유휴자산을 활용하는 공유경제라는 점이 자산공유형 플랫폼의 가장 큰 특징이고 이를 통해 번외소득(Extra Money)을 얻을 수 있다는 점은 사람들이 공급자로서 플랫폼에 참여하는 동기가 된다.

4절 _ 플랫폼 생태계(Platform Ecosystem)

플랫폼 생태계의 의미

플랫폼 생태계(Platform Ecosystem)란 말 그대로 플랫폼이 만들어 낸 환경을 뜻한다. 플랫폼 기업들은 이 생태계를 더욱 견고히 하고 확장시킴으로써 시장 내 경쟁력을 쌓아간다. 플랫폼 기업 성공의 바로미터도 바로 여기에 있다. 플랫폼 기업이 가지고 있는 생태계가 얼마나 강력한지에 따라 비즈니스의 성패가 갈린다는 얘기다.

즉, 플랫폼 생태계란 플랫폼 참여자인 운영자, 공급자, 소비자, 파트너, 이해관계자 간에 유기적으로 발생되는 상호작용의 규모라고 볼 수 있다. 결국 더 많은 사람들이 플랫폼을 이용하면 할수록 생태계의 규모는 커진다. 그렇게 되면 플랫폼이 갖는 경쟁력과 영향력 또한 커질 수밖에 없기 때문에 기업만의 플랫폼 생태계를 구축하고 확장하는 일은 매우 중요하다.

그림 2-6 은 우버의 생태계다. '우버'라는 플랫폼 생태계를 구성하고 있는 많은 요소들이 포함돼 있다. 거래 결제 시스템부터 정부기관까지 수많은 요소들을 통해 우버는 자신들의 생태계를 구축하여 시장을 장악

했다. 비록 현재 우버가 미국 내에서 긍정적인 이미지보다는 부정적 이미지가 커지며 기업의 위상이 많이 떨어졌으나, 플랫폼 비즈니스를 구축하고 추진한 우버의 능력은 매우 견고하고 대단하다는 평가를 받는다. 자신들만의 생태계를 잘 구축한 사례로 손꼽힐 만하다.

그림 2-6 Uber Platform Ecosystem

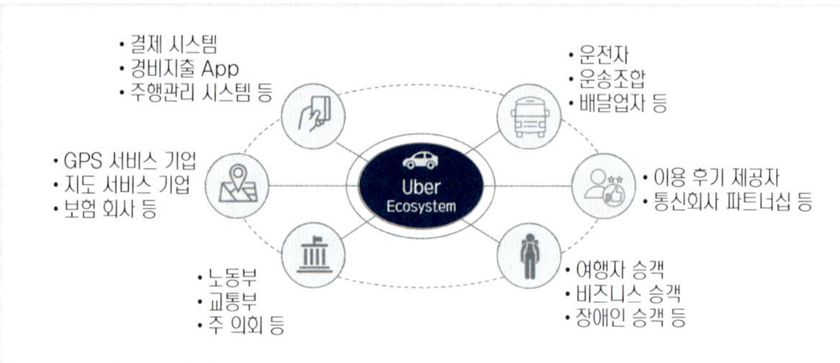

Platform Ecosystem Canvas (PEC)

플랫폼 비즈니스에 대한 이해가 끝났다면 이제 본격적으로 비즈니스를 시작하기 위한 준비가 필요하다. 먼저 이해를 돕기 위해 비즈니스 모델이 무엇인가를 간단히 정리하고 넘어가자.

비즈니스 모델[2)]은 기업이 어떻게 가치를 창출하여 전달 및 수확하는가에 대한 설명이다. 비즈니스 모델을 만들고 수정하는 과정은 비즈니

2) A business model describes the rationale of how an organization creates, delivers, and captures value, in economic, social, cultural or other contexts The process of business model construction and modification is also called business model innovation and forms a part of business strategy. Wikipedia

스 전략 수립의 한 부분으로, '비즈니스 모델 혁신'이라고도 한다. 즉, 비즈니스 모델은 '성공적이고 지속 가능한 비즈니스를 만들기 위해 필요한 요소들을 설명하고 이들의 조합을 어떻게 만들 것인가에 대해 기술한 것'이라 할 수 있다. 플랫폼 비즈니스는 참여자들이 중심이 되어서 가치를 창출한다. 따라서 플랫폼 비즈니스 모델을 만들기 위해서는 플랫폼을 둘러싼 생태계 전반을 디자인해야 한다.

생태계를 구축하는 일은 특정 플랫폼을 성공시키는 핵심 열쇠다. 많은 사람들이 요구하는 기능을 갖춘 플랫폼도 이 시스템을 제대로 만들어 놓지 못하면 결국 수익화에 실패하기 십상이다. 또한 시스템에 들어오려는 참여자들이 줄어들어 상호작용과 네트워크 효과를 만들어 내지 못하는 결과를 낳게 된다. 그렇기 때문에 다음 표 2-4 에서 제시한 '플랫폼 생태계 캔버스(Platform Ecosystem Canvas)'가 무엇보다 중요하다. 어떠한 플랫폼이 성공을 거둘 수 있을지, 많은 수익을 창출할 수 있을지, 참여자들이 플랫폼

표 2-4 Platform Ecosystem Canvas

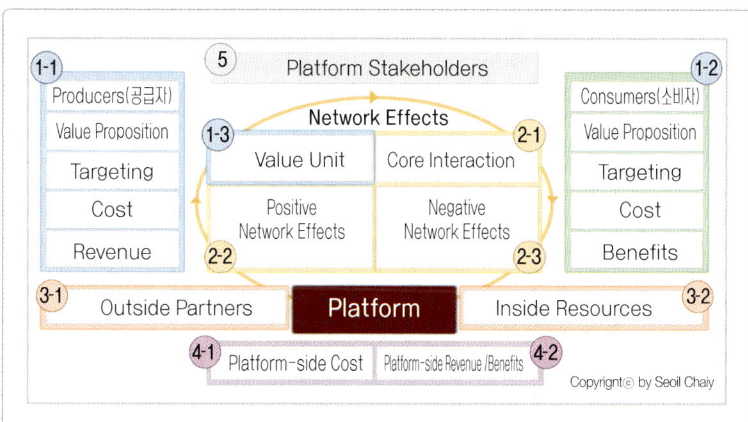

에 참여할지에 대해 사전 점검을 할 수 있는 최선의 도구가 될 수 있다.

그렇다면 플랫폼 비즈니스 모델은 무엇이며, 이를 둘러싸고 있는 플랫폼 생태계(Platform Ecosystem)는 어떻게 정의하고 만들어 갈 수 있을까?

플랫폼 생태계 캔버스는 **표 2-4**와 같이 크게 5개의 섹션으로 구성된다.

첫 번째 섹션은 플랫폼의 핵심 참여자와 그들이 무엇을 거래하는지 정의하는 단계이다. **표 2-4**의 공급자(1-1), 소비자(1-2) 그리고 가치단위(1-3) 박스가 이에 해당된다. 이 섹션은 플랫폼 내에서 공급자와 소비자가 무엇을 거래하고, 우리 플랫폼은 그들에게 어떤 가치를 줄 수 있는지(Value Proposition) 정의하는 것부터 시작한다. 그리고 참여 가능성이 가장 높은 집단(Targeting)은 누구인지 생각해 보고, 이들이 플랫폼에 참여함으로써 지불해야 되는 것(Cost)과 얻을 수 있는 수익이나 혜택(Revenue/Benefit)을 정리한다. 가치단위는 플랫폼 비즈니스 구성에서 가장 기본적인 요소이면서 네트워크 효과를 만들어 내는 기본이기에 step 1과 step 2 모두에서 다루게 된다.

두 번째 섹션은 플랫폼 내에서 만들어지는 네트워크 효과(2-1,2,3)를 디자인하는 단계이다. 이 섹션은 우리 플랫폼에서 참여자들은 어떻게 상호작용(Core Interaction)을 하고, 이러한 상호작용을 더욱 활발하게 만드는 방법(Positive Network Effects)과 상호작용을 저해하는 요인은 무엇이며, 이를 어떻게 방지할 수 있을지(Negative Network Effects)를 디자인한다.

세 번째 섹션은 플랫폼을 운영하는 데 필요한 파트너(Outside Partners)와 내부자원(Inside Resources)(3-1,2)을 구분하는 단계이다. 이 단계에서는 플랫폼을 구축하고 운영하기 위해 필요한 모든 자원을 도출하고, 내가 할 일과 파트너에게 맡길 일을 구분한다. 파트너를 포함한 플랫폼의 생태계 전체를 구상해 보는 중요한 단계이다.

네 번째 섹션은 플랫폼을 구축하고 운영하는 데 들어가는 비용(Platform-side Cost) 및 플랫폼을 통해 창출되는 수익(Platform-side Revenue / Benefits)(4-1,2)을 예측해 보는 단계이다. 플랫폼 비즈니스의 수익 모델은 전통적인 비즈니스에 비해 매우 다양하다. 여러 가지 수익 모델을 종합적으로 디자인함으로써 사용자의 부담은 최소화하고, 플랫폼 운영자의 수익은 극대화하는 것이 핵심이다.

마지막 섹션은 플랫폼 비즈니스에 영향을 미치는 이해관계자(Platform Stakeholders)(5) 박스로 구성되어 있다. 이해관계자는 정부, 투자자, 조합, 협회, 심지어 경쟁자까지도 포함한다. 플랫폼 비즈니스를 시작했을 때 이들이 어떻게 반응할 것이며, 어떻게 우리에게 호의적으로 다가오게 할 것인지 생각해 보는 단계이다.

PEC을 이용하여 플랫폼 디자인을 하기 위해서는 이러한 5단계의 과정을 거쳐야 바람직한 결과를 도출해 낼 수 있다. 5단계를 다시 한번 간단히 요약하자면 아래와 같다.

Step 1. 비즈니스를 정의하고, 참여자와 가치단위를 정한다.

Step 2. 사람을 모으고, 플랫폼의 네트워크 효과를 디자인한다.

Step 3. 내가 할 일과 파트너가 할 일을 구분한다.

Step 4. 수익 모델을 구체화한다.

Step 5. 이해관계자(Stakeholder)를 정의하고 대응책을 마련한다.

이제 Part 2에서 플랫폼 생태계 도표를 이용한 플랫폼 디자인을 단계별로 살펴보자.

2장의 요약

플랫폼(Platform)이라는 용어는 다양한 분야에서 다양한 개념으로 사용되고 있으나 이 책에서 설명하는 플랫폼의 의미는 다양한 사람들이 모여서 상호작용을 하는 공간 혹은 장소를 뜻한다. 따라서 플랫폼 비즈니스란 '참여자들의 상호작용인 거래를 촉진하여 플랫폼 운영자의 이익을 창출하는 활동'으로 정의할 수 있다.

플랫폼 비즈니스는 거래 단위나 목적에 따라 크게 네 가지로 구분할 수 있다. 첫째는 제품을 거래하는 '제품거래형' 플랫폼이다. 이는 우리 주변에서 가장 많이 볼 수 있는 플랫폼 비즈니스의 형태로, 온라인 쇼핑몰이나 음식 배달 App등이 이에 속한다.

두 번째로는 '서비스거래형' 플랫폼이 있다. 제품거래형과 유사한 비즈니스 구조를 가지고 있지만, 여행이나 재능과 같은 무형의 서비스가 거래되는 것이 특징이다.

세 번째는 '소셜형' 플랫폼으로 페이스북이나 유튜브가 대표적인 소셜형 플랫폼이다. 이러한 플랫폼은 참여자들이 놀 수 있는 재미있고 다양한 공간을 제공한다. 또한 거래형 플랫폼들과 다르게 중개를 통한 수익 창출이 아니라 광고를 통해 수익을 창출하는 것이 특징이다.

마지막으로 유휴자산을 활용한 '자산공유형' 플랫폼이 있다. 이는 자산을 판매하는 것이 아니라 대여한다는 특징이 있다. 따라서 유휴자산이 있는 사람이라면 누구나 쉽게 공급자가 될 수 있고, 반대로 자신에게 필요한 자산을 공유 받는 소비자가 될 수도 있다. 이외에도 플랫폼 비즈니스는 분류하는 목적이나 사람에 따라 다양하게 나눌 수 있지만, 현재까지 성공한 플랫폼 비즈니스는 지금까지 설명한 네 가지 범주 안에 대부분 포함되어 있다.

플랫폼 비즈니스는 운영 주체가 아닌 참여자들이 만들어 가는 비즈니스이다. 따라서 플랫폼에 직접적으로 참여하는 공급자와 소비자뿐만 아니라, 파트너, 정부기관, 소비자 단체 등 플랫폼에 영향을 미치는 생태계 전반을 잘 설계해야 한다. 그래서 탄생한 것이 바로 '플랫폼 생태계 캔버스(Platform Ecosystem Canvas)'이다. 이 캔버스는 플랫폼을 둘러싼 생태계 전반을 유기적으로 디자인할 수 있도록 구성되어 있다.

전체적인 구성은 크게 아래와 같은 다섯 개의 단계로 구분할 수 있다.

Step 1. 비즈니스를 정의하고, 참여자와 가치단위를 정한다.

Step 2. 사람을 모으고, 플랫폼의 네트워크 효과를 디자인한다.

Step 3. 내가 할 일과 파트너가 할 일을 구분한다.

Step 4. 수익 모델을 구체화한다.

Step 5. 이해관계자(Stakeholder)를 정의하고 대응책을 마련한다.

다음 장에서는 각각의 단계를 구체적으로 다루도록 하겠다.

2장의 연습 문제

1. 플랫폼 비즈니스를 정의하고 플랫폼 비즈니스의 종류를 설명하시오.
2. 에어비앤비의 플랫폼 생태계를 그려보고 각 구성원에 대해 설명하시오.

Part 2.

플랫폼 생태계 디자인

3장. 비즈니스를 정의하고, 참여자와 가치단위를 정한다
4장. 참여자들을 모으고, 플랫폼의 네트워크 효과를 디자인한다
5장. 내가 할 일과 파트너가 할 일을 구분한다
6장. 수익 모델을 구체화한다
7장. 이해관계자를 정의하고 대응책을 마련한다

학습목표

1. 플랫폼 비즈니스의 위상과 가능성을 확인한다.

2. 플랫폼 비즈니스의 개념과 생태계(Ecosystem)의 구성을 이해한다.

Part 1. 플랫폼 비즈니스란

1장. 플랫폼 비즈니스는 정말 대세인가
2장. 플랫폼 비즈니스란

↓

Part 2. 플랫폼 생태계 디자인

3장. 비즈니스를 정의하고, 참여자와 가치단위를 정한다
4장. 참여자들을 모으고, 플랫폼의 네트워크 효과를 디자인한다
5장. 내가 할 일과 파트너가 할 일을 구분한다
6장. 수익 모델을 구체화한다
7장. 이해관계자를 정의하고 대응책을 마련한다

↓

Part 3. 파이프라인 기업의 플랫폼 비즈니스 전환전략

8장. 파이프라인 기업의 플랫폼화 가능성
9장. 기존 파이프라인 기업의 플랫폼화를 위한 방법
10장. 성공적인 런칭을 위한 의사결정 포인트

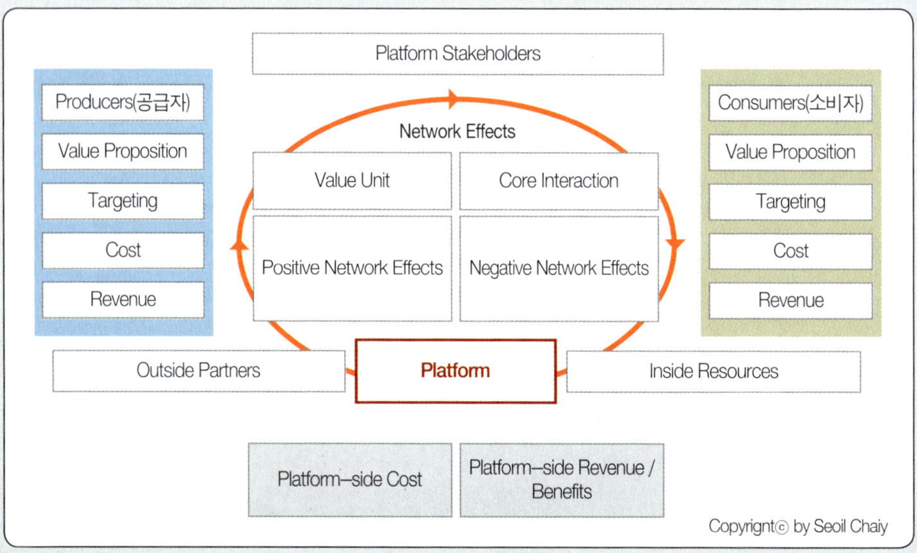

3장.

비즈니스를 정의하고, 참여자와 가치단위를 정한다

1절 비즈니스의 정의

2절 참여자와 가치단위의 정의

3절 가치제안(Value Proposition)

명확한 가치제안 '아마존'

전자상거래 플랫폼 기업인 아마존은 2019년 9월 기준 시가총액이 9,430억 달러를 기록했다. 이는 혁신기업으로 대표되던 구글과 애플을 넘어서는 수치로, 처음 상장된 1997년부터 21년간 매년 35%씩 성장한 결과이다. 이처럼 경이적인 성장률을 보일 수 있었던 원동력은 무엇일까?

1995년 시애틀의 작은 지하창고에서 소규모 자본의 온라인 서점으로 시작한 아마존은 1996년 인터넷 전자상거래 사이트로는 최초로 회원수가 1,000만 명을 넘어섰다. 또한 1997년에는 주당 18달러에 나스닥에 상장하며 연간 900%의 성장을 이뤄냈다. 그러나 음반, DVD 시장으로도 사업 영역을 꾸준히 확대하던 아마존도 2000년대 초반 닷컴버블이 붕괴하고, 애플의 아이튠즈가 음반시장을 장악하면서 큰 어려움에 직면한다.

이러한 위기상황에서 더욱 빛난 것이 바로 아마존의 고객중심적 사고이다. 이들은 고객들의 원하는 가치를 제공하는 데 모든 자원과 역량을 집중했다. 고객들이 아마존에서 원하는 가치는 '더 싸게', '더 빠르게', '더 다양한' 제품을 '더 편리하게' 구입하는 것이다.

닷컴버블이 붕괴하던 시기에 아마존은 만성 적자에 시달리고 있었고, 월가에서는 이들의 파산을 전망하기도 했다. 투자자들은 수익성 개선을 요구하며 제품을 가격을 높이라고 압박하는 상황이었다. 하지만 아마존은 오히려 제품 가격을 더욱 낮추는 전략을 선택했다. 바로 그들의 미션에 집중했기 때문이다. 아마존의 미션은 고객들이 온라인에서 원하는 것은 무엇이든 제공하는 기업 · 지구상에서 가장 고객을 중요시하는 기업(To be Earth's most customer– centric company)이다. 이러한 선택은 결과적으로 아마존으로 고객들이 몰리는 상황을 만들었고, 지금의 아마존이 존재할 수 있었던 결정적인 역할을 했다.

지금도 아마존은 이러한 고객 가치에 집중하고 있다. 아마존은 높은 매출 성장에도 불구하고 영업 이익률은 1~2%대에 불과하다. 이는 사업의 수익성이 낮아서가 아니라 고객의 가치 향상과 혁신에 막대한 금액을 재투자하고 있기 때문이다. 2018년 기준 R&D 투자 규모만 봐도 구글(162억 달러), 삼성전자(153억 달러), 인텔(131억 달러)에 비해 압도적으로 높은 226억 달러를 투자했다. 이러한 투자는 아마존고(디지털 무인 슈퍼), 드론 배송, 무인 배송, 인공지능 플랫폼 등 고객이 더욱 편리하고 빠르게 저렴한 제품을 구매할 수 있는 혁신적인 아이디어를 탄생시켰다.

아마존의 사례는 플랫폼 비즈니스를 준비하는 사람들에게 많은 시사점을 준다. 플랫폼을 디자인함에 있어서 가장 중요한 것은 우리 플랫폼이 고객들에게 어떤 가치를 제공할 수 있는가를 정의하는 것이다. 여기서 고객은 플랫폼에 참여하는 양면시장(공급자 시장과 소비자 시장) 모두를 의미한다. 플랫폼에 참여하는 공급자와 소비자가 원하는 가치를 찾아서 이를 어떻게 플랫폼에서 만족시킬 수 있을 것인가를 설계하는 것이 플랫폼 비즈니스 디자인의 핵심이다.

아마존의 CEO인 제프 베조스는 그들의 신념을 이렇게 이야기한다.

"고객이 승리할 때 우리가 승리하는 것이고
고객이 승리할 때만이 우리가 승리하는 것이다."
(Above all else, align with customers. Win when they win. Win only when they win.)

* POSRI 이슈리포트 〈혁신기업, 아마존의明과 暗〉 2019. 04. 19.
* LG경제연구원 〈아마존을 보면 '아웃사이드 인'이 보인다〉 2013. 12. 23.

P L A T F O R M B U S I N E S S

3장. 비즈니스를 정의하고, 참여자와 가치단위를 정한다

Part 1에서 설명했듯이 플랫폼 비즈니스가 성립되기 위해서는 필수적으로 참여자인 공급자와 소비자가 누구이고, 이들이 거래하는 가치단위가 무엇인지에 대해 정의하는 것이 필요하다. 이는 다음 표 3-1의 푸른색 영역에 해당된다. 붉은색 박스의 Platform은 비즈니스 플랫폼의 운영자를 의미한다.

표 3-1 PEC Step 1 비즈니스, 참여자, 가치단위 정의

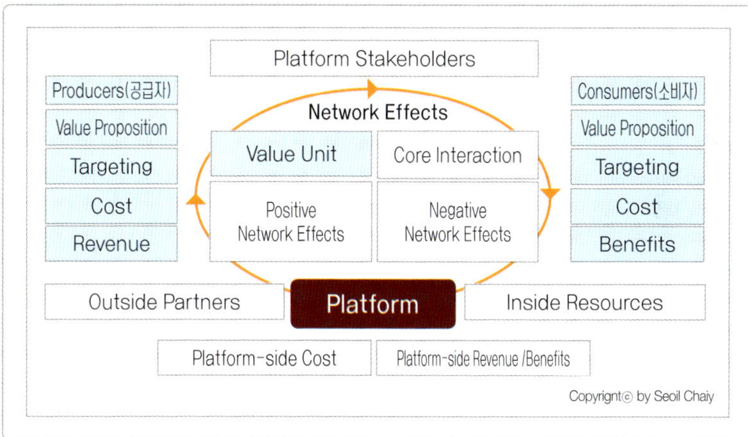

따라서 플랫폼 비즈니스를 디자인할 때는 가장 먼저 공급자와 소비자를 정의하고 이들이 무엇을 거래하는지 가치단위를 명확히 하는 작업이 필수이다. 공급자와 소비자, 가치단위는 어느 것을 먼저 정하기보다는

우선 운영자가 자신 있는 한 가지를 정해서 고정한 후 그다음 항목을 정하는 순서로 가는 것이 프로세스를 쉽게 만들어 준다. 그런 후에 세 가지를 동시에 고려하였을 때 플랫폼 비즈니스가 성립할 수 있는지를 검토하는 것이 바람직하다.

1절 _ 비즈니스의 정의

사업가가 비즈니스를 시작하고자 할 때 먼저 고려해야 할 것은 무엇일까? 소비자들이 갖고 있는 어떤 문제를 해결해 줄 수 있는지, 고객에게 어떠한 새로운 가치를 제공할 수 있는지에 대한 고민일 것이다. 비록 소비자들이 현재 상태에 익숙한 채 문제점을 인식하지 못하고 있더라도 현재의 상태보다 더 나은 효익을 줄 수 있다면 새로운 비즈니스로서 가치가 있다. 비즈니스를 정의하는 일은 우리가 참여자들에게 주는 가치의 영역을 어디까지 설정할 것인지 결정하는 기준이라고 생각하면 된다.

그런데 비즈니스를 너무 좁게 정의하면 향후 플랫폼이 성장하는 데 걸림돌이 될 수 있다. 이를 잘 설명해 주는 것이 마케팅 근시(Marketing Myopia)라는 개념이다. 예를 들어 화장품을 거래하는 플랫폼을 만든다고 가정해 보자. 이 비즈니스를 '화장품 거래 비즈니스'로 정의하느냐, '뷰티 비즈니스' 혹은 '아름다움을 제공하는 비즈니스'로 정의하는가에 따라 플랫폼에서 거래되는 제품이나 서비스의 확장성이 달라질 수 있다. 뷰티 비즈니스로 정의한다면 화장품과 더불어 의류나 모자 또는 액세서리 같은 품목이 나중에 더해져도 자연스러운 비즈니스의 확장이 된다. 반대로 너무 넓게 비즈니스를 정의하면, 어디까지를 나의 비즈니스 영역으로 보아야 할지에 대한 방향성을 잃어버리게 될 수도 있다.

2절 _ 참여자와 가치단위의 정의

모든 비즈니스는 결국 돈을 버는 것 즉, 수익을 내는 것이 일차 목적이다. 그렇기 때문에 모든 기업들은 어떻게 하면 더 많은 돈을 벌 수 있을지 끊임없이 고민하고 또 고민한다. 플랫폼 기업 역시 궁극적인 목적은 수익의 창출이다.

그렇다면 플랫폼 비즈니스에서 돈을 벌게 해주는 주체는 누구인가? 바로 플랫폼의 참여자인 공급자와 소비자다. 비록 유튜브, 인스타그램 등 소셜 네트워크 기반의 참여자들은 직접적으로 수익을 안겨주지는 않지만 결국 그들이 만들어 내는 상호작용과 네트워크 효과가 플랫폼의 광고 수익을 창출하는 시발점이다(수익 창출의 주체를 광고주라고 생각할 수 있으나 광고는 참여자들이 있기에 수입원이 되는 것이다).

가치단위는 어떤 종류의 플랫폼 비즈니스인가에 따라 달라질 수 있고 그 형태 또한 다양하다. 플랫폼 내에서 거래 또는 교환되는 모든 것은 가치단위가 될 수 있다. 제품거래형 플랫폼에서는 일반적인 오프라인 거래와 같이 돈과 제품이 가치단위가 된다. 서비스거래형 플랫폼에서는 돈과 서비스 또는 공급자의 시간이 가치단위가 된다. 소셜형 플랫폼에서는 관심과 감정이 가치단위가 되기도 하며, 공유형 플랫폼에서는 공유하고자 하는 자산과 돈이 가치단위인 것이 일반적이다. 일반적으로 금전적 거래가 발생하는 플랫폼과 그렇지 않은 플랫폼의 가치단위는 다르다. 예를 들어 유튜브에서는 '구독'이, 인스타그램에서는 '좋아요'가 가치단위로 작용한다.

인스타그램은 사용자(공급자)가 사진이나 자신의 소식 등을 '게시물'의 형태로 보여주면 다른 사용자(소비자)들이 '좋아요' 또는 '댓글'을 남기는 형태의 플랫폼이다. 인스타그램이 본질적으로 갖고 있는 상호작용은 '게시물'과 '좋아요(또는 댓글)'의 교환이다. 따라서 인스타그램의 가치단위는 '게시물'과 '좋아요', 또는 '댓글'로 정의할 수 있다. 사람들이 인스타그램을 이용하는 이유는 무엇일까? **그림 3-1** 에서 보듯이 대중들에게 관심과 인정을 받고 이를 통해 본인의 만족을 얻기 위해서가 가장 큰 이유일 것이다. 인스타그램은 이런 사용자들의 심리를 잘 이해했다. 그 결과, 상호작용을 극대화할 수 있도록 '좋아요'라는 새로운 가치단위를 만든 것이다.

그림 3-1 **인스타그램의 가치단위**

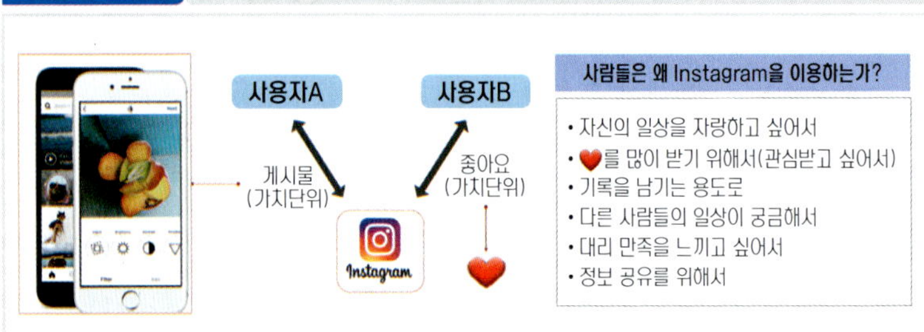

새로운 사업을 진행할 때 시작점은 제품/서비스가 될 수도 있고(가치단위 중심), 우선 소비자들의 애로점을 찾아 그들에게 필요한 제품을 만들 수 있는 사람을 찾을 수도 있다(소비자 중심). 혹은 내가 제품을 만드는 사

람들을 잘 알고 있어 이 제품의 판매 대상을 찾는 것을 시작점으로 삼을 수도 있다(공급자 중심). 어느 것을 시작으로 하더라도 문제될 건 없다. 그러나 명심해야 할 것은 이 세 가지 요소가 상호작용한다는 점이다.

참여자와 가치단위를 정의하려면 우선 어떤 사람들이 왜 플랫폼을 이용하는지 관찰 분석해야 한다. 적합한 정의를 만들기 위해서는 아마도 여러 번의 반복적인 피드백 프로세스가 필요할 것이다.

3절 _ 가치제안(Value Proposition)

공급자와 소비자가 만날 수 있는 방식은 매우 다양하다. 직접 만나서 거래를 할 수도 있고, 전화나 이메일을 통해서 주문하고 물건을 배송받을 수 있다. 혹은 인터넷 쇼핑몰 같은 제3의 채널을 통해서 거래를 하기도 한다. 이러한 수많은 방식들 중에 굳이 왜 특정 플랫폼에 참여해야 될까?

카카오톡의 예를 살펴보자. 카카오톡은 메신저 서비스를 시작으로 현재 다양한 분야로 사업영역을 폭넓게 확장하고 있다. 카카오톡은 기존 모바일 사용자들이 사용하던 문자 기능을 무료로 제공하는 데서 시작했다. 더불어 상대가 내 메시지를 확인했는지를 궁금해하던 소비자의 욕구를 해결해 줌으로써 성공을 거두게 되었다.

이처럼 고객의 욕구를 해결해 주면서 새로운 가치를 제공하는 활동을 두고 경영학에서는 가치제안(Value Proposition)이라고 부른다. 가치제안은 고객들이 특정 회사와 거래하는 '이유(Why)'다. 즉, 특정 회사의 제품

이나 서비스가 경쟁사보다 더 가치 있다는 것을 설득하는 활동이라고 정의할 수 있다.

표 3-2 플랫폼 참여자들의 변하지 않는 가치 예시

[Consumer 관점에서 변하지 않는 가치]

자아실현 욕구	**개인적인 성장 관점의 가치** 지식, 아름다움, 균형, 자기발전 등
존중 욕구	**인정과 평가 관점의 가치** 성취감, 인정, 존경 등
소속과 애정의 욕구	**대인관계 및 소속 관점의 가치** 친밀감, 유행, 소속감 등
안전 욕구	**육체적/심리적 안전 측면의 가치** 보안, 안정감, 건강, 일자리, 돈 등
생리적 욕구	**인간의 가장 기본적인 가치** 식욕, 수면, 배설, 종족번식 등

[Producer 관점에서 변하지 않는 가치]

영감을 주는 가치	**목적과 관련된 가치** 비전, 희망제공, 사회적 책임 등
개인적 가치	**커리어 및 개인 관점의 가치** 네트워크 확대, 성장, 즐거움, 혜택 등
비즈니스 환경 개선 가치	**접근성 및 생산성 측면의 가치** 가용성, 다양성, 적용성 등 시간절약, 번거로움 해소, 투명성 등 **운영/전략적 측면의 가치** 조직화, 통합화, 유연성, 리스크 감소 등 **관계적 측면의 가치** 응대속도, 전문성, 안정성, 문화적합성 등
기능적 요소	**경제적 요소 및 성과 측면의 가치** 매출 개선, 비용 절감, 품질 향상 등
기본요건	**규격, 가격, 규정, 윤리적 관점의 가치**

출처: HBR Korea, 가치를 구성하는 핵심 요소들(2016년9월) 인용
HBR Korea, B2B시장의 고객가치를 해부하다(2018년4월) 인용

플랫폼에서의 가치제안은 어떤 의미일까? 마찬가지로 '참여자들이 플랫폼에 참여하는 이유'라고 생각해도 무방하다. 여기서 주목할 대목은 '참여자'가 아닌 '참여자들'이라는 점이다. Part 1에서 이야기한 것처럼 플랫폼은 전통적인 비즈니스와 다르게 두 개 이상의 참여자 집단을 대상으로 하는 양면시장이 존재한다. 일반적으로 플랫폼의 양면시장은 공급자 시장과 소비자 시장을 의미한다. 따라서 플랫폼은 **표 3-2** 에서 나타낸 것처럼 공급자를 위한 가치제안과 소비자를 위한 가치제안이 각각 필요하다는 특징을 갖는다.

좋은 가치제안은 플랫폼 참여자들의 근본적인 욕구를 만족시키는 것

그림 3-2 **아마존 CEO 제프 베조스 인터뷰(AWS LIVE 2012)**

많은 사람들이 나에게 '10년 안에 무엇이 변화할지'를 질문한다.
하지만 '다음 10년 동안 무엇이 변화하지 않을지'를 묻는 사람은 없었다.
내 생각에는 후자의 질문이 더욱 중요하다.
나는 아마존의 고객들은 10년 후에도 더 싼 가격과, 빠른 배송, 다양한 선택권을 우리에게 원할 것을 알고 있다.
그래서 우리는 이러한 변하지 않는 가치에 집중하고 있다.

출처: www.youtube.com/watch?v=O4MtQGRIluA 인용

에서부터 출발한다. 일반적인 거래 플랫폼을 기준으로 생각해 보자. 거래 플랫폼을 이용하는 소비자들은 더 성능 좋은 제품을, 더 싸게, 더 편리하게 구매하려는 욕구가 있다. 반대로 공급자들은 높은 가격에, 더 많이, 더 쉽게 판매하고 싶은 욕구가 있을 것이다. 사람들의 근본적인 욕구는 세월이 흘러도 쉽게 변하지 않는다. 이를 만족시킬 수 있는 가치제안을 만들어 낼 수 있다면 참여자들을 쉽게 플랫폼으로 끌어들일 수 있다. 아마존의 CEO인 제프 베조스(Jeff Bezos's) 또한 이러한 변하지 않는 가치에 집중했다.

가치제안에서 또 한 가지 생각해야 하는 문제는 경쟁 플랫폼과의 차별화다. 우리가 제공하는 가치가 참여자들의 근본적인 욕구를 충족시키더라도 경쟁 플랫폼과 차별성이 없으면 고객들은 매력을 느끼기 어렵다. 사실 이 부분이 가치제안을 만드는 과정에서 가장 어려운 부분이다. 몇

그림 3-3 아마존에서 판매하지 않는 물건을 팔아 성공을 거둔 BOXED

출처: 티타임즈(http://www.ttimes.co.kr/view.html?no=2019011517227779723)

가지 사례를 통해 차별화된 가치제안에 대해 생각해 보자.

미국에서 소비자들은 아마존을 통해 거의 모든 제품을 살 수 있다. 그러나 아마존은 부피가 큰 생수나 이익이 남지 않는 15달러 이하의 스낵 등은 판매 알고리즘에서 제외하여 소비자들이 불편을 느꼈다. 이에 박스드(BOXED)는 **그림 3-3**처럼 아마존에서 사용자들이 구매하지 못하는 제품을 판매하여 성공을 이끌어 내고 있다. 박스드는 물건을 낱개로 판매하지 않고 기본 10개 이상의 '박스 묶음' 판매방식을 통해 구입 단가를 낮춰 아마존보다도 30% 정도 싸게 팔 수 있었다. 그리고 1인 가구에게는 아무리 저렴해도 박스 묶음 구입이 부담된다는 점을 감안하여 그룹 주문 방식을 도입하여 친구들이나 기숙사생들끼리 필요한 물건을 더치페이로 주문할 수 있는 시스템을 도입하여 편의성을 제공하였다.

아마존의 대항마로 부상하고 있는 쇼피파이(shopify)의 가치제안은 아마존이 공급자들에게 제공하지 못하는 가치이다. 아마존은 공급자가 아마존 브랜드를 빌려서 제품을 판매할 수 있도록 하는 플랫폼이기에 자신의 브랜드 명성을 쌓아가기 어려운 반면에, 쇼피파이는 공급자가 자신의 브랜드를 걸고 제품을 판매할 수 있는 공간을 제공하는 플랫폼이기에 쇼피파이에 입점한 공급자들은 자신의 브랜드 노출 및 홍보를 통해 브랜드 명성을 만드는 것이 가능하다.

더 자세히 살펴보면 쇼피파이가 공급자들을 유치한 성공전략은 크게 4가지로 볼 수 있다. 첫 번째, 공급자에게 제품 생산을 제외한 상품 등록, 검색 최적화, 주문, 결제, 배송, 마케팅까지 모든 과정을 지원함으로써 참여자들에게 편리성을 제공한다.

두 번째, 아마존이 기존에 제공하던 풀필먼트 서비스(고객 주문에 맞춰 물류센터에서 제품을 포장 및 배송)에 더해 물류와 배송까지 쇼피파이가 자체적으로 서비스함으로써 판매자가 제품 생산에 더욱 몰두할 수 있도록 한다.

세 번째, 쇼핑몰이 아닌 SNS를 활용하여 제품을 판매하는 공급자들의 마케팅 활동을 적극적으로 지원해 주고, 페이스북, 인스타그램 내 구매버튼을 연동하여 주문 및 결제를 쇼피파이가 진행하는 형태로 판매자의 수수료 및 비용을 절감해 준다.

마지막으로 쇼피파이는 드롭쉬핑(drop-shipping: 공급자가 재고를 두지 않고 주문을 처리하는 유통방식으로 배송도 제조사가 구매자에게 직접 한다) 서비스를 지원한다. 이를 통해 공급자는 재고나 배송 부담 없이 팔릴 물건을 잘 골라 판매에 집중함으로써 차익을 올릴 수 있다.

출처: 티타임즈(http://www.ttimes.co.kr/view.html?no=2019091618157718260)에서 수정

최근 틱톡(TikTok)이라는 플랫폼이 학생들을 중심으로 유행하고 있다. 틱톡은 영상 콘텐츠를 공유하는 플랫폼으로 기존의 유튜브와 매우 유사한 형태를 띤다. 하지만 이들은 '숏 · 확 · 행(짧고 확실한 행복)'이라는 차별화된 가치를 제안하며 유튜브와는 다른 방향으로 발전하고 있다. 유튜브가 영상 콘텐츠를 중심으로 정보나 유익함을 준다면, **그림 3-4** 처럼 틱톡은 오직 재미와 웃음에 초점을 맞춘 15초 내외의 영상만을 제공한다. 여기에는 전문적인 크리에이터(Creator)도 없고, 유익한 콘텐츠라고 하기도 쉽지 않다. 틱톡은 누구나(심지어 초등학교 1~2학년도) 스마트폰을 이용해 쉽게 영상을 만들고 공유할 수 있도록 적극적으로 지원하고 있다. 이

그림 3-4 **유튜브와 차별화된 콘텐츠를 통해 성공을 거둔 틱톡**

는 콘텐츠를 소비하는 것보다 제작하는 것을 즐기는 어린 세대들을 타깃으로 한 차별화된 가치제안으로 볼 수 있다.

그림 3-5 **새로운 부고와 추모 방법을 통해 성공한 에버데이즈**

200만 명이 사용하는 부고 앱

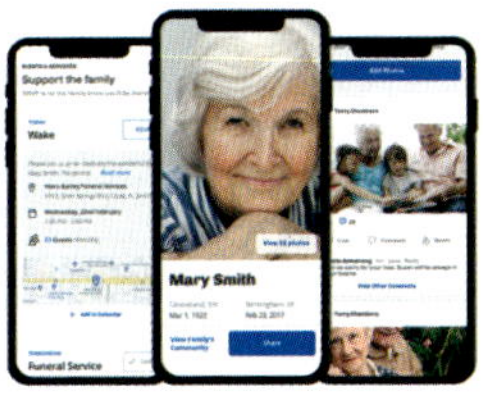

에버데이즈 Value Proposition

부고를 알리고 위로받을 수 있는 것

에버데이즈의 기능

- 오랫동안 연락이 끊겨 연락처가 없는 사람도 프로필 정보를 AI로 분석해 '알 수 있는 사람' 기능으로 추천
- 부고 페이지에서 고인과 추억이 담긴 사진과 영상을 공유
- 온라인 방명록으로 위로하거나, 유가족들에게 애도의 메시지 전송 가능

이용자들에게 온전히 '부고 & 추모'라는 명확한 VP(Value Proposition)을 제공

또 다른 차별화된 가치제안의 사례로는 **그림 3-5**에 정리되어 있는 에버데이즈(Everdays)가 있다. 에버데이즈는 약 200만 명 정도의 가입자를 보유한 소셜 플랫폼이다. 이 플랫폼만의 차별화된 가치제안은 바로 '부고(Obituary)와 추모(Remembrance)'다. 고인과의 추억이 담긴 영상이나 사진을 공유하면서 서로를 위로하고 애도의 메시지를 보낼 수 있게 했다. 그뿐 아니라 프로필 정보를 분석하여 서로 알 수 있는 사람을 추천해 줌으로써 오랫동안 소식이 끊긴 지인들의 부고 소식을 알 수 있게 해준다. 페이스북이나 트위터 같은 거대 소셜 플랫폼과는 다르게 이들만의 차별화된 가치를 제안하고 있는 셈이다.

이처럼 기존에 존재하는 플랫폼 서비스라도 어떻게 가치제안을 하는가에 따라 전혀 다른 성격의 플랫폼으로 발전할 수 있다.

참여자의 타기팅(Targeting)

참여자의 욕구를 충족시킬 수 있는 차별화된 가치제안이 완성됐다면, 다음은 누가 우리 플랫폼에 참여할지 구체적으로 생각해 봐야 한다. 우선 표 3-3에 나와 있는 야놀자의 참여자 타기팅과 같이 참여 가능성이 있는 모든 주체들을 나열하는 것부터 시작해 보자.

표 3-3 야놀자의 참여자 타기팅

Producers	Consumers
• 펜션/모텔 등 소규모 숙박업자 • 호텔/리조트 등 대형 숙박체인 • 별장 등 유휴 숙소를 갖고 있는 개인	• 국내 여행자 • 비즈니스 출장이 잦은 직장인 • 도심에서 급하게 숙박이 필요한 사람

플랫폼에 참여 가능한 모든 주체들을 정리하는 작업은 플랫폼의 확장 가능성과 경쟁력을 가늠하는 중요한 기준이 된다. 참여할 수 있는 공급자나 소비자가 너무 적다면 과감하게 비즈니스를 정의하는 단계부터 다시 시작해야 한다. 또한 공급자나 소비자 중 어느 한쪽이 과도하게 많거나 적다면 이 플랫폼은 부정적인 네트워크 효과가 나타날 가능성이 높다. 그렇기 때문에 부족한 그룹의 가치제안을 조정함으로써 더 많은 참여자들이 플랫폼에 들어올 수 있게 하는 편이 좋다.

플랫폼에 참여 가능한 모든 주체들을 정리했다면, 표 3-4와 같이 핵심 참여자들을 구체적으로 설명해 보는(profiling) 단계가 필요하다. 이는 우리 플랫폼의 시작점을 잡는 데 유용한 작업이기 때문에 소홀히 해선 안 된다.

일반적으로 핵심 참여자들을 프로파일링할 때는 인구통계적 요소나 심리상태, 상황, 추구 효익 등을 기준으로 분류한다. 플랫폼을 런칭할 때는 이러한 핵심 참여자가 반드시 플랫폼에 참여할 수 있도록 전략[1]을 수립해야 한다.

표 3-4 플랫폼 참여자 프로파일링 예시

	인구통계 요소 (Demographic)	심리상태 (Psycho-graphic)	상황 (Situation)	추구효익 (Benefits Sought)
구분 기준	• 나이 • 성별 • 수익/직업 • 가족관계/역할 • 학력 등	• 라이프스타일 • 태도 • 개인적인 가치관 • 성향 등	• 구매패턴 • 의사결정 프로세스 • 제품 및 서비스 사용 성향	• 참여자들이 플랫폼을 통해 추구하고자 하는 이점
예시	20~30대 직장인	저렴할 필요는 없지만 너무 비싸지 않은 가격(가성비 중요)	다양한 제품을 비교하여 가성비 높은 제품 선택	App을 이용한 빠르고 간편한 예약-결제 선호

참여자의 비용(Cost)과 효익(Revenue / Benefits)

타깃 참여자들이 어느 정도 정리됐다면, 다음은 그들이 플랫폼에 참여함으로써 지불해야 하는 것과 얻는 것은 무엇인지 생각해 보자. 일반적으로 플랫폼 비즈니스를 디자인할 때 이 부분을 간과하는 경우가 많다. 플랫폼 운영자는 자기의 플랫폼에서 제공하는 새로운 가치에 너무 집중한 나머지 참여자들이 지불해야 되는 비용을 고려하지 못하고 플랫폼을 디자인하는 경우가 부지기수다. 여기서의 비용은 금전적인 비용 외에도 당연히 시간, 노력 등이 포함된다.

한 가지 사례를 살펴보자. 2000년대 초반 국내에서 선풍적인 인기를 끌

1) 플랫폼의 참여자를 늘리는 전략은 Step 2에서 설명

었던 싸이월드(Cyworld)를 모두 기억할 것이다. 그림 3-6처럼 당시만 해도 싸이월드는 소셜 플랫폼으로서 매우 혁신적인 서비스를 제공했다. 일촌이라는 인맥 네트워킹의 개념이 사람들의 흥미를 돋웠다. 또한 미니홈피를 통해 자신의 근황을 전하는 등 최근에 SNS가 갖춰야 할 핵심적인 기능들을 구현해 냈다. 그런데 한때 사용자가 3,500만 명에 달했던 대한민국 부동의 넘버원 SNS가 몰락한 이유는 무엇일까?

여러 가지 원인이 있겠지만 가장 결정적인 패착은 사용자들이 플랫폼에 참여함으로써 지불해야 되는 비용(Cost)을 너무 쉽게 생각했다는 점이다. 싸이월드의 사용자들은 플랫폼에 참여하기 위해 '도토리'라는 사이버머니를 계속해서 구매해야 했고, 미니홈피를 꾸미기 위해 많은 시간과 노력의 투자가 요구됐다.

그림 3-6 싸이월드의 몰락

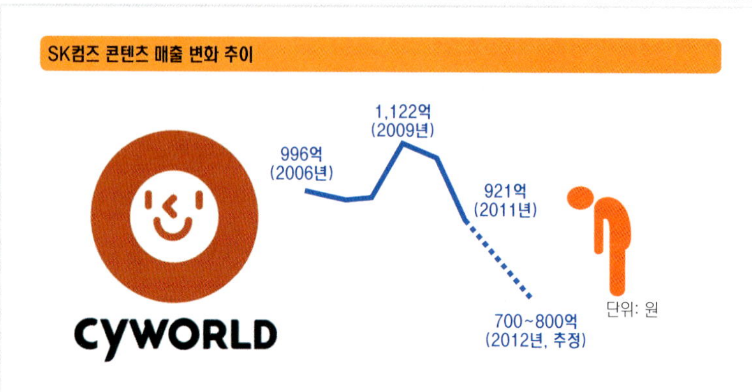

한참 싸이월드가 성장할 당시에는 도토리를 통해 구입해야 하는 콘텐츠의 가격이 매우 저렴했고 무료로 제공되는 콘텐츠도 많았다. 이때는

참여자들이 지불해야 하는 비용보다 그들이 얻는 효익이 더 컸기 때문에 많은 사람들이 플랫폼에 참여했다. 하지만 점차 콘텐츠의 가격이 높아지면서, 사용자가 부담해야 하는 비용이 큰 폭으로 증가했다. 이런 상황에서 페이스북이나 트위터 같은 무료 SNS가 출시되었고, 사용료가 상대적으로 비싼 싸이월드는 사용자들에게 외면받기 시작했다.

페이스북이나 트위터는 모든 콘텐츠를 무료로 이용할 수 있을 뿐만 아니라, 자신의 온라인 속 공간을 꾸미는 시간과 노력을 들일 필요도 없었다. 사진과 영상 등을 통해 나의 노력이나 시간 외에 별다른 비용 없이도 싸이월드와 거의 같은 효익을 가져다주었기 때문에 그 자리를 대체할 수 있었다. 이처럼 참여자들이 플랫폼을 이용하기 위해 지불해야 하는 비용(Cost)과 효익(Revenue or Benefits)은 플랫폼의 성패를 좌우하는 매우 중요한 요소다.

3장의 요약

비즈니스를 디자인하기 위해서는 먼저 우리의 비즈니스를 명확히 정의하는 일부터 시작해야 한다. 이는 우리가 고객들에게 제공하는 가치 영역을 어디까지로 설정할 것인가를 결정하는 일이라고 볼 수 있다. 비즈니스를 너무 좁게 정의하면 향후 비즈니스가 성장하는 데 걸림돌이 될 수 있고, 반대로 너무 넓게 정의하면 비즈니스의 방향성을 잃어버릴 수 있으니 주의해야 한다.

비즈니스가 정의되었다면 본격적인 플랫폼 비즈니스 디자인의 첫 단계인 참여자와 가치단위를 정의하는 작업이 필요하다. 먼저 가치단위란, 참여자들이 플랫폼 내에서 교환하는 요소를 의미한다. 제품거래형 플랫폼에서는 거래되는 제품이 가치단위이고, 서비스거래형 플랫폼에서는 거래되는 서비스가 가치단위이다. 하지만 가치단위가 반드시 제품이나 서비스일 필요는 없다. 소셜형 플랫폼의 경우 '좋아요', '구독' 같은 것이 가치단위가 되기도 한다. 이는 관심이나 감정과 같이 보이지 않는 심리적인 가치를 시각화한 것이라고 볼 수 있다. 가치단위가 정교해지고 다양해질수록 플랫폼 참여자들의 상호작용은 더욱 활발해진다.

참여자 정의란 플랫폼에 주축이 되는 공급자와 소비자를 결정하는 일이다. 각각의 주체는 누구이고, 플랫폼이 그들에게 주는 가치는 무엇이며, 그들이 플랫폼에 참여함으로써 지불해야 되는 비용과 얻을 수 있는 이익이 무엇인지 정리하는 단계이다. 이 단계에서 가장 중요한 것은 플랫폼이 참여자들에게 어떤 가치를 제공할 것인가(가치제안)를 고민하는 것이다.

가치제안을 할 때는 두 가지 사항을 반드시 유념해야 한다. 첫째는 공급자나 소비자의 변하지 않는 가치에서부터 시작하라는 것이다. 공급자는 더 비싸게, 더 쉽게, 더 많이 판매하고 싶은 변하지 않는 가치를 가지고 있다. 반면 소비자는 더 싸게, 더 편리하게, 더 빠르게, 더 안전하게 제품을 구매하고 싶은 가치를 가지고 있다. 때로는 이러한 가치들이 서로 상충되는 경우도 있다. 공급자에게 '더 이윤을 많이 남길 수 있다'는 가치를 제안하면서, 소비자에게 '더 싸게 제품을 구입할 수 있다'는 가치제안을 동시에 할 수 없다는 이야기이다. 만약 이러한 가치제안을 가능케 하는 시스템이나 메커니즘이 있다면 그야말로 대박 사업 아이템이라고 할 수 있겠다. 일반적으로는 공급자에게 더 이윤을 남길 수 있다고 가치제안을 한 경우라면, 소비자에게는 더 안전하거나, 더 품질이 좋거나, 더 빠르게 제품을 구매할 수 있다고 가치제안을 하는 것이 합당하다.

두 번째는 차별화된 가치제안이 필요하다는 점이다. 플랫폼을 디자인할 때 경쟁자를 분석하는 것은 매우 중요하다. 그들이 참여자들에게 어떤 가치를 주고 있고, 부족한 부분은 무엇인지를 반드시 살펴봐야 한다. 만약 우리가 경쟁자들과 동일한 가치제안을 하고 있다면 그들과의 경쟁에서 승리하기란 매우 어렵다. 차별화된 가치제안이 없다면 고객들은 기존의 플랫폼을 떠나 우리 플랫폼에 참여할 이유를 못 느끼게 된다. 따라서 우리 플랫폼의 참여자들이 진정으로 원하는 가치는 무엇이고, 어떤 방식으로 차별화된 가치를 제안할 것인가에 대한 고민이 필요하다.

다음 장에서는 플랫폼 비즈니스의 꽃이라고 할 수 있는 참여자를 모으고 네트워크 효과를 디자인하는 방법에 대해 알아보겠다.

3장의 연습 문제

1. 쿠팡의 가치제안이 무엇인지를 조사해보고 설명하시오.

2. 배달앱 플랫폼인 요기요에 대하여 아래의 8가지 항목을 조사하여 기술하시오.

구분	공급자	소비자
핵심 참여자(Target)	(1)	(2)
가치제안(Value Proposition)	(3)	(4)
플랫폼 참여 비용(Cost)	(5)	(6)
플랫폼에서 얻을 수 있는 이익/효용(Revenue/Benefits)	(7)	(8)

4장.

참여자들을 모으고, 플랫폼의 네트워크 효과를 디자인한다

1절 참여자가 만드는 네트워크 효과(Network Effects)란?

2절 네트워크 효과와 바이럴리티

3절 참여자를 모으는 기본원칙

4절 네트워크 효과 디자인의 기본원칙

5절 네트워크 효과를 높이는 방법

6절 네트워크 효과 저해 요인

7절 네트워크 효과를 발생시키지 못하면 플랫폼이 아니다

부정적 네트워크 효과로 인한 '우버(Uber)'의 위기

우버는 샌프란시스코의 혼잡한 교통에 이골이 난 개릿 캠프(Garrett M. Camp)와 그의 친구 트래비스 캘러닉(Travis Cordell Kalanick)이 합작하여 출시한 차량 공유 플랫폼이다. 2010년 처음 출시된 이후로 공유 경제 및 플랫폼 비즈니스의 선두 주자로 급격히 성장하여, 2019년에는 하루에 약 1,400만 건의 운행이 우버를 통해 이뤄지고, 월평균 1억 1천만 명이 이용하는 것으로 나타났다. 또한 우버의 CEO인 코스로샤히는 "운송 분야의 아마존이 되고 싶다"고 말하며, 음식 배달(Uber Eats), 화물 운송(Uber Freight), 전기 자전거 공유(JUMP) 등 다방면으로 사업을 확대하고 있다.

세계로 뻗어나가는 우버를 보며 승승장구하고 있다고 생각할 수도 있으나 그 이면은 있다. 2018년만 하더라도 투자은행들이 평가한 우버의 기업가치는 약 1,200억 달러로 당시 GM(453억)과 Ford(351억)의 시가총액을 합친 것보다도 컸다. 하지만 2019년 5월 주식 상장 당시에는 주당 45달러를 기록하며 예상했던 수치의 2/3 정도인 824억 달러의 시가총액을 기록하였다. 이후 우버의 주가는 지속적으로 하락하여 2019년 하반기에는 528억 달러의 시가총액에 그쳤다. 그 이유는 무엇일까? 다양한 이유가 있겠지만, 플랫폼에서 발생하는 부정적 네트워크 효과를 효율적으로 관리하지 못한 것이 문제였다.

플랫폼 비즈니스가 성공하기 위해서는 네트워크 효과의 관리가 필수적이다. 우버는 긍정적인 네트워크 효과를 높이기 위해 수수료 할인, 유류 지원비, 요금 할인 쿠폰을 제공하는 등 매년 약 30억 달러 가량의 영업 및 마케팅비를 소진하며 공격적으로 플랫폼 참여자 유치를 해왔다. 하지만 우버뿐만 아니라 리프트(Lyft), 주노(Juno), 그랩(Grab), 디디추싱 등 경쟁사 또한 흡사한 프로모션을 진행했기 때문에 우버는 충성도 높은 소비자층을 확보하지 못했다. 드라이버나 탑승자 입장에서는 새로운 앱을 깔기만 하면 당장 혜택을 받을 수 있으니 우버에 목맬 이유가 없는 것이다.

특히 부정적 네트워크 효과로 인해 드라이버 이탈 현상이 심해지며 비즈니스에 적신호가 켜지고 있다. 2019년 기준 우버는 전체 운행요금의 30% 수수료를 드라이버에게서 징수하는데, 드라이버 입장에서는 수수료와 유류비, 차량관리비 등을 제외하면 수익이 미미하다는 것이다. 이에 불만을 품은 드라이버들은 수수료가 더 낮은 업체로 갈아타거나 근로자로서 혜택을 받을 수 있도록 우버의 직원으로 인정해달라며 시위를 벌이고 있다. 작년 9월 캘리포니아 주의회는 플랫폼 노동자를 '직원'으로 간주하도록 하는 법안(AB5)을 통과시켰으며, 해당 법규를 따를 경우 우버는 매년 수억 달러의 추가 고용 비용을 감당해야 할 것으로 예상하고 있다. 현재 우버는 위헌 소송을 제기한 상태이다.

우버는 한국을 포함하여 중국, 동남아, 러시아 등에서 규제와 경쟁에 밀려 퇴출되었고, 가장 활성화되어 있는 미국에서조차 후발주자들의 위협에 지속적으로 노출되고 있다. 이러한 위기 상황을 어떻게 극복해 나갈 것인지 관심을 갖고 지켜볼 필요가 있다.

* 추가로 생각해 볼 거리: 우버는 미래 경쟁력을 높이기 위해 자율주행에 기반한 로봇택시, 무인 비행택시 등의 사업에 적극적으로 투자하고 있다. 2021년까지 자율주행 기술이 탑재된 차량을 2만 4천 대까지 구입하겠다고 밝혔다. 만약 우버에서 드라이버가 사라지고, 모든 차량이 우버의 소유가 된다면 우버는 과연 플랫폼 비즈니스일까?

* SNS타임즈 기사 '우버 플랫폼... 모빌리티시대, 독식을 꿈꾼다!' 2019.06.10. 인용
* 동아일보 기사 '우버, 손실 크게 줄였다…그래도 여전히 적자 행진' 2019.11.05. 인용
* Forbes 기사 'What Are The Key Drivers Of Uber's Expenses & When Can It Break-Even?' 2019.05.31. 인용
* 투자저널 기사 '우버와 리프트 운전으로 얼마나 벌 수 있나?' 2019.06.06. 인용

PLATFORM BUSINESS

4장. 참여자들을 모으고, 플랫폼의 네트워크 효과를 디자인한다

참여자를 정의하고 가치단위를 설정했다면 이제 참여자들을 어떻게 모으고, 그들이 플랫폼에서 어떻게 상호작용하게 만들 것이며, 어떻게 네트워크 효과를 만들어 갈 것인지를 디자인해 보자. 이는 다음 **표 4-1** 중 푸른색 영역을 채우는 단계에 속한다.

표 4-1 PEC Step 2 Network Effects의 정의

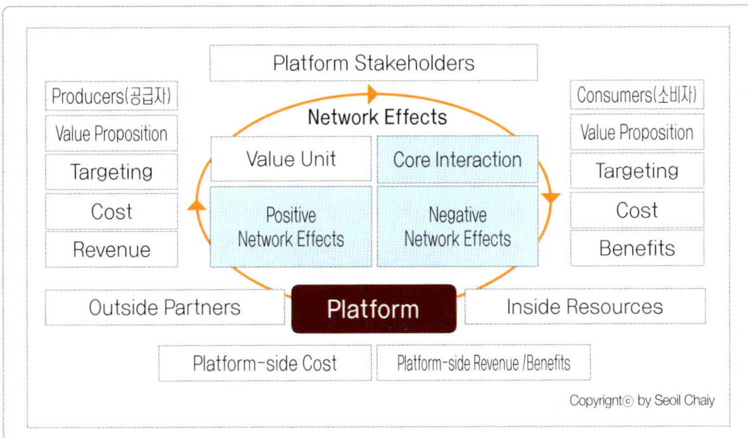

1절 _ 참여자가 만드는 네트워크 효과(Network Effects)란?

플랫폼 비즈니스에서 네트워크 효과는 별 볼 일 없던 작은 기업을 한순간에 시장을 지배하는 독점 기업으로 만들어 낼 수도 있고, 반대로 승승

장구하는 플랫폼 기업을 몰락시키기도 한다. 그만큼 네트워크 효과는 플랫폼 비즈니스에서 가장 중요한 개념이고 성공의 드라이버이기에 플랫폼 비즈니스를 준비하는 기업이라면 반드시 이해하고 넘어가야 하는 개념이다.

네트워크 효과는 플랫폼의 가치를 높이는 데 가장 직접적으로 작용한다. 플랫폼 비즈니스는 자산을 보유하지 않고 참여자들의 네트워크를 활용하여 사업을 이끌어 간다. 플랫폼 내에서 많은 참여자들이 만들어 내는 네트워크 효과는 기업의 가장 중요한 자산이자, 수익을 창출해 내는 원동력이다. 따라서 네트워크 효과를 보유하지 못하는 플랫폼 기업은 곧 경쟁에서 도태되고 사라질 가능성이 크다.

그렇다면 대체 네트워크 효과란 무엇일까? 무엇이기에 플랫폼의 핵심이라고 말하는 걸까?

네트워크 효과는 플랫폼의 상호작용을 더 활발하게 만드는 긍정적 네트워크 효과(Positive Network Effects)와 상호작용을 가로막는 부정적 네트워크 효과(Negative Network Effects)로 구분된다. 한 단계 더 들어가 보면, 네트워크 효과는 플랫폼의 같은 면에 있는 사용자 간(생산자↔생산자 또는 소비자↔소비자) 서로에게 영향을 미치는 동일면(Same-side) 네트워크 효과와, 다른 면에 있는 사용자가(생산자↔소비자 또는 소비자↔생산자) 상대방에게 영향을 미치는 교차면(Cross-side) 네트워크 효과로도 구분된다. 각각의 내용은 **그림 4-2**와 **그림 4-3**에 표시되어 있다.

그림 4-1 Network Effects의 의미

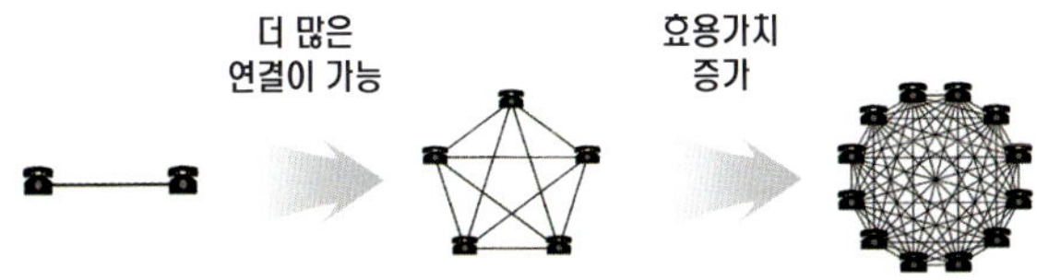

궁극적으로 전체 시스템의 가치 증진

네트워크 효과는 기존의 네트워크에 새로운 한 명이 들어올 때 기존에 있던 참여자가 얻는 이득을 말한다. 위의 그림에서와 같이 전화기가 한 대만 이 세상에 존재하면 그 전화는 아무런 가치가 없다. 그러나 전화기 한 대가 더 네트워크에 들어오면 비로소 전화기로서의 기능을 갖추게 되며 네트워크 효과는 1이 된다. 여기에 전화기 한 대가 더 들어오면 네트워크의 효과는 3이 된다. 같은 논리로 전화기가 n개 되면 네트워크의 효과는 nC2=n*(n−1)/2이 된다. 따라서 새로운 참여자가 들어오면 (nC2 − (n−1)C2)만큼 새로운 네트워크가 발생한다. 즉, n이 커질수록 새로운 네트워크의 수는 (n−1)(n−2)의 크기로 늘어난다. 그러므로 n이 커지면서 네트워크의 수는 기하급수로 증가한다.

이론상으로는 이처럼 네트워크의 수가 기하급수로 증가한다. 하지만 실제로는 그만큼 커지지는 않는다. 전화기를 가진 모든 사람이 서로 간에 다 연결되지는 않기 때문이다. 그러나 새로운 가입자가 모두가 연결하고 싶은 사람이거나, 경찰서 같이 모두가 연결을 원하는 기관이라면 그 효과는 거의 이론적으로 가능한 수에 수렴한다. 이러한 이유 때문에 셀럽이나 인플루언서 같이 중요한(거의 모두와 네트워크를 이룰 수 있는) 참여자를 가입시키려 하는 것이다.

그림 4-2 Network Effects의 종류

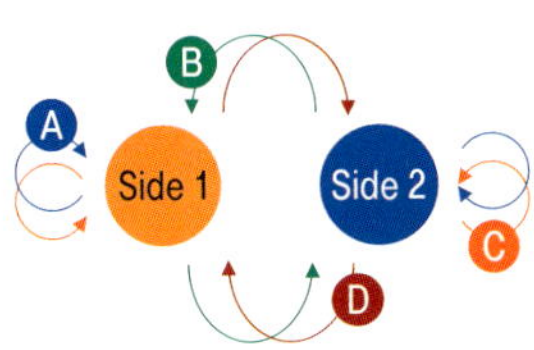

Ⓐ Same Side(Positive) Network Effects
같은 쪽 사용자 간 서로 영향을 주는 Network Effects

Ⓑ Cross Side(Positive) Network Effects
서로 다른 쪽 사용자 간 영향을 주는 Network Effects

Ⓒ Same Side(Negative) Network Effects
판매자 내 경쟁이 심화되어 Platform 매력도가 감소되는 Network Effects

Ⓓ Cross Side(Negative) Network Effects
판매자와 구매자를 연결하는 Platform 내에 발생되는 Network Effects

출처: HBR 'Pipelines, Platforms, and the New Rules of Strategy' by Geoffrey G. Parker, Marshall W. Van Alstyne and Sangeet Paul Choudary (2016. 04)

그림 4-3 Same Side Network Effects & Cross Side Network Effects

Ⓐ Same Side(Positive) Network Effects
같은 쪽 사용자 간 서로 영향을 주는 Network Effects

- 시장 한쪽 면에 있는 사용자가 같은 쪽 사용자에게 영향을 주면서 생기는 Network Effects
- 소비자가 다른 소비자에게 생산자가 다른 생산자에게 영향을 미치는 것
  E.g.) 전화기 사용자가 늘어날수록 효용이 커지는 경우

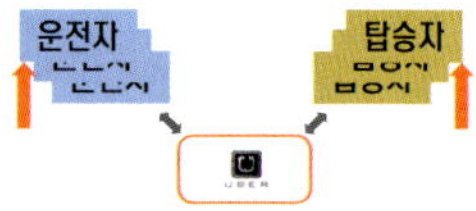

Ⓒ Same Side(Negative) Network Effects
판매자 내 경쟁이 심화되어 Platform 매력도가 감소되는 Network Effects

- 다수의 판매자가 경쟁이 심화되어 Platform 내 판매 독점 등 잘못된 행동이 발생되는 경우
- 판매자 수 제한 또는 관리 전략 필요
  E.g.) Uber 운전자 또는 사용자만 과도하게 증가 시 Uber의 서비스 및 만족도 감소

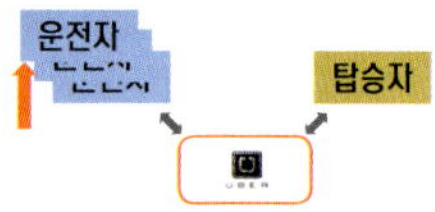

Ⓑ Cross Side(Positive) Network Effects
서로 다른 쪽 사용자 간 영향을 주는 Network Effects

- 시장 한쪽 면에 있는 사용자가 다른 쪽에 있는 사용자에게 영향을 주면서 생기는 Network Effects
- 소비자와 생산자가 서로에게 영향을 주는 것
  E.g.) Uber 운전자 증가로 인한 사용자 상승

Ⓓ Cross Side(Negative) Network Effects
판매자와 구매자를 연결하는 Platform 내에 발생되는 Network Effects

- 구매자와 판매자를 연결하는 Platform에서 큐레이션이 잘 안 될 때 발생
  E.g.) Dating Site에서 특정인에게 데이트 신청이 몰리면 특정인은 오히려 탈퇴할 가능성이 높아짐

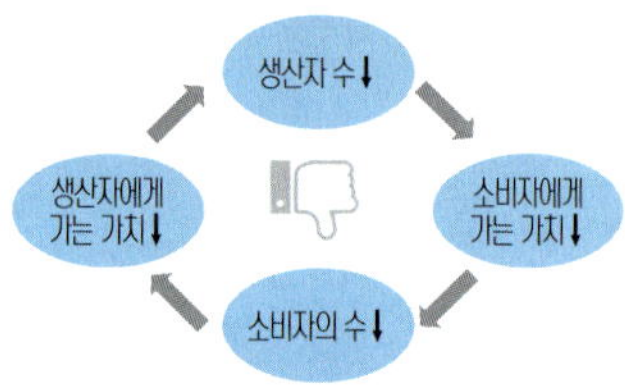

긍정적 네트워크 효과는 플랫폼 기업을 강자로 만든다. 강자는 더욱 강하게 만들고, 약자들을 강자 앞에 무릎 꿇게 만든다. 반대로 부정적 네트워크 효과는 사용자들을 플랫폼에서 떠나가게 만든다. 따라서 플랫폼 관리자들은 사용자들이 상호작용할 때 일어나는 긍정적인 네트워크 효과와 부정적인 신호를 항상 주시하고 관리해 줄 필요가 있다.

카카오가 미디어다음과 합병되었을 때 공식적으로는 미디어다음이 카

카오를 인수 합병한 것으로 발표했다. 하지만 실제로는 카카오가 국내 포털 시장 2위인 미디어다음을 흡수한 사례로 볼 수 있다. 모바일 환경에서 단순히 메신저 하나만으로 대다수 국민을 자신들이 만든 플랫폼의 참여자로 만든 카카오의 위력은 가히 대단했다.

카카오톡을 사용하지 않는 사람들은 다른 사람들과의 대화와 소통이 어려워졌다. 자의 반 타의 반으로 모든 사람들은 카카오톡의 참여자가 된 것이다. 자신도 모르는 사이에 긍정적 네트워크 효과를 일으키고 있던 셈이다.

반면 미디어다음은 한때 많은 사람들이 사용했던 카페와 블로그 등이 불법 도박 · 음란 사이트로 변질되면서 부정적 네트워크 효과를 발생시켰다. 사용자들은 경쟁사인 네이버 카페와 블로그로 떠나가고 말았다. 당시 준 대기업 수준이던 미디어다음을 벤처기업으로 시작한 카카오가 흡수할 수 있었던 원동력은 그들의 플랫폼에서 발생된 긍정적 네트워크 효과에 있다.

긍정적 네트워크 효과가 지속적으로 일어나는 플랫폼은 시장에서 승자독식(Winner-takes-all-Market)을 할 수 있게 된다. 마이크로소프트의 윈도우 OS는 승자독식의 사례를 보여주는 좋은 사례이다.

마이크로소프트는 자신들의 윈도우 OS를 탑재해 줄 수 있는 컴퓨터 생산자(제조사)를 자신들의 플랫폼 생태계에 끌어들였다. 반면 애플은 자신들의 OS를 자사의 매킨토시 제품에만 탑재하도록 만들었다. 결국 당시

대부분의 컴퓨터 제조사들은 마이크로소프트의 윈도우 OS를 선택하게 되었고, 이는 마이크로소프트가 가진 플랫폼 생태계가 시장을 장악하는 강력한 힘이 되었다.

애플이 더 좋은 사양의 컴퓨터와 OS를 아무리 출시해도 이미 윈도우 OS에 익숙해진 소비자들은 애플의 제품을 구매하지 않았다. 애플은 아이폰이 출시되기 전까지 마니아층들만이 사용하는 제품에 불과했다. 이처럼 자신이 가진 생태계 내에 어떤 참여자들을 끌어들여 긍정적인 네트워크 효과를 유발하는가에 따라 당신의 기업이 초창기 애플이 되느냐, 마이크로소프트가 되느냐가 결정된다.

2절 _ 네트워크 효과와 바이럴리티

간혹, 네트워크 효과와 바이럴리티(Virality)를 혼동하는 경우가 있다. 두 가지 모두 플랫폼을 성장시키는 데 큰 역할을 하는 개념들이다. 네트워크 효과가 플랫폼 내부의 질을 높여 그 가치를 상승시킨다면, 바이럴리티는 플랫폼 생태계 외부에 있는 참여자들을 플랫폼 내부로 참여시켜 플랫폼이 가진 커뮤니티의 규모를 크게 만드는 역할이다. 네트워크 효과가 플랫폼을 더 가치 있게 만든다면, 바이럴리티(Virality)는 플랫폼이 가진 네트워크를 확장시키는 개념이다.

카카오톡의 몸집이 커지는 과정을 보면 네트워크 효과와 바이럴리티의 차이를 확인할 수 있다. 초기 카카오톡은 아이폰 사용자들이 주로 이용했다. 아이폰은 사용자들끼리 무료로 문자메시지를 보낼 수 있었지만 사람들은 조금 더 편리한 카카오톡을 통해 대화하기 시작했다. 결국 사용자들은 카카오톡으로만 대화를 하게 되면서 카카오톡 플랫폼 내에서 네트워크 효과를 생성하였다.

그 후 스마트폰 사용자가 확대되면서 카카오톡을 사용하던 기존 사용자들이 처음 스마트폰을 사용하는 다른 사용자들에게 카카오톡의 편리성과 사용법을 알려주기 시작했다. 그렇게 카카오톡은 기존 회원이 아닌 사람들을 회원으로 끌어들였다. 이것이 바로 바이럴리티다. 무언가를 경험한 사용자들의 입소문을 통해 다른 외부의 사용자들을 참여시키는 것을 두고 바이럴리티라고 한다. 이제 플랫폼에 참여자들을 어떻게 모으는가에 대해 알아보자.

3절 _ 참여자를 모으는 기본원칙

우리가 네이버나 구글을 이용하여 정보를 검색하는 이유는 이들이 궁금증 해소라는 가치를 제공해 주기 때문이다. 유튜브나 틱톡은 정보뿐만 아니라 재미라는 가치를 제공하기도 한다. 이처럼 참여자들을 플랫폼으로 끌어들이기 위해서는 우선 그들에게 주는 가치가 명확해야 한다.

즉, 참여자들은 플랫폼을 통해 혜택을 얻거나 욕구를 충족할 수 있어야 한다. 예를 들어 플랫폼을 사용함으로써 어떤 제품을 저렴한 가격으로 구매하거나, 보다 빠른 서비스를 받을 수 있거나, 구매 과정에서의 편리함을 얻을 수 있다면 그 플랫폼에 가치를 느끼고 참여하게 된다.

참여자를 모으는 데 큰 난관은 어느 쪽 참여자를 먼저 모을 것인가이다. 이는 '닭과 달걀 중 어느 것이 먼저(Chicken and Egg Strategy Problem)인가'의 문제로서 두 개의 서로 다른 집단을 모집하는 데 어느 한 집단의 모집이 다른 집단의 크기에 영향을 받을 때 발생하는 문제이다. 이 경우 어느 쪽부터 먼저 모아야 하는가는 정답이 없다. 일반적으로 보조금을 주더라도 먼저 모으는 것이 좀 더 용이한 집단부터 시작하는 것이 바람직하다.

이제 플랫폼 비즈니스를 시작할 때 참여자들을 모으는 여러 가지 방법에 대해서 살펴보자.

순차적 사용자 확대전략

아마존은 대표적으로 소비자 그룹을 먼저 활성화시킨 사례이다. 그림 4-4처럼 아마존의 초창기 비즈니스는 본인들이 구입한 도서를 홈페이지를 통해 판매하는 단순한 온라인 비즈니스였다. 하지만 이 비즈니스를

그림 4-4 아마존의 런칭전략

통해 모은 다수의 고객들을 기반으로 책 판매자를 공급자로 끌어들임으로써, 양면시장(책 판매자 시장과 소비자 시장)을 모두 갖춘 플랫폼 비즈니스로 발전할 수 있었다.

보조금 전략

우버의 경쟁자인 리프트는 **그림 4-5**와 같이 운전자를 모집하기 위해 운전자로 등록하는 즉시 사이닝 보너스(Signing Bonus)를 지급하고, 운행 요금뿐만 아니라 팁을 바로 수령하는 것을 가능케 했다. 또한 차량 유지보수 및 연료비 일부를 지원하는 형태의 보조금 전략도 취했다. 우버의 경쟁자로 후발 주자인 리프트는 이런 보조금 전략을 통해 운전자들을 플랫폼의 공급자로 유인하였고, 소비자인 탑승자들에게는 할인 쿠폰을 지급하여 상호작용을 증가시켰다.

그림 4-5 Lyft의 보조금 전략

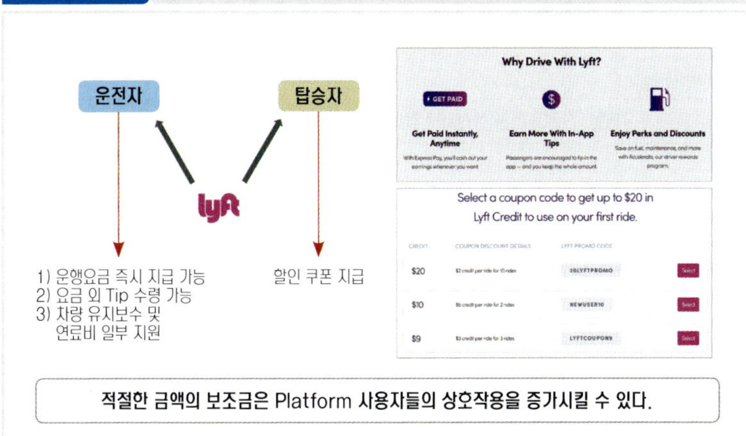

유명 공급자(Influencer)의 활용

소비자에게 잘 알려져 있거나 그들에게 신뢰를 줄 수 있는 영향력 있는 사람 또는 조직, 시스템 등을 생산자로 활용하는 전략으로 소비자들이 플랫폼에 쉽게 참여하도록 만드는 방법 중 하나이다. **그림 4-6** 처럼 유튜브의 경우, 유명한 연예인이나 유튜브 방송인 같은 인플루언서들을 콘텐츠 크리에이터로 참여시켜 소비자들을 적극적으로 플랫폼에 유입시켰다.

그림 4-6 유튜브, 네이버의 유명인 활용 전략

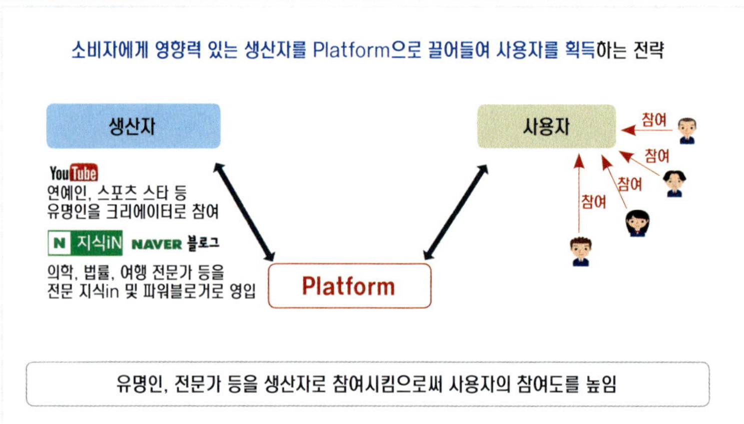

유명한 다른 사이트에 업어타기 전략

'업어타기 전략'은 현재 참여자가 많은 플랫폼이나 웹사이트를 활용하여 나의 플랫폼으로 소비자들을 불러 모으는 방법이다. 이런 전략을 사용하여 성공한 플랫폼은 에어비앤비나 유튜브 같은 곳이다. **그림 4-7**

처럼 에어비앤비는 미국 각 지역별로 활성화되어 있던 크레이그리스트(Craigslist)[1] 사이트의 부동산 정보들을 활용해 플랫폼 사업을 시작해서 성공했고, 유튜브는 도입 초기에 마이스페이스(myspace)[2]의 웹사이트에 창의적인 동영상을 많이 올리던 인디밴드들을 타깃으로 삼고, 그들에게 동영상을 쉽고 빠르게 만들 수 있는 도구를 제공하여 소비자로 확보하였다.

그림 4-7 에어비앤비, 유튜브의 업어타기 전략

유명브랜드를 이용하는 전략

대형 마트에 유명한 빵집이 입점해 있으면 사람들은 한 번이라도 더

1) 미국의 대표적인 안내광고 사이트로 지역별 일자리, 부동산, 커뮤니티 서비스 등이 활성화되어 있다. Craiglist는 더 이상 업어타기를 하는 다른 플랫폼을 용납하지 않고 업어타기를 하면 1일에 $23000의 벌금을 징수하겠다고 발표하였다.

2) 2005년부터 2008년까지 세계에서 가장 큰 소셜 네트워킹 사이트로서 사용자가 제출한 친구, 개인 프로필, 블로그, 그룹, 사진, 음악 및 동영상의 인터렉티브 네트워크를 제공하였다.

마트에 방문하게 된다. 백화점이 명품 브랜드 유치에 목숨을 거는 이유도 마찬가지이다. 유명 브랜드를 활용하여 방문객을 늘리고 우리 사업의 가치를 더욱 높이는 전략은 이미 오프라인 비즈니스에서 많이 활용되고 있다.

플랫폼 비즈니스에서도 같은 전략을 활용할 수 있다. 이미 사용자들에게 인지도가 높은 브랜드를 이용하여 우리 플랫폼의 가치를 높이고 커뮤니티를 키워나가는 방법이다.

EA 스포츠는 게이머들 사이에서 가장 유명한 브랜드 중에 하나이며, 충성스러운 고객들 또한 많이 확보하고 있다. 따라서 유명한 게임회사들은 **그림 4-8** 처럼 EA 스포츠와 파트너십을 통해 자사 게임 플랫폼에 EA 스포츠 마니아들을 유입시키는 전략을 활용하고 있다.

그림 4-8 게임 콘솔박스 회사들의 EA 스포츠 브랜드 활용 전략

작은 시장에서부터 큰 시장으로 늘려가는 전략

틈새시장을 활용하는 전략은 목표 고객을 명확하게 설정해 그들에게 맞는 가치제안을 함으로써 작은 시장을 먼저 확보한 후, 이를 기반으로 시장을 점차 확대해 나가는 전통적인 마케팅 전략이다. 대표적인 플랫폼 기업인 페이스북은 사업 초창기 이러한 전략을 활용했다. 그림 4-9 처럼 페이스북은 하버드 대학 내의 SNS로 시작하여 아이비리그로 사용자들을 확대했다. 그 후 미국 전역뿐만 아니라 전 세계 시장의 고객을 확보하는 기반을 마련했다.

그림 4-9 페이스북의 틈새시장 전략

작은 틈새시장을 공략한 후 점점 Platform 사용자의 범위를 늘려가는 전략

[Havard 내 SNS로 시작] [IVY리그로 사용자 확대] [전 세계로 사용자 확대]

Facebook은 하버드 내 SNS로 시작하여 단계적으로 사용자의 범위를 늘려 성장함

출처: EdX, Platform Strategy for Business강좌 활용

지금까지 성공한 플랫폼 기업들이 사람을 모으기 위해 많이 사용하는 전략들에 대해 알아보았다. 플랫폼에 사람을 모으는 방법은 지금까지 설명한 6가지 외에도 매우 다양한 방법들이 있을 수 있다. 특히 광고나 홍보의 영역으로 확대한다면 방법들은 더욱 많아지게 된다. 하지만 전통적

인 매체를 통한 광고나 소셜 마케팅 등은 이 책의 목적과는 맞지 않기 때문에 제외하였다.

4절 _ 네트워크 효과 디자인의 기본원칙

사람들을 모았다면 다음은 플랫폼을 성장시킬 수 있는 방법을 고민할 차례다. 이때 필요한 요소가 바로 긍정적인 네트워크 효과다. 여러 차례 강조하지만 플랫폼 비즈니스에서 가장 중요하면서, 플랫폼의 가치를 결정하는 핵심 요인이다. 네트워크 효과를 디자인하기 위해서는 기본적으로 세 가지 기능이 필요하다.

촉진하기(Facilitating)

촉진하기는 플랫폼 참여자들 간에 거래(가치 교환)가 원활하게 일어날 수 있도록 규칙을 설계하는 모든 활동을 의미한다. 미국에서 유행하고 있는 시터시티(Sittercity) 플랫폼의 사례를 보면 촉진하기의 의미를 쉽게 이해할 수 있다.

시터시티는 아이를 믿고 맡기고 싶은 부모와 베이비시터를 연결해 주는 플랫폼이다. 이런 종류의 플랫폼에서 거래가 원활하게 일어나기 위해서는 '믿음과 신뢰'가 무엇보다도 중요하다. 그래서 시터시티에서는 베이비시터의 선발 기준을 엄격하게 관리한다. 베이비시터에 대한 신뢰를 통해 거래가 보다 활발하게 이뤄질 수 있도록 촉진하는 활동이다. 카카오대리 플랫폼에서 대리기사를 선발할 때 반드시 면접을 보는 것도 같은 맥락이다.

반대로 인스타그램(Instagram)은 누구나 쉽게 사진을 게시할 수 있게 해준다. 위 사례와는 반대로 오히려 진입장벽을 낮추기 위한 활동을 지속적으로 하고 있다. 이 또한 가치 교환이 원활하게 일어나게 하기 위한 규칙을 만드는 활동으로 촉진하기의 일환이다. 이처럼 플랫폼의 특성에 따라 방법과 수단은 조금씩 다르지만, 거래를 촉진하기 위한 규칙을 설계하는 활동이 바로 '촉진하기'에 해당한다.

매칭하기(Match)

매칭하기는 플랫폼 참여자의 데이터를 수집, 분석하여 참여자 간 연결을 보다 원활하게 만들어 주는 기능을 일컫는다. 촉진하기(Facilitating)가 플랫폼의 전략적 방향성이나 규칙을 의미한다면, 지금부터 설명하는 매칭하기와 필터(Filter)는 전략을 실행하기 위한 전술이나 도구로 이해하면 된다.

매칭하기의 핵심은 참여자들의 유의미한 데이터를 어떻게 수집할 것인가에 있다. 참여자들의 거부감과 불편함을 최소화하면서 유의미한 데이터를 수집하기란 매우 어렵다.

데이터 수집에 있어서 좋은 본보기가 되는 사례가 있다. 미국 캘리포니아에 본사를 두고 있는 링크드인(Linked in) 플랫폼이다. 링크드인은 페이스북과 같은 소셜 플랫폼의 한 종류로 구인과 구직, 동종업계 사람들의 정보 파악에 특화된 플랫폼이다. 따라서 링크드인의 경우 가입 시 입력한 참여자의 데이터를 수집/분석하여 자신이 찾는 사람을 정확히 매칭시켜 주는 역량이 매우 중요하다.

이를 위해 링크드인은 그림 4-10과 같이 플랫폼에 본인의 정보를 상세하게 작성할수록, 다른 사람의 정보를 보다 자세히 확인할 수 있는 매칭 기능을 도입했다. 즉, 더 많은 정보를 얻고 싶다면 본인도 정보를 더 많이 입력해야 한다는 개념이다. 링크드인은 이렇게 모인 정보를 바탕으로 개인이 원하는 정보를 정확하게 제공함으로써 플랫폼의 가치를 높이는 선순환 구조를 구축했다.

그림 4-10 매칭하기 사례: 링크드인

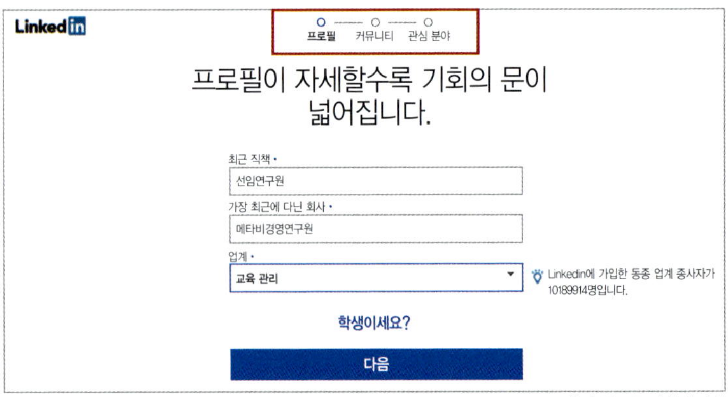

출처: 링크드인 홈페이지

필터(Filter)

필터는 참여자들이 원하는 정보를 쉽게 찾을 수 있도록 조건에 맞게 검색하는 기능을 의미한다. 이를 통해 참여자들 간의 상호작용을 촉진하는 역할을 한다.

그림 4-11 처럼 에어비앤비는 원하는 날짜, 인원, 숙소의 종류, 가격대, 예약 방법, 예약 유형 등 다양한 필터 기능을 통해 전 세계 수많은 숙소 중 나에게 가장 적합한 숙소를 쉽게 찾을 수 있도록 지원하고 있다.

그림 4-11 필터 사례: 에어비앤비

출처: 에어비앤비 홈페이지

과거 수없이 성행했던 네이버나 다음 카페 기반의 거래 커뮤니티가 플랫폼으로 성공하지 못한 이유를 두고 '필터 기능의 부재'로 보는 전문가도 있다. 필터는 정보를 잘 찾아주는 것은 물론이고, 불필요한 정보나, 허위 정보를 배제시키는 역할도 한다. 이 기능은 네트워크 효과를 디자인하기 위한 가장 기본적인 기능으로 꼽힌다.

5절 _ 네트워크 효과를 높이는 방법

지금까지 네트워크 효과를 만들어 내기 위한 기본적인 세 가지의 디자인 원칙을 검토해 보았다. 이제는 그 구체적인 방법들을 살펴보자. 네트워크 효과를 높이는 방법은 수없이 많다. 스타트업의 톡톡 튀는 기발한 아이디어부터 인공지능(AI), 봇(Bot)등의 첨단 기술을 활용한 방법까지 매우 다양하다. 이 장에서는 그중에서도 가장 범용적으로 사용되고 효과가 검증된 7가지의 방법들을 살펴보도록 하겠다.

기능 통합 (Functional Integration)

기능 통합은 하나의 플랫폼에서 다양한 기능(서비스)을 동시에 제공하는 것을 일컫는다. 이를 통해 참여자들이 더 자주, 더 오랜 시간 플랫폼을 이용하게 함으로써 플랫폼의 네트워크 효과를 자연스럽게 높이는 방법이다.

기능 통합이 잘 된 사례로는 국내 금융 플랫폼인 뱅크샐러드가 있다. 뱅크샐러드는 아직 대중적으로 유명한 플랫폼은 아니지만 **그림 4-12** 에서 나열한 것처럼 은행, 카드, 보험, 가계부 등 금융과 관련된 서비스를 하나의 플랫폼에서 통합 관리할 수 있도록 기능을 잘 통합한 플랫폼이다.

카카오톡 또한 기능 통합을 잘한 사례 중 하나이다. 문자서비스 외에도 카카오스토리(소셜 플랫폼), 카카오페이(금전거래 플랫폼) 등의 기능을 통합하여 참여자들의 플랫폼 활용도를 높임으로써 네트워크 효과를 향상시키고 있다.

그림 4-12 기능통합 사례: 뱅크샐러드

01

통합 자산조회

공인인증서 연동으로 흩어진 내 은행 계좌는 물론, 카드/보험/주식/부동산/ 자동차 및 연금까지 한눈에 조회가능!

02

자동 가계부

수입/지출/이체 내역이 자동으로 등록/분류되고 분석까지 한번에! PC가계부와 연동해 언제 어디서나!

03

금융비서

지출현황 및 금융생활을 분석해 상황에 맞는 조언과 격려의 메시지도 보내드립니다!

04

맞춤상품 추천

내 신용등급, 신용점수를 무료로 조회 할 수 있고 카드/대출/보험 등 나에게 딱 맞는 금융상품 추천까지!

출처: 뱅크샐러드 홈페이지

초기 리소스 제공 (Functional Enumeration)

플랫폼 내의 콘텐츠 개발이나 생산에 필요한 리소스를 무료 또는 저렴하게 제공함으로써 더 많은 공급자가 플랫폼에 참여하도록 유도하는 방법이다. 이는 플랫폼의 공급자 간 네트워크 효과를 높이는 데 매우 효과적이다.

애플의 앱스토어(Appstore)는 초기 리소스를 제공한 대표적인 사례다. 애플은 앱 개발자들에게 라이브러리(Library)[3]를 제공함으로써 다양한 공급자가 더 많은 콘텐츠를 앱스토어에 올리도록 유도했다. 현재 앱스토어에는 200만 개 이상의 애플리케이션이 존재한다.

추천 시스템 (Recommender System)

추천 시스템의 중요성은 날로 높아지고 있다. 플랫폼 서비스의 주요 사용자인 젊은 세대를 중심으로 나만의 콘텐츠, 나에게 맞춘 제품 등을 선호하는 현상이 확대되고 있기 때문이다.

추천 시스템은 사용자의 데이터를 바탕으로 패턴을 분석해서 필요하다고 판단되는 제품을 추천한다. 이는 플랫폼 의존도를 높이는 역할을 한다. 최근에는 빅데이터 분석 기술이 발전함에 따라 추천 시스템의 정확도가 더욱 높아져 그 영향력이 커지고 있으며, 대표적으로 아마존 추천 시스템이 한 예이다. **그림 4-13**과 같이 아마존은 회원들의 소비 패턴을

3) 라이브러리(Library): 애플리케이션의 사용과 기능 향상을 위해 하드웨어나 OS에 접근하지 않고도 손쉽게 기능을 사용할 수 있도록 도와주는 함수(Function)들의 집합체

분석해 구매 가능한 상품을 추천해 준다.

아마존은 이 추천 시스템을 'A9'이라 부르고 특허로 등록했다. 매출의 35%[4]가 이 시스템을 통한 추천 상품에서 발생하며, A9은 아마존 성공의 1등 공신으로 톡톡히 역할을 하고 있다.

그림 4-13 **추천 시스템 사례: 아마존**

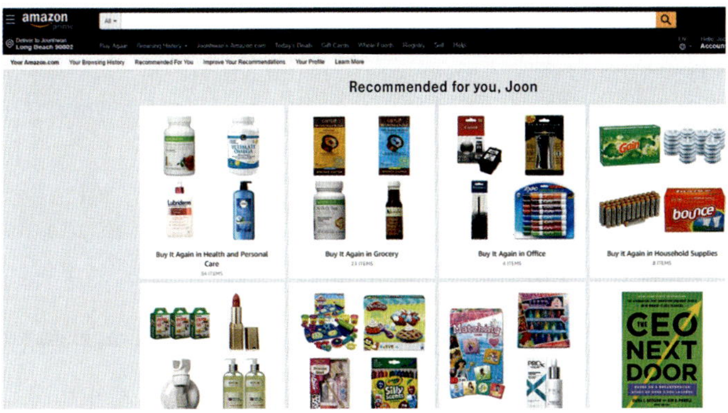

출처: 아마존 홈페이지

본 장에서 아마존 추천 시스템의 알고리즘을 자세하게 설명하기는 어렵다. 하지만 앞으로 거래 플랫폼의 핵심 경쟁력은 얼마나 추천 시스템을 정교하게 만드는가에 달렸다는 사실만은 확실해 보인다.

4) 2016년 기준

봇 (Bots)

봇은 첨단기술을 활용하여 네트워크 효과를 높이는 대표적인 방법이다. 인공지능을 활용한 가짜 사용자가 플랫폼에서 활발하게 활동하게 함으로써 진짜 참여자들 간의 상호작용 역시 자연스럽게 높아진다.

윤리적인 면에서는 비판의 소지가 있지만, 미국 기혼자 대상의 온라인 데이트 사이트인 애슐리 매디슨(Ashley Madison)은 봇을 잘 활용하는 대표적인 플랫폼이다. 애슐리는 봇을 활용한 채팅 프로그램으로 많은 사람들이 플랫폼에서 활동하는 것처럼 느끼게 함으로써 '진짜' 참여자들의 상호작용을 촉진시켰다.

애슐리가 봇을 사용한다는 사실이 세상에 밝혀진 건 2005년 7월 해킹을 통해서다. 해커들이 공개한 사용자의 프로필을 보면 95%가 남성이었고, 대부분의 여성회원은 봇이었다. 이 같은 사실이 알려지자 미국 내 큰 파장이 일기도 했다.

최근에는 봇을 공개적으로 사용하는 플랫폼도 많이 늘어나고 있는 추세다. 챗봇(CHATBOT) 혹은 톡봇(TALKBOT) 등으로 불리는 채팅 인공지능을 활용해 플랫폼의 상호작용을 늘리고 네트워크 효과를 높이기 위한 노력을 하고 있다.

APIs(Application programming Interfaces)의 제공

API는 애플의 초기 리소스 제공(Functional Enumeration)보다 더 발전된 형태로 공급자를 참여시키는 방법이다. 초기 리소스 제공이 개발 초기 단계에서 플랫폼과 쉽게 연동할 수 있도록 몇 가지 데이터를 제공하는 수준이라면, API는 앱 개발에 필요한 다양한 기능을 제공할 뿐만 아니라 개발 가이드, 컴퓨팅 및 대용량 데이터 처리까지 플랫폼에서 제공한다.

그림 4-14 카카오의 APIs

출처: 카카오 홈페이지

그림 4-14처럼 카카오는 개발자들을 위한 다양한 API를 제공한다. 이를 통해 수많은 애플리케이션이 '○○○ for kakao'라는 이름으로 개발되고 있다.

사용자 생성 콘텐츠(User Generated Content)

사용자 생성 콘텐츠는 말 그대로 사용자를 콘텐츠의 생산자(Creator)로 전환시키는 방법을 뜻한다. 사용자가 단순히 소비의 주체가 아니라 생산자로서의 역할을 수행하도록 유도함으로써 플랫폼은 더욱 활성화되고 네트워크 효과 또한 높아진다. 유튜브를 보던 사람들이 자기의 콘텐츠를 유튜브에 올리는 것이 좋은 예일 것이다.

일반적으로 페이스북이나 유튜브 같은 소셜 플랫폼에서 주로 사용하는 방법이었으나, 일반적인 온라인 거래 사이트에서도 이 방법을 활용하는 재미있는 사례로 와비파커(Warby Parker)를 들 수 있다. 와비파커는 주로 온라인을 통해 안경이나 선글라스를 판매하는 회사다. 전형적인 온라인 거래 사이트인 이 회사는 소셜 플랫폼을 이용한 사용자 생성 콘텐츠를 이용하여 제품 판매에 성공한 케이스이다.

그림 4-15 의 순서대로 고객이 와비파커의 홈페이지에서 마음에 드는 5개의 안경을 선택하면 와비파커는 해당 제품을 고객에게 무료로 배송해 준다. 이후 고객은 안경 5개를 착용한 모습을 SNS에 올린 후 투표를 통해 하나의 안경을 최종 선택한다.

단순한 아이디어 같지만 콘텐츠를 만들고 다른 사람에게 인정받고 싶어 하는 젊은 세대들의 취향을 저격하면서 선풍적인 인기를 끌고 있다. 조금만 생각을 전환한다면 서비스나 제품을 거래하는 플랫폼도 소비자를 콘텐츠 생산자로 만들 수 있는 여지가 많다는 것을 보여주는 예다.

그림 4-15 사용자 생성 콘텐츠 사례: 와비파커

출처: EdX, Platform Strategy for Business강좌 활용

게이미피케이션(Gamification)의 활용

플랫폼의 네트워크 효과를 높이는 방법 중 하나가 게이미피케이션을 활용하는 것이다. 게이미피케이션(Gamification)이란 게임 외적인 분야에서 문제해결, 지식전달, 행동 및 관심 유도 혹은 마케팅을 위해 게임의 매커니즘과 사고방식을 접목시키는 것을 말한다.

우리의 주변에서 게이미피케이션을 통해 가장 성공한 사례는 네이버 지식iN 서비스이다. 네이버는 사업 초기부터 사용자 제작 콘텐츠(UGC; User Generated Contents)를 통해 성장을 이끌어 왔고, 사용자 제작 콘텐츠가 가장 빛을 본 플랫폼이 바로 지식iN이다. 지식iN은 사용자 간 질문과 대답을 통해 자신이 가지고 있는 정보를 공유하고 서로 상호작용할 수 있는 구조를 만들었다. 이러한 시스템은 오랜 기간 동안 네이버가 국내 포털 시장의 1위를 차지하는 데 큰 공을 세웠다.

지식iN은 '내공'이라는 점수를 통해 커뮤니티에서 등급(계급)이 결정되도록 하는 게이미피케이션 요소를 플랫폼에 담았다. 지식iN의 사용자들은 질문에 대한 답변을 통해 내공이라는 점수를 얻을 수 있고, 이 내공의 점수를 쌓아가면서 **그림 4-16** 기준에 따라 자신의 등급을 높여간다.

이 장치는 질문하는 사람과 답변하는 사람이 상호작용을 할 수 있도록 윤활유 역할을 하였고, 지식iN의 생태계를 급격하게 성장시켰다. 이는 초창기 네이버 성장에 중요한 밑거름이 되었다.

놀라운 사실은 내공이나 등급은 사용자들에게 아무런 금전적 이익을 가져다주지는 않는다. 그리고 지식iN을 운영하는 네이버의 입장에서도 비용이 거의 발생하지 않는다. 사용자들이 자신들의 등급을 높여 다른 사용자들과의 경쟁에서 이기는 소소한 행복을 누리게 해준 것만으로 이와 같은 효과를 볼 수 있다는 점이 놀랍다.

많은 플랫폼들이 네트워크 효과를 높이기 위해 사용자들에게 쿠폰, 포인트, 할인 등 금전적 이익을 제공하며 사용자들을 끌어 모으고 있다. 하

그림 4-16 게이미피케이션을 통해 성공을 거둔 네이버 지식iN

지만 게이미피케이션은 특별한 금전적 보상 없이도 사용자들을 모을 수 있는 강력한 무기가 될 수 있다는 것을 지식iN은 보여주고 있다.

지식iN의 게이미피케이션 사례는 플랫폼을 준비하는 우리 기업들에게 많은 시사점을 주고 있기 때문에 조금 더 자세히 살펴보도록 하자.

위 사진은 지식iN의 등급 체계이다. 2019년 11월 기준 절대신 등급을 가진 사용자는 46명이다. 재미있는 사실은 절대신 등급이든, 가장 아래의 하수 등급이든 간에 플랫폼에서 이들에게 제공하는 서비스는 거의 유사하다는 점이다. 그럼에도 불구하고 절대신 등급의 사용자들은 자신들이 지식iN이라는 플랫폼 생태계 내에서 가장 높은 위치에 있다는 우월감을 갖기 위해 계속해서 콘텐츠를 생성해 낸다. 또한 바로 아래 등급인 수호신들은 절대신 등급이 되기 위해 더 많은 상호작용을 만들어 내며 지식iN의 네트워크에 활기를 불어넣고 있다.

최근에는 지식iN에 광고성 글이나 허위 정보 등이 많아지면서 부정적인 네트워크 효과가 나타나고 있는 것도 사실이다. 하지만 플랫폼에 게이미피케이션 요소를 잘 결합하고 관리하여 긍정적인 효과를 본 부분은 플랫폼을 준비하는 사람이라면 한 번쯤 유심히 살펴볼 필요가 있다.

지식iN 외에도 이제는 많은 플랫폼에서 게이미피케이션을 활용하고 있다. 플랫폼에 접속하면 특정한 미션을 부여하고, 이를 해결하면 혜택을 주거나 나의 휴대폰 연락처와 연동하여 친구나 지인들과의 경쟁을 유도하기도 한다. 이처럼 큰 비용을 들이지 않고도 사람들의 경쟁심리, 우월감, 성취욕, 인정 욕구 등을 활용하여 네트워크 효과를 높일 수 있는 점이 게이미피케이션의 가장 큰 특징이다.

지금까지 네트워크 효과를 높이기 위한 여러 가지 방법들에 대해 알아보았다. 앞에도 이야기했지만, 이외에도 네트워크 효과를 높이기 위한 방법은 무궁무진하다. 핵심은 어떻게 하면 사람들을 우리 플랫폼에 자주 그리고 오랜 시간 머무르게 할 것인가에 있다. 그러기 위해서 플랫폼은 참여자들이 기존 비즈니스에서 얻지 못한 새로운 가치를 제공해야 한다. 이때 새로운 가치는 금전적인 이익뿐만 아니라 재미, 인정, 편리, 만족감 등 모든 것을 포함한다는 사실을 명심해야 한다.

6절 _ 네트워크 효과 저해 요인

파이프라인 비즈니스는 내가 곧 생산자인 경우가 대부분이다. 하지만 플랫폼 비즈니스는 외부 공급자들의 네트워크를 활용하여 제품이나 서비스를 생산한다. 따라서 공급자와 좋은 관계를 형성하고 유지하는 것이 매우 중요하다. 하지만 플랫폼 비즈니스의 규모가 커지고 이용자가 늘어날수록 플랫폼 운영자의 힘은 점차 커지게 되고, 더 많은 이익을 얻기 위해 공급자의 영역을 침범하려는 시도가 종종 있다.

이런 행위는 자칫 잘못하면 플랫폼의 네트워크 효과를 망치는 지름길이 될 수 있다. 플랫폼의 운영자가 공급자로 참여하게 될 경우, 플랫폼을 운영할 때 자신이 소유하는 공급원을 우대하려는 성향을 보이기 때문에 다른 수많은 공급자들이 플랫폼을 떠나게 될 가능성이 매우 커진다.

예로 배달의 민족은 배달업계의 선두기업으로 자리매김하면서 '배민프레시'라는 배달 전문 식당을 런칭했다(**그림 4-17**). 자신들이 공급자로 플랫폼에 참여한 것이다. 배달의 민족은 배민프레시의 광고를 쏟아내고, 본인들의 플랫폼에서 배민프레시를 상단에 노출시키며 다른 공급자들을 위협했다.

배달의 민족의 이런 결정은 기존의 공급자인 수많은 식당들이 플랫폼에 들어오는 것을 방해했고 생태계의 네트워크에 부정적 영향을 미치는 행동이었다. 이러한 문제점을 인식한 배민은 결국 2019년 2월 정식으로 배민프레시 사업을 폐지하게 되었다.

그림 4-17 파트너와의 경쟁을 시도했던 배달의 민족

이처럼 플랫폼 회사들이 기존의 공급자들과 경쟁관계가 되는 생산자로 플랫폼 내에 참여하는 것은 결코 바람직하지 못하다. 하지만 거래를 활성화시킬 수 있는 보완재의 생산자로 플랫폼에 참여하는 경우는 오히려 플랫폼의 네트워크 효과를 높일 수 있다. 대표적인 사례가 아마존의

전자책을 볼 수 있는 기계장치인 킨들(Kindle)이다. 아마존은 킨들의 생산자로 플랫폼에 참여함으로써 책 공급자와 소비자의 상호작용을 오히려 활성화시켰다.

플랫폼의 운영자가 더 높은 이익을 위해 생산자로 생태계에 참여하고 싶다면 반드시 두 가지 원칙을 지켜야 한다. 첫째는 기존 공급자들의 이익을 침해하거나 그들이 나를 경쟁자로 인식하게 해서는 안 된다. 두 번째는 우리 플랫폼에서 거래되는 가치단위와 시너지를 낼 수 있는 제품이나 서비스를 생산해야 한다는 점이다.

7절 _ 네트워크 효과를 발생시키지 못하면 플랫폼이 아니다

플랫폼 비즈니스가 세상을 바꾸어 가고 있는 현재, 다양한 형태의 플랫폼들이 등장하고 또 사라지고 있다. 그런데 플랫폼 비즈니스를 표방하고 있는 수많은 기업들 모두 진정한 플랫폼 기업으로 볼 수 있을까? 지금까지 설명한 네트워크 효과를 기준으로 플랫폼 비즈니스의 의미를 다시 한번 정리해 보자.

NETFLIX는 플랫폼 비즈니스인가?

스마트폰과 스마트TV가 널리 보급되면서 많은 사람들이 넷플릭스로 영화, 드라마 등 영상 콘텐츠를 시청하고 있다.

넷플릭스의 시작은 비디오 대여점이었다. 그런데 컴퓨터와 인터넷이 보급되자, VHS(Video Home System) 시장의 경쟁력이 사라졌다. 그러자 넷플릭스는 그림 4-18 에서 보이는 바와 같이 다른 대형 비디오 대여 프랜차이즈인 블록버스터에게 회사의 지분을 매각하려 했지만 실패했다. 이후 넷플릭스는 사용자들이 선호하는 콘텐츠를 제안하는 툴(Tool)을 개발해 많은 사용자들을 확보했다. 이들을 활용해 넷플릭스는 자신들만의 생태계를 만들어 갔다. 그 결과 스마트폰과 스마트TV 등의 증가 추세에 발맞춰 큰 영향력을 가진 영상 콘텐츠 기업으로 자리매김하게 되었다.

그림 4-18 넷플릭스는 플랫폼 비즈니스인가?

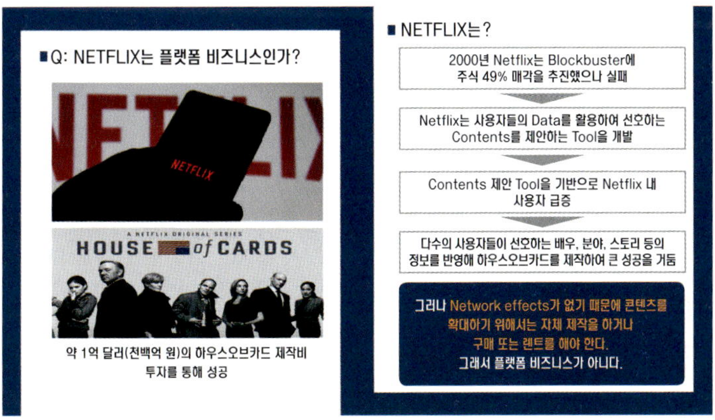

출처: 넷플릭스 홈페이지 그림 인용

하지만 넷플릭스를 과연 플랫폼 기업으로 볼 수 있을까? 결론부터 말하자면, 넷플릭스는 플랫폼 기업이 아니다.

플랫폼 기업의 첫 번째 기준은 공급자와 소비자의 거래 또는 교환이 이루어지는 중개자의 역할을 하는가에 있다. 그런데 넷플릭스는 공급자들의 영상 콘텐츠를 전부 대여 또는 소유하고 있다. 즉, 공급자는 넷플릭스 혼자라는 이야기다. 따라서 공급자와 소비자가 만들어 내는 교차 네트워크 효과를 기대하기 어렵다.

우리는 흔히 넷플릭스에서 네트워크 효과가 발생되고 있다고 생각한다. 콘텐츠 제작사와 소비자가 많은 거래를 통해 상호작용을 일으킨다는 착각을 하게 된다. 하지만 실제로는 넷플릭스가 콘텐츠를 확보한 채, 파이프라인 기업과 같이 소비자들에게 공급하고 있다. 넷플릭스는 최근 콘텐츠 공급이나 화질의 한계 등으로 인해 많은 사용자들이 이탈하고 있는 추세다.

만약 넷플릭스가 많은 공급자들이 자신들의 콘텐츠를 자유롭고 빠르게 제공할 수 있도록 플랫폼을 구축했다면 지금처럼 최신 콘텐츠에 대한 문제가 나타나지 않았을 수도 있다. 또한 네트워크 효과가 없이 비즈니스를 하고 있기에 승자독식의 혜택을 누리지 못하고 디즈니, HBO, 애플+의 도전을 받고 있는 것이다.

타다는 플랫폼 비즈니스인가?

넷플릭스처럼 우리가 플랫폼으로 오해하고 있는 기업에는 또 어떤 것이 있을까?

최근 국내에서 많은 이슈를 낳고 있는 타다를 두고 많은 언론과 사람들은 '이동수단 공유 플랫폼 기업'이라고 일컬었다. 쏘카의 경우도 마찬가지로 '차량 공유 플랫폼'이라고 명명하고 있다. 하지만 두 기업 모두 플랫폼 기업의 조건을 충족하지 않는다.

타다와 쏘카 모두 공급자가 하나인 기업이다. 타다는 쏘카가 출자한 기업이며 단지 공유하는 차량의 종류가 다를 뿐 두 기업 모두 파이프라인 비즈니스의 형태를 띤다.

타다의 차량들은 모두 타다의 소유다. 운전기사 또한 타다가 고용한 것과 거의 동일한 직원들이다. 쏘카의 차량 또한 쏘카가 직접 보유한 차량이다. 이런 형태의 비즈니스는 파이프라인 비즈니스 형태와 다르지 않다. 플랫폼 비즈니스는 공급자와 소비자를 중개하는 역할을 하는 사업이다. 하지만 **그림 4-19**에서 알 수 있듯이 타다와 쏘카에서는 중개 역할을 찾아볼 수 없다. 타다와 쏘카를 플랫폼 기업으로 볼 수 없는 이유다.

타다나 쏘카는 단순히 온라인을 활용하고 있는 인터넷 기업일 뿐이다. 인터넷 기업은 앞서 말한 바와 같이 네트워크 효과가 존재하지 않는다. 소비자들이 대체 수단을 찾게 되면 한순간에 무너질 가능성이 높다. 자신들이 직접 보유한 자산 때문에 혁신적인 가격이나, 더 좋은 품질의 제품 및 서비스를 제공하는 데 한계가 있다는 점에서 취약하다.

최근 쏘카나 타다의 요금이 조금씩 상향 조정되면서 이탈하는 이용자도 늘고 있다. 초반에는 많은 투자를 통해 저렴한 가격으로 소비자들을 끌어 모았지만 공급자들 간의 네트워크 효과가 없기 때문에 저렴한 가격을 지속적으로 유지하기 어렵다.

그렇다면 타다나 쏘카와 달리 플랫폼으로 볼 수 있는 기업은 무엇이 있을까? 우버는 플랫폼 운영자가 이동수단을 소유하고 있지 않다. 차량을 소유한 공급자들과 이용객인 소비자들을 중심으로 플랫폼 생태계를 만들고 확장한 사례다.

그림 4-19 타다와 쏘카는 플랫폼 비즈니스인가?

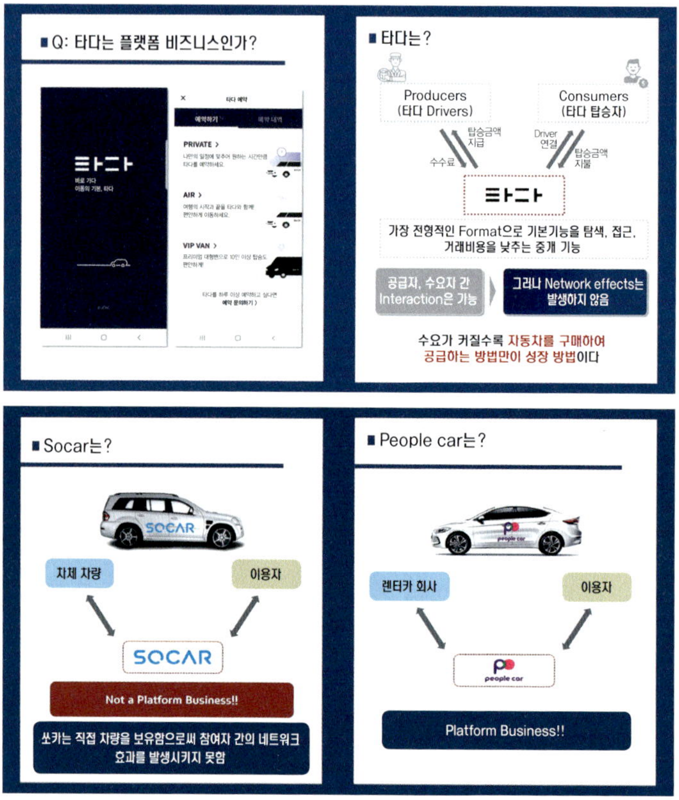

국내에서는 현재 피플카의 경우가 플랫폼에 속한다. 피플카는 쏘카와

다르게 주변에 존재하는 렌터카 회사들을 공급자로 제휴 맺고 있다. 플랫폼의 형태를 갖춘 셈이다. 아직 규모 면에서는 쏘카에 비해 많이 알려지지 않았지만 쏘카보다 더 저렴한 가격으로 자신만의 경쟁력을 갖춰 나아가고 있는 플랫폼 중 하나다.

4장의 요약

플랫폼의 성패를 좌우하는 가장 결정적인 요소를 하나 꼽으라면 주저 없이 이번 장의 주제인 사람 모으기와 네트워크 효과의 디자인을 이야기할 것이다. 결국 플랫폼은 되도록 많은 참여자들이 모여서 만들어 내는 네트워크가 기업의 가치가 되는 비즈니스이기 때문이다.

플랫폼 참여자를 모을 때 공급자부터 확보할 것인가, 아니면 소비자부터 확보할 것인가, 혹은 동시에 모을 것인가는 가장 고민이 되는 부분이다. 이는 플랫폼의 특성이나, 운영 주체의 상황, 시장의 환경에 따라 전부 다를 수 있기 때문에 무엇이 정답이라고 이야기하기 힘들다. 다만, 현재의 상황에서 먼저 모으기 쉬운 그룹부터 접근하는 것이 좋다.

사람을 모으는 가장 쉬운 방법은 다양한 매체를 통한 광고이다. 하지만 광고를 통해 효과를 보기 위해서는 막대한 비용이 투자되어야 한다. 광고만으로 사람을 모으는 것은 상당한 자금력이 뒷받침되지 않는 한 어려운 일이다. 이번 장에서는 광고 외에 사람을 모으기 위한 몇 가지 방법을 소개했다. 보조금을 주거나, 유명 공급자(Influencer)를 섭외하거나, 기존의 사이트에 업어 타거나, 유명 브랜드를 이용하는 방법들이다. 물론 이외에도 사람을 모으기 위한 방법은 무궁무진하다. 때로는 이슈를 만드는 노이즈 마케팅을 하기도 하고, 특별한 콘테스트를 개최하기도 한다. 이처럼 사람을 모으는 것은 결국 아이디어와 실행력의 싸움이다. 경쟁사보다 자금력이 부족하다면 창의적인 아이디어를 통해 사람을 모을 수 있는 방법을 고민해야 한다.

다음은 네트워크 효과에 대해 정리하도록 하겠다. 네트워크 효과란 플랫폼 네트워크에 새로운 참여자가 들어옴으로써 기존의 참여자가 얻는 효용가치가 변화하는 것을 의미한다. 쉽게 말해 플랫폼에 새로운 참여자가 들어왔을 때 기존 참여자들의 혜택이 늘어나거나 줄어드는 현상이라고 말할 수 있다. 네트워크 효과는 크게 긍정적인 네트워크 효과와 부정적인 네트워크 효과로 구분할 수 있다.

긍정적인 네트워크 효과는 새로운 참여자가 들어옴으로써 기존 네트워크 참여자의 효용이 커지는 현상을 의미한다. 예를 들어 '페이스북'에 새로운 참여자가 많아지면 기존 참여자들은 더 많은 사람들과 편리하게 소통할 수 있다. 또 '유튜브'에 새로운 크리에이터가 많이 참여할수록 기존 사용자들은 더욱 다양한 콘텐츠를 즐길 수 있다. 이러한 긍정적 네트워크 효과는 비즈니스 생태계에 선순환 구조를 만든다. 새로운 참여자로 인해 기존 참여자의 효용이 커지면 플랫폼의 가치가 높아지고 더욱 많은 참여자들이 유입된다. 이렇게 참여자가 많아지면, 거래의 증가 또는 광고 등을 통해 플랫폼의 수익이 높아지고, 이는 플랫폼의 수준을 높이는 데 재투자된다. 이렇게 선순환 구조가 만들어지면 플랫폼이 기하급수적으로 성장하면서 주변의 생태계를 잠식하는 승자독식의 형태로 발전하게 된다.

반면, 부정적인 네트워크 효과는 참여자가 늘어남으로써 오히려 기존 네트워크 참여자들의 효용이 감소하는 현상을 말한다. 예를 들어 '카카오 대리' 같은 플랫폼에 새로운 공급자(대리기사)가 너무 많아지면 과잉 경쟁이 일어나고 기존 공급자들의 수익성이 떨어지게 된다. 이는 공급자의 대거 이탈로 이

어질 수 있다. 반대로 소비자(승객)만 급격하게 증가하면 대리기사를 잡기 위한 경쟁이 치열해지고 대기시간이 길어진다. 이 경우도 소비자의 이탈로 이어질 수 있다. 역사 속으로 사라진 대부분의 플랫폼 기업들은 부정적인 네트워크 효과가 가져오는 악순환의 고리를 너무 쉽게 생각했다. 플랫폼 비즈니스를 디자인할 때 긍정적인 네트워크 효과를 극대화하기 위한 방안도 중요하지만, 부정적 네트워크 효과를 어떻게 최소화할 것인가도 함께 고민해야 한다.

이 장에서는 긍정적인 네트워크 효과를 만들기 위해서 기본적으로 필요한 세 가지의 기능을 소개했다. 바로 촉진하기(Facilitating), 매칭하기(Match), 필터(Filter)가 그것이다. 이 세 가지 기능은 이미 플랫폼의 표준이 되었다고 할 수 있다. 그 외에도 플랫폼의 네트워크 효과를 높이기 위한 일곱 가지 방법을 소개했다. 이 장에서 소개한 방법은 성공한 플랫폼 기업들을 통해 효과가 검증된 방법이다. 이외에도 네트워크 효과를 높이기 위한 방법들은 매우 다양하게 존재한다. 반드시 기억해야 될 점은 이러한 방법들의 공통적인 목적이다.

1) 어떻게 플랫폼에 자주 오게 할 것인가?

2) 얼마나 오랜 시간 머무르게 할 것인가?

4장의 연습 문제

1. 네트워크 효과의 개념을 정의하고, 긍정적 네트워크 효과가 가져오는 선순환 구조를 설명하시오.

2. 유튜브는 어떻게 긍정적 네트워크 효과를 만들어내고 부정적 네트워크 효과를 억제하는지 조사하여 기술하시오.

5장.

내가 할 일과 파트너가 할 일을 구분한다

1절 플랫폼의 지원활동과 필요 자원

2절 자원 보유의 선택과 집중

중소기업의 좋은 파트너 '쿠팡'

쿠팡은 대한민국 쇼핑 앱 사용자 수 1위, 2019년 한 해 동안의 온라인 결제액(17조 771억 원) 순위 2위를 달성하며, 한국인들이 가장 많이 이용하는 플랫폼으로 성장하였다.

'한국의 아마존'을 꿈꾸는 쿠팡의 성장 전략은 아마존의 초기전략과 유사하다. 저렴한 가격과 빠른 배송, 다양한 품목을 구성해 유통시장 내에서 영향력을 빠르게 확대하였다. 특히 당일/익일배송시스템을 국내에 최초 도입하여 소비자들에게 기존의 이커머스(electronic commerce) 플랫폼보다 '더 빠른 배송'이라는 가치를 제공하였다.

이러한 차별화된 배송시스템은 쿠팡 성공의 핵심이다. '로켓배송'이라 불리는 빠른 배송은 쿠팡 성장의 원동력이자 또 하나의 브랜드가 되었다. 국내 최고 수준의 독자적 물류체계를 구축한 지금 '로켓배송'은 더욱 추진력을 얻고 있다. 이러한 쿠팡의 성장은 온 · 오프라인 유통업체에겐 큰 부담으로 작용하지만 소비자의 쇼핑 편의성은 향상되었기에 쿠팡의 사용에서 고객들이 느끼는 다양하고 빠른 서비스는 고객 경험의 패러다임을 바꾸어 나가고 있다.

쿠팡 성장의 또 하나의 비밀은 플랫폼 참여자의 비용절감과 이익 극대화를 위한 차별화된 시스템에 있다. 쿠팡은 누구나 자유롭게 입점하여 물건을 팔 수 있는 플랫폼으로, 카테고리마다 약간의 차이가 있지만 국내 오픈마켓 최저 수준의 수수료(5~10%)를 부과하고 있다. 이는 플랫폼에 참여하는 공급자의 부담을 절감시켜 이들의 적극적인 참여를 유도하였다. 또한 쿠팡의 '로켓배송 직매입 시스템'은 소규모 제조사의 참여 확대와 이익 극대화를 이끌었다. 로켓배송 직매입 시스템은 중소기업이 제품을 납품하면 고객의 주문부터 배송, 반품, CS까지 모든 것을 쿠팡에서 해결해 주는 시스템이다. 이를 통해 영세한 중소기업도 전국 각지에 고객들에게 주문 바로 다음 날 제품을 전달할 수 있었다. 이는 중소기업이 가진 여러 가지 문제를 해결해 주는 동시에 참여 편의성을 높여 보다 많은 기업이 생산자로 참여할 수 있도록 했다.

쿠팡 플랫폼에 참여하게 만드는 또 하나의 매력은 공정한 경쟁 환경이다. 쿠팡은 가격 경쟁력과 제품 경쟁력만 갖추면 플랫폼의 상위에 노출될 수 있는 구조로, 추가 광고비용 없이 상품 자체만으로 경쟁할 수 있다. 이는 대형 제조사에 비해 비교적 인지도가 낮은 중소기업에게는 굉장히 매력적인 요소로 작용했다. 광고비용 절감과 공정한 경쟁 환경은 중소기업의 참여 확대로 이어졌으며, 국내 최대 규모 트래픽은 신규 업체에게도 성장의 기회를 제공하였다.

그러나 이러한 쿠팡의 빠른 성장에도 불구하고 적자 운영의 논란은 계속되고 있다. 하지만 쿠팡은 물류망 구축과 유통 플랫폼 장악을 위한 투자의 결과로 적자가 난 것뿐이고 모든 것은 계획된 적자라고 이야기한다. 물류망 구축을 통해 규모의 경제를 달성하여 한계비용을 낮추게 된다면 또 하나의 경쟁우위를 가질 수 있다는 설명이다.

하지만 무엇보다 쿠팡이 기대하는 경쟁우위는 구매 이력, 고객 정보와 니즈 확보를 기반으로 축적된 데이터이며, 이러한 데이터는 새로운 시장 확대의 기회를 제공하고, 비즈니스 모델 혁신을 위한 자산이 될 것이다. 앞으로의 쿠팡의 행보가 더욱 기대되는 대목이다.

* 매일경제 〈쿠팡 "파트너사 70%는 중소기업…작은 기업 돕는 디딤돌 될 것"〉 2019. 06. 24.
* 쿠팡뉴스룸 〈중소기업으로 쿠팡에서 성공하기〉 2019. 07. 04.
* 한국경제 〈'한국의 아마존' 꿈꾸는 쿠팡…'의도된 적자'로 언제까지 버틸까〉 2019. 04. 15

5장. 내가 할 일과 파트너가 할 일을 구분한다

1절 _ 플랫폼의 지원활동과 필요 자원

지금까지 플랫폼의 네트워크 효과를 높이기 위한 방법을 생각해 봤다면, 다음은 표 5-1 의 파란색 부분에 있는 플랫폼 구축을 위해 필요한 자원이 무엇인지 생각해 볼 단계다.

표 5-1 PEC Step 3 외부 파트너 및 내부 자원 결정

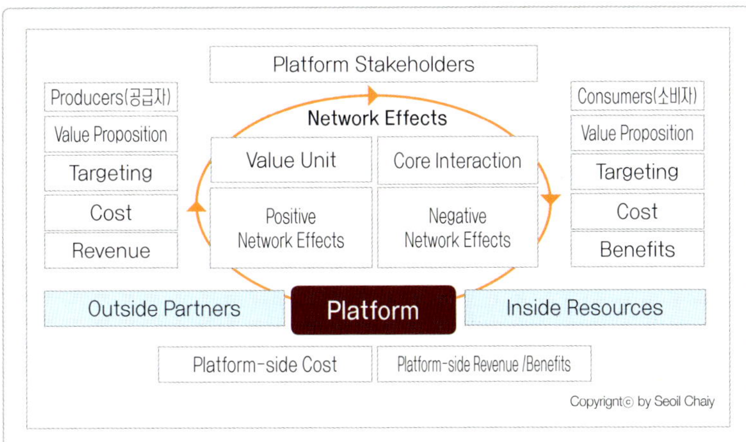

아무것도 없는 상황에서 플랫폼을 구축하기 위해 무엇이 필요한지 찾아내는 작업은 생각보다 매우 어려운 일이다. 이때 좋은 방법은 플랫폼의 '지원활동(Support Activities)'을 중심으로 생각해 보는 것이다.

지원활동이란 그림 5-1 처럼 참여자들의 플랫폼 이용 패턴을 예측하여, 이들이 더욱 활발하게 플랫폼을 이용할 수 있도록 지원하는 활동을 의미한다. 그림 5-1 은 에어비앤비의 참여자 이용패턴을 단순하게 표현한 그림이다.

그림 5-1 에어비앤비의 참여자 이용패턴

그림은 에어비앤비의 참여자(Producers, Consumers)들이 플랫폼에 처음 들어와서 나갈 때까지의 활동들을 나타내고 있다. 그림의 오른쪽 그룹인 소비자들의 플랫폼 이용 과정을 살펴보면 이들은 〈방 검색〉 – 〈가격 및 조건 비교〉 – 〈구매 결정 및 결제〉 – 〈방 사용〉 – 〈이용 후기/평가〉 등의 활동을 한다. 다음 표를 살펴보자.

표 5-2 에어비앤비가 지원 가능한 활동

Producers의 Platform 이용 과정	에어비앤비의 지원 인프라/시스템
렌탈 가능 방 선정 및 가격 책정	• 렌탈 규정 및 거래 규정 제공
방 정보 제공 (App내 업로드)	• Value Unit(방)의 Value-adding - 포토그래퍼 지원 • 광고 지원 - 슈퍼호스트: 검색 시 상단 배치 등
방 렌탈 (매출 발생)	• 매출 정산 시스템 지원
A/S 및 후기/평가	• 이용객 불만사항 전달(소비자 지원) - Guest 리뷰 및 평가 시스템 • 방 파손에 대한 지원(공급자 지원) - 파손 보험 가입 지원

에어비앤비의 지원 인프라/시스템	Consumers의 Platform 이용 과정
• 추천시스템 - Big data를 통한 추천시스템 • 제품 필터링(큐레이션) - 원하는 지역, 조건, 인원에 검색 지원	방 검색 가격 및 조건 비교
• 구매 혜택/이벤트 제공 • 결제 시스템 지원	구매 및 결제 (비용 발생)
• 컴플레인 접수 및 해결 (환불, 방 교체 등)	방 사용
• 사용후기 관리 - A.I./BOT을 통한 고객센터 기능 - Host 리뷰 및 평가 시스템 등	이용 후기/평가

표 5-2는 참여자들의 이용 패턴에 따라 플랫폼이 지원할 수 있는 활동을 정리한 표이다. 플랫폼의 소비자 그룹에게 필요한 지원 활동으로는 방 검색을 위한 '추천 시스템'과 '필터 기능', 구매 및 결제를 위한 '결제 시스템', 방 사용 이후 관리를 위한 'A/S 센터'와 '평가 시스템' 등이 필요하다.

이해를 돕기 위해 매우 단순하게 표현했음에도 불구하고, 생각보다 많은 자원(인프라/시스템)이 필요하다는 사실을 알 수 있다. 참여자들의 이용 패턴을 보다 정교하게 디자인하고, 앞 장에서 설계한 네트워크 효과를 높이기 위한 방법을 접목한다면 플랫폼 구축에 필요한 자원은 더욱 많아질 것이다.

2절 _ 자원 보유의 선택과 집중

플랫폼 구축에 필요한 자원을 도출하였다면, 다음은 내가 할 일과 파트너가 할 일을 구분하는 작업이 필요하다. 플랫폼 구축을 위해 필요한 모든 자원(인프라/시스템)을 혼자서 준비하기란 불가능하기 때문이다. 플랫폼 운영의 효율성을 높이기 위해서는 어떤 자원을 보유하고 어떤 자원을 파트너들로부터 얻을 것인가에 관한 '선택과 집중'이 필요하다. 이는 파이프라인 비즈니스를 포함한 모든 비즈니스에서 매우 중요한 의사결정이며, 플랫폼 비즈니스 또한 이러한 프레임에서 크게 벗어날 수 없다.

하지만 플랫폼 비즈니스는 '생태계(Ecosystem)'를 통해 자원의 한계를 극복한다는 특징이 있다. 즉, 생태계를 함께 구성하고 있는 파트너(Partners)를 적극적으로 활용함으로써 한정된 자원으로 폭발적인 성장이 가능하다. 이것이 바로 플랫폼 비즈니스가 갖는 특징이자 매력이기 때문에 생태계 구축에서 파트너 선정에 관한 의사결정 비중은 파이프라인 비즈니스에 비해 훨씬 크다고 할 수 있다.

그렇다면 어떤 시스템을 내부에서 보유(Platform Inside Resources)하고, 어떤 시스템을 구축하는 데는 밖에 있는 파트너를 활용(Platform Outside Partners)해야 할까? 결론부터 이야기하면 일반적으로 플랫폼의 핵심가치를 창출하는 부분은 내부에서, 부가적인 가치를 창출하는 부분은 외부 파트너를 활용하는 것이 좋다고 할 수 있다.

또한 플랫폼 비즈니스가 기존의 전통적인 비즈니스와 차이를 보이는 부분은 플랫폼이 발전함에 따라 핵심 가치를 창출하는 영역이 빠르게 변한다는 점이다. 따라서 플랫폼 내부에서 보유해야 될 자원에 관한 의사결정은 상황의 변화에 따라 유연하게 조정할 수 있어야 한다.

플랫폼 내부에서 보유하는 것이 좋은 자원

마이크로소프트사의 시스템 플랫폼인 윈도우(Windows)는 핵심 가치를 창출하는 영역을 내부 자원으로 보유하고 있는 좋은 사례다. 윈도우에서 가장 많이 사용하는 애플리케이션은 워드(Word), 파워포인트(Power Point), 엑셀(Excel) 등 문서 작업을 위한 것들이다. 이 점 때문에 마이크로소프트는 MS오피스(MS Office)를 출시하여 이러한 역량들을 내부의 자원으로 확보했다.

초창기 페이스북(Facebook)에서 핵심가치를 창출하는 영역은 텍스트를 중심으로 소식을 공유하며 참여자들 간에 네트워킹을 하는 것이었다. 하지만 플랫폼이 발전함에 따라 텍스트가 아닌 사진, 영상 등을 공유하며 네트워킹하는 것이 핵심 가치로 변했다. 이에 따라 페이스북은 사진 공유에 특화된 인스타그램(Instagram)을 인수하여 내재화하게 된 것이다.

하지만 처음 플랫폼 비즈니스를 시작하는 사람들은 마이크로소프트나 페이스북처럼 미래를 예측하고 자원을 보유하기가 쉽지 않다. 그렇다면 플랫폼을 시작하는 스타트업들은 일반적으로 어떤 영역을 내부 자원으로 확보하고 있을까?

일반적으로 애플리케이션의 개발/유지/보수를 위한 IT팀과 플랫폼 서비스의 기획 및 운영을 위한 인력을 내부 자원으로 우선 확보한다. IT팀은 플랫폼 내에서 가치 교환을 일으키는 핵심 알고리즘에 대한 보안 이슈나, 사용자들의 불만사항을 실시간으로 시스템에 반영해야 되는 문제 등을 해결해야 하므로 내부에서 운영하는 경우가 많다.

또한 플랫폼 기획 및 운영 인력은 사용자에게 더 많은 가치를 제공하기 위한 핵심 업무인 서비스 기획, 홍보, 큐레이션 등의 역할을 하기 때문에 내부 자원을 활용하는 경우가 대부분이다. 그 외 회사의 경영을 지원하기 위한 인력(재무, 회계 등)도 내부 자원을 활용한다.

원칙적으로 우리 플랫폼만의 차별화를 만드는 영역은 내부 자원으로 확보하고, 차별화가 어렵거나 차별화한다고 해도 사용자들이 큰 가치를 느끼지 못하는 부분은 외부 자원(Partner)을 활용하는 것이 효율적이다.

플랫폼 생태계에 있어서 외부 자원의 활용은 매우 중요하다. 하지만 핵심가치를 창출하는 영역까지 외부 자원에 의존할 수는 없다. 핵심 영역까지 파트너를 활용한다면 그 파트너는 가까운 미래에 나의 가장 강력한 경쟁자로 다시 나타날 수 있기 때문이다.

앞에서도 계속 강조해 왔던 것처럼 플랫폼이 기존 비즈니스와 가장 큰 차이점을 보이는 부분은 파트너를 적극적으로 활용함으로써 자원의 한계를 극복할 수 있다는 점이다. 플랫폼 기업은 기존 기업(Pipe-line Business)들처럼 모든 자원이나 시스템을 소유하려고 하지 않는다. 또한 외부 자원을 활용하는 데도 거리낌이 없다. 이러한 사고를 극단적으로 보여주는 예가 차량 공유 서비스의 파트너 회사인 뷰로그(Vulog)다.

그림 5-2 **외부자원 활용 사례: 뷰로그**

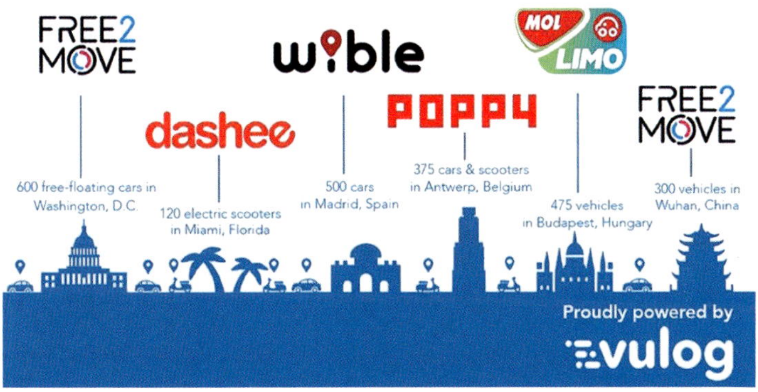

최근 전 세계적으로 차량이나 이동수단을 공유하는 모빌리티 플랫폼 서비스가 붐을 일으키고 있다. 이러한 유행에는 세계 최대의 공유 스타트업 파트너인 뷰로그가 한몫을 하고 있다(그림 5-2). 뷰로그는 이동 수단을 제외한 모빌리티 플랫폼 서비스에 필요한 모든 기능을 통합적으로 제공한다. 모바일 앱 구축은 물론 차량관리 소프트웨어, GPS 장치, 인증 및 결제 도구, 차량 배차 및 분산을 위한 시스템 등 누구나 쉽게 모빌리티 플랫폼 서비스의 사업자가 될 수 있도록 지원한다.

이처럼 플랫폼 비즈니스에서 파트너의 활용은 한계가 없다. 아이디어만 있다면 플랫폼의 모든 기능들을 파트너를 활용하여 서비스할 수 있다. 하지만 이렇게 만들어진 플랫폼이 과연 경쟁력이 있을까? 뷰로그를 통해 만들어진 모빌리티 플랫폼이 얼만큼의 커스터마이제이션을 하여 참여자들에게 어떤 새로운 가치를 줄 수 있을지는 의문의 여지가 있다. 그렇더라도 자원이 별로 많지 않은 상태에서 처음 플랫폼을 시작할 때에는 좋은 대안이 될 수 있을 것이다.

그렇다면 플랫폼의 여러 기능들 중 어떤 영역을 파트너와 함께 해야 할까?

플랫폼 내에서 참여자들 간의 상호작용이 원활하게 일어나게 하기 위해서는 촉진, 매칭, 검색 등의 핵심적인 기능(Main Function) 외에도 다양한 부가적인 기능(Value Added Function)이 존재한다. 예를 들어 지도와 같은 부가적인 기능은 외부 파트너를 이용하는 경우가 많다.

에어비앤비의 사례로 부가적인 기능(Value Added Function)에 대해 자세히 살펴보도록 하자. 에어비앤비는 집주인(Hosts)이 집의 위치를 지도에 표시하도록 되어 있다. 사용자들이 더 쉽게 숙소 위치를 파악하고 결정할 수 있도록 서비스를 제공하고 있다. 이때 지도 서비스는 거래를 일어나게 하는 핵심적인 기능은 아니다. 하지만 거래를 더 편리하게 만들어 상호작용을 높여주는 부가적인 기능을 한다.

만약 에어비앤비가 지도 서비스를 직접 만들어 제공한다면 어마어마한 비용과 인력을 필요로 할 것이다. 그래서 에어비앤비는 지도 서비스 개발 및 운영을 외부 파트너를 활용한다. 비용은 줄이고 지도의 전문성을 높이기 위해서다. 결제 시스템 또한 같은 이유로 외부의 파트너를 활용하고 있다.

그런데 파트너 활용 기준을 단순히 주 기능과 부가 기능으로만 구분하면 되는 걸까? 만약 지도나 결제 서비스가 에어비앤비의 숙소 렌탈 비즈니스 모델을 위협할 수 있는 비즈니스라면 아마도 에어비앤비는 무리를 해서라도 해당 기업을 인수하거나 내재화하려고 했을 것이다.

그림 5-3 **파트너의 경쟁자 변화 사례: 아마존 vs. 페덱스**

그림 5-3 에 있는 아마존과 페덱스(FedEx)의 사례는 내부 자원과 파트너 활용을 결정하는 또 하나의 기준을 제시하고 있다.

그동안 아마존에서 핵심가치를 창출하는 영역은 상품 거래를 통한 수익 창출이었다. 그런데 아마존이 단순한 상품 판매에서 물류/운송 분야로까지 핵심 영역을 확대하면서 기존 파트너였던 페덱스, UPS등의 물류업체와 갈등이 시작됐다. 2019년 기준으로 아마존은 배송의 절반가량인 48%를 자체적으로 처리하기 시작했다. 이에 페덱스는 아마존과의 배송 계약 갱신을 거부함으로써 본격적인 경쟁의 서막이 열렸다. 페덱스의 수

석 CMO인 케레레(Brie Carere)는 "아마존도 나름의 배송 경쟁력을 갖춘 만큼 이제 아마존은 협력사가 아닌 우리의 경쟁사가 될 것"이라고 말했다. 이처럼 미래의 경쟁에 대한 부분은 내부 자원의 활용과 파트너의 활용 영역을 구분하는 데 중요한 기준이 될 수 있다.

지금까지 설명한 내부 자원/외부 파트너를 활용하는 영역 구분의 기준을 정리하면 다음과 같다.

(1) 참여자들이 다른 플랫폼과 비교하여 차별화된 가치를 느끼는 영역인가?
(2) 플랫폼의 핵심 상호작용에 있어서 주 기능인가? 부가적 기능인가?
(3) 파트너들은 우리와 협력관계를 지속할 수 있는가? 경쟁자가 될 가능성은 없는가?

외부의 파트너를 효과적으로 활용하면 플랫폼 구축 및 유지에 들어가는 비용을 획기적으로 줄이고 리스크를 분산하는 효과를 볼 수 있다. 하지만 너무 파트너에만 의존하려 한다면 우리 플랫폼만의 차별화가 없어지고, 자칫 강력한 경쟁자를 키우는 것이 될 수 있음을 명심해야 한다.

5장의 요약

이 장에서는 플랫폼의 운영주체가 해야 될 일과 외부의 파트너를 활용해야 되는 일을 구분해 보았다. 이러한 구분을 효과적으로 하기 위해서는 우선 플랫폼이 참여자들에게 어떤 지원 활동(Support Activities)을 할 것인가를 결정해야 한다.

지원활동이란 플랫폼 참여자들의 이용패턴을 예측하여, 이들이 더욱 활발하게 상호작용을 할 수 있도록 플랫폼이 지원하는 활동을 의미한다. 예를 들어 참여자들이 플랫폼 내에서 검색 활동을 할 것으로 예측했다면, 검색을 원활하게 해주는 필터 기능이나 추천 기능을 지원해야 한다. 또는 결제 활동을 할 것으로 예측했다면 결제 시스템 역시 지원해야 한다.

모든 지원 활동을 나열하였다면, 다음은 선택과 집중이 필요하다. 플랫폼은 다양한 사람들이 참여하는 만큼 다양한 니즈(Needs)가 나타난다. 하지만 내가 가진 자원은 한정되어 있기 때문에 이 모든 니즈를 나의 능력만으로 충족시키기란 불가능에 가깝다. 따라서 파트너를 적극적으로 활용하여 참여자들의 니즈를 만족시킬 필요가 있다. 즉, 플랫폼이 할 일과 파트너가 할 일을 구분하여 효율성이 높은 방향으로 의사결정을 하여야 한다. 하지만 모든 기능을 파트너에게만 의지하게 되면 플랫폼은 통제력[1]을 잃게 되고 특별할 것 없고 카피가 가능한 플랫폼으로 전락하게 된다. 이것이 선택과 집중이 필요한 이유다.

플랫폼의 핵심가치를 창출하는 부분은 되도록 내부 자원을 집중하여 확보하는 것이 좋다. 예를 들어 아마존의 '추천 시스템'이나, 윈도우의 'MS Office' 같은 기능들이다. 하지만 플랫폼 내에서 핵심가치를 창출하는 영역이 어느 부분이라고 단정하기는 어렵다. 플랫폼의 종류만큼 핵심가치를 창출하는 영역도 모두 다르기 때문이다. 다만 일반적으로는 플랫폼 내에서 가치 교환을 일으키는 핵심 알고리즘이나 보안과 같은 IT 영역과, 사용자들에게 더 많은 가치를 제공하기 위한 기획이나 큐레이션 영역은 내부 자원으로 확보하는 경우가 많다.

반면, 플랫폼의 사용자가 큰 차별성을 느끼지 못하는 영역이나, 차별화하기 어려운 부분은 외부 자원인 파트너를 활용한다. 대표적으로는 '지도' 서비스나, '결제' 시스템 등이 있다. 이러한 기능들을 차별화하기 위해서는 엄청난 투자가 필요하지만, 사용자들은 기존의 시스템에 비해 큰 차별성을 느끼지 못할 가능성이 크다. 그러나 이것 또한 반드시 정답이라고 확신할 수는 없다. 알리바바의 경우 '알리페이'라는 결제 시스템을 내재화함으로써 차별화에 성공하기도 했다. 따라서 우리가 만들고자 하는 플랫폼의 주 기능(Main Function)과 부가적인 기능(Value Added Function)이 무엇인지를 구분하고, 우리가 보유한 자원을 고려하여 유연하게 의사결정을 하는 수밖에는 없다. 또한 든든한 파트너는 언제든지 우리의 강력한 경쟁자가 될 가능성이 있기 때문에 상황에 따른 유연한 의사결정이 더욱 중요하다.

---

1) 통제력에 대한 설명은 10장에서 자세히 살펴볼 수 있음.

이 장에서는 내가 할 일과 파트너가 할 일을 구분하는 방법을 설명하였다. 이를 간단한 표로 정리하면 다음과 같다. 이것이 반드시 정답은 아니지만, 플랫폼을 처음 디자인하는 사람에게는 합리적인 기준점이 될 수 있다.

기준	내부자원 활용	파트너 활용
참여자들이 다른 플랫폼과 차별화된 가치를 느끼는 영역인가?	그렇다	아니다
플랫폼의 핵심 상호작용에 있어서 주 기능인가? 부가적 기능인가?	주 기능	부가적 기능
해당 기능의 파트너가 경쟁사가 될 가능성이 높은가?	높다	낮다

5장의 연습 문제

1. 쿠팡은 배송시스템을 내부 자원화했는지, 외부 파트너를 활용했는지에 대해 답을 하고 그 이유를 설명하시오.
2. 본인이 플랫폼 비즈니스를 창업한다고 가정했을 때 빅데이터 분석팀을 내재화할지, 외부 자원을 활용할지에 대해 기술하고 그 이유를 설명하시오.

6장.

수익 모델을 구체화한다

1절 수익을 바라보는 플랫폼 비즈니스의 새로운 시각

2절 수익 창출 방법

3절 수익 창출 대상의 선정과 유의사항

4절 플랫폼의 운영 비용

광고 기반의 혁신적인 동영상 공유 플랫폼 '유튜브'

세계 최대의 동영상 공유 플랫폼인 유튜브는 당신(You) + 브라운관(Tube)의 결합어이다. 2005년에 설립된 후 2006년 구글에 인수되며 본격적인 서비스를 시작하였고 현재는 세계적인 동영상 플랫폼으로 성장하였다.

유튜브는 2019년에 구글에 인수된 이후 처음으로 본인들의 재무성과를 공개했다. 그들이 공개한 재무성과에 따르면, 2019년 한 해 동안 유튜브가 광고로 벌어들인 수익은 151억 5,000만 달러(한화 18조 709억 원)에 이른다. 이는 국내 1위 포털사이트인 네이버(6조 5,934억 원)의 약 3배가 되는 규모이다. 더 놀라운 것은 이 액수는 동영상 콘텐츠를 만드는 공급자(크리에이터)에게 가는 비용을 제외한 액수이라는 것이다. 이 비용까지 포함하면 2019년 유튜브가 광고를 통해 벌어들인 총 수익은 300억 달러가 넘어설 것으로 추정된다.

이처럼 글로벌 공룡 플랫폼이 된 유튜브는 어떻게 탄생했을까? 유튜브 창업자 중의 한 명인 스티브 챈(Steve Chen)은 저녁 파티를 하다가 찍은 동영상을 공유하는 데 불편함을 느꼈다. 그리고 동영상을 손쉽게 공유하는 서비스를 만들어야겠다고 생각했다. 당시에는 동영상을 온라인에 업로드하려면 복잡한 절차와 오랜 시간이 소모됐다. 따라서 사용자가 쉽고 편리하게 영상을 업로드할 수 있도록 서비스를 개발하고 2005년 5월 오픈 테스트를 시작했다.

이렇게 탄생된 유튜브는 오픈 테스트 직후부터 대박을 터트린다. 같은 해 9월 스포츠 브랜드인 나이키에서 업로드한 호나우지뉴(축구선수)의 동영상은 조회 수가 100만을 돌파했다. 2006년 여름에는 월간 동영상 조회 수가 1억 건을 넘어섰고, 월간 사용자 수는 2,000만 명에 달했다. 이러한 성과를 기반으로 스타트업으로는 이례적으로 큰 금액인 16억 5,000만 달러에 구글에 인수된다. 이후 유튜브는 몇 차례의 저작권 소송을 슬기롭게 극복하며 급격하게 성장했다. 2018년 모건 스탠리는 유튜브의 기업가치를 1,600억 달러로 예측했고, 현재는 2,000억 달러가 넘어설 것으로 추정하고 있다. 15년 만에 기업가치가 100배 이상 상승한 것이다.

이렇게 성장한 유튜브는 최근 새로운 변화를 준비하고 있다. 바로 또 다른 수익 모델인 유튜브 프리미엄 서비스이다. 그동안 유튜브의 사용자는 동영상을 무료로 시청하는 대신 광고를 반드시 시청해야 했다. 하지만 유튜브 프리미엄 서비스는 '월 구독료'를 지불하면 광고 없이 동영상을 시청할 수 있다. 또한 유튜브 뮤직을 통해 음악 스트리밍 서비스를 즐기거나 유튜브만의 오리지널 콘텐츠를 제한 없이 시청할 수 있다. 광고 중심의 수익 모델에서 유료 사용료 방식의 수익 모델로 확장하고 있는 것이다. 실제로 1명의 무료 사용자가 광고를 통해 가져다주는 기대수익보다 유료 사용자 1명의 기대수익이 더 크다고 판단하는 것으로 보인다. 2019년을 기준으로 벌써 2,000만 명 이상의 사람이 유튜브 프리미엄 서비스를 사용하고 있으며, 순다르 피차이(알파벳 · 구글 최고경영자)는 2019년 4분기 유튜브의 광고 외 수익이 30억 달러가 넘었다고 발표했다.

일부에서는 이러한 프리미엄 서비스가 기존 무료 사용자들의 고객 경험을 해친다는 우려를 하기도 한다. 무료 사용자들은 기존의 광고 외에도 '유튜브 프리미엄 서비스'를 가입하라는 광고를 추가적으로 봐야 하기 때문이다. 하지만 현재의 유튜브 위상으로 볼 때 이러한 불편함으로 인해 플랫폼을 이탈하는 사용자는 많지 않을 것으로 보인다. 앞으로 유튜브의 수익 모델이 어떠한 방향으로 진화할지 관심을 갖고 지켜볼 일이다.

* Platum 〈유튜브에 유리한 수익 모델은 광고일까? 구독일까?〉 2020. 01. 02 인용
* 벤처스퀘어 〈거의 모든 인터넷의 역사 (48) - 유튜브, 구글의 품에 안기다〉 2015. 03. 31 인용
* 중앙일보 〈처음 공개된 유튜브 실적... 광고 매출만 연 18조원, 네이버의 3배〉 2020. 02.04 인용

6장. 수익 모델을 구체화한다

1절 _ 수익을 바라보는 플랫폼 비즈니스의 새로운 시각

세상 모든 비즈니스의 궁극적인 목적은 최소한의 비용을 통해 최고의 수익을 창출하는 것이다. 플랫폼 비즈니스 역시 네트워크 효과의 향상, 참여자의 확대 등 성공에 필요한 다양한 요건들이 있지만 궁극적으로는 수익 창출이다. 이 섹션에서는 **표 6-1**에서 보이는 바와 같이 플랫폼의 수익과 지출에 대하여 살펴보기로 한다.

표 6-1 PEC Step 4 수익 모델 구체화

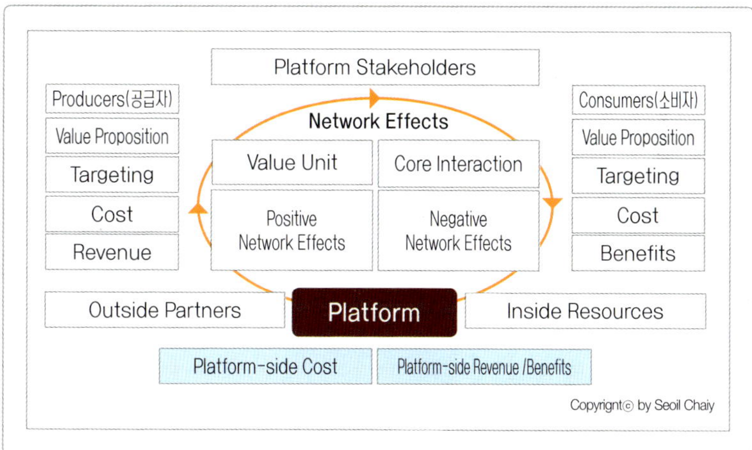

플랫폼 비즈니스와 전통적인 비즈니스가 바라보는 수익 창출의 관점

은 약간 다르다. 전통적 비즈니스는 재무적 관점에서의 수익을 가장 우선으로 삼는다. 쉽게 말해 당장 돈을 많이 버는 것이 가장 중요하다. 돈을 벌기 위해서라면 법의 울타리 안에서 모든 수단을 동원한다. 따라서 손익분기점(Break-Even Point)에 얼마나 빠르고 효율적으로 도달하는가가 비즈니스의 중요한 성공 기준이 된다.

반면 **그림 6-1**에서 비교한 바와 같이 플랫폼 비즈니스는 전통적 비즈니스보다는 조금 더 장기적인 시각으로 수익을 바라본다. 플랫폼 비즈니스는 자원의 대부분을 참여자와 외부의 파트너를 통해 얻어낸다. 참여자들 간의 네트워크 효과를 극대화하고 플랫폼 생태계를 확장하는 데 초점을 두는 이유다. 즉, 눈앞의 수익보다는 플랫폼의 성장을 극대화하여 더 많은 상호작용을 이끌어 내는 게 성공의 기준이다. 이를 통해 자연스럽게 수익을 창출하는 것이 플랫폼 비즈니스의 수익 창출 관점이다.

그림 6-1 플랫폼 비즈니스에서의 수익의 관점

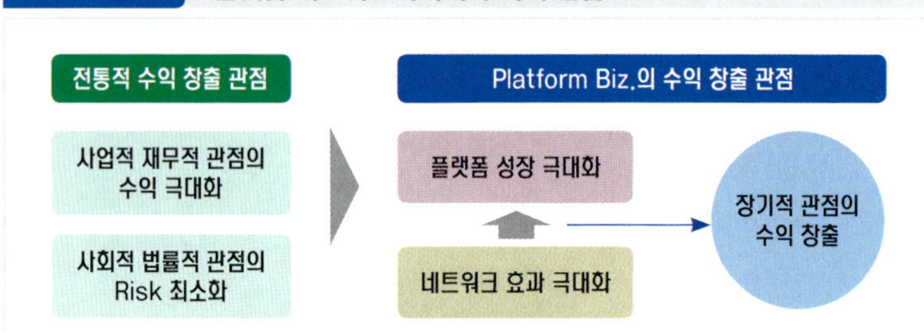

하지만 전통적인 수익 창출 방식에 익숙한 기업들은 이러한 관점의 전환을 갖기가 매우 어렵다. 지금 이 순간에도 수많은 플랫폼 비즈니스 기획서가 "그래서 돈은 언제 벌어?"라는 CEO의 질문에 휴지통으로 들어

가고 있을 것이다. 이런 현상은 플랫폼 비즈니스의 특징을 제대로 이해하지 못하고 있기 때문에 나타난다. 플랫폼 비즈니스는 기본적으로 'Winner-takes-all(승자독식)'의 성향을 띤다. **그림 6-2** 의 안드로이드 사례는 플랫폼의 네트워크 효과로 인해 초반에 미미하던 참여자의 수가 어느 순간 폭발적으로 증가하면서 시장의 독점적 지위를 얻는 것을 보여준다. 이러한 승자독식의 상황만 만들어진다면 플랫폼에서 수익을 창출할 수 있는 방법은 무궁무진하다.

그림 6-2 **안드로이드의 승자독식**

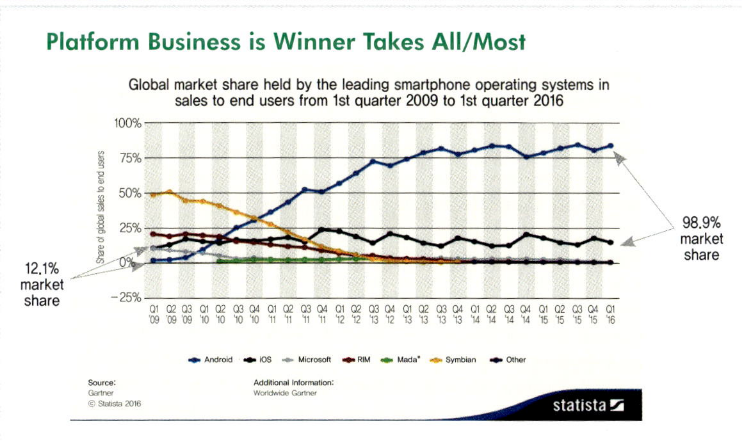

하지만 아쉽게도 플랫폼이 어느 순간에 폭발적으로 성장할지는 누구도 예측하기 어렵다. 수많은 플랫폼 기업들이 그 순간만을 기다리며 초기에 큰 적자가 남에도 불구하고 새로운 자본을 계속 투자하고 서비스를 무료로 제공하고 있다. 혹자는 이러한 상황을 '공짜 플랫폼의 시대'라고 표현하기도 한다. 스마트 기기가 있는 사람이라면 누구나 무료로 애플리케이션을 다운로드하여 사용할 수 있다. 이렇게 무료로 서비스를 제공하

는 플랫폼 업체 중 상당수가 아직까지 제대로 된 수익 모델이 없다. 그럼에도 플랫폼 기업들이 계속해서 자본을 투자하며 '공짜'를 유지하는 이유는 무엇일까?

플랫폼 기업은 '이윤 창출'이 아닌 '고객 창출'을 최우선 목표로 삼고 있기 때문이다. 이들은 당장에 돈을 버는 것을 포기하더라도 최대한 빠르게 사용자를 모으고 네트워크 효과를 발생시키는 데 열과 성을 다한다. 시장에서 승자독식의 상황이 만들어지도록 모든 전략적 초점을 맞추고 있는 것이다. '배달의 민족(이하 배민)' 사례를 보면 플랫폼 기업들의 생각을 명확하게 알 수 있다.

배민 플랫폼은 국내 배달 서비스 시장에서 거의 독점적 지위에 도달했다고 평가받고 있다.[1](앱 시장 점유율: 배달의 민족 55.7%, 요기요 33.5%, 배달통 10.8%) 이러한 배민의 성공은 '당장의 이익보다는 고객 기반을 키워야 한다'는 최고경영자(김진봉 대표)의 경영철학이 뒷받침되었기에 가능했다.

2015년 배민은 대대적으로 '바로결제 수수료 무료'를 선언했다. 바로결제는 고객이 전화주문 없이 모바일상에서 주문, 결제를 할 수 있는 서비스로 당시 배민 매출의 30% 이상을 차지하는 주 수익 모델이었다. 배민의 입장에서는 쉽게 무료화를 선언하기 어려운 서비스였을 것이다. 그러나 배민의 CEO는 미래를 생각하여 과감한 승부수를 던졌다. 당시는 다양한 배달 서비스 플랫폼이 시장의 주도권을 잡기 위해 치열한 경쟁을 벌이던 시기였기 때문에 특단의 조치가 필요했다.

1) 전자신문 2019.05.05(http://www.etnews.com/20190503000312?m=1)

그림 6-3 **배달의 민족의 수수료 무료 도전**

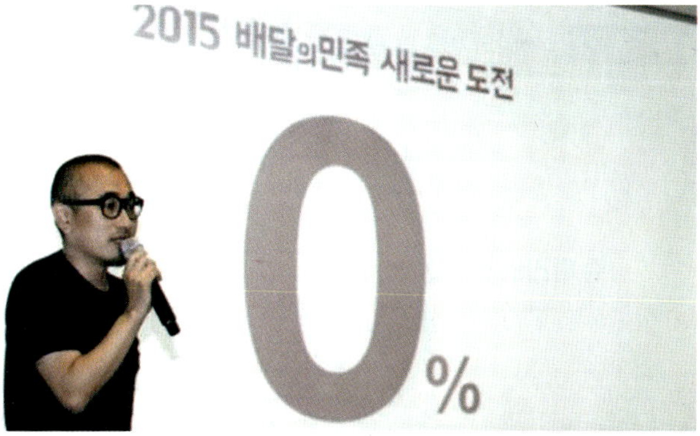

결론적으로 배민은 그림 6-3 처럼 수수료 무료라는 파격적인 행보로 큰 성공을 거뒀다. 수수료 무료를 선언한 지 6개월 만에 '바로결제(자체 플랫폼을 통한 결제)'를 이용한 주문이 85% 이상 성장했다. 이를 통해 배민은 배달 서비스 시장의 주도권을 잡았다. 이후 경쟁 플랫폼들도 잇달아 수수료 무료를 선언하면서 현재는 업계의 당연한 관행으로 자리 잡았다. 하지만 한번 배민을 이용하기 시작한 소비자들의 발길을 다시 되돌리기는 쉽지 않았다.

이 기세를 몰아 2016년 배민은 결국 흑자 전환에 성공했다. 그 원동력은 폭발적으로 늘어난 사용자 수에 있다. 2014년 12월 520만 건이던 주문 건수는 2016년 12월 1,070만 건으로 약 두 배 증가했다(2018년 7월 기준 2,000만 건 이상). 배민은 늘어난 사용자 수에 기반을 두어 광고 서비스를 강화했고, 이는 안정적인 광고 수익으로 이어졌다. 이러한 미래가치를 높게 평가한 독일의 딜리버리히어로(DH)社는 2019년 배민을 무려 40억 달러(약 4조 7,500억)에 인수하기에 이른다.

그림 6-4 **배달의 민족의 광고 수익 모델**

출처: 배달의 민족 애플리케이션 참고

이처럼 플랫폼 비즈니스에서 수익 창출은 단기가 아닌 장기적인 관점으로 접근해야 한다. 견고한 네트워크 효과를 통해 다수의 사용자를 확보할 수만 있다면 수익을 내는 방법은 의외로 간단할 수 있기 때문이다.

2절 _ 수익 창출 방법

비즈니스 모델의 창출에서 가장 어렵고 계획대로 실행되지 않는 부분은 수익 창출 방법일 것이다. 지금부터는 실제 플랫폼에서 사업자들이 어떠한 종류의 수익을 어떠한 방법으로 창출하고 있는지에 대해 구체적

표 6-2 플랫폼 비즈니스의 수익 창출 방법

으로 알아보자.

플랫폼 비즈니스에서 수익을 창출하기 위해 많이 활용되는 방법으로는 표 6-2와 같이 총 4가지가 있다. 첫 번째는 거래 수수료를 통한 수익 창출, 두 번째는 유료 사용료를 통한 수익 창출, 세 번째는 광고를 통한 수익 창출, 마지막으로 라이선스를 통한 수익 창출이다. 지금까지 성공한 대부분의 플랫폼 기업들은 이러한 4가지 방법을 조합해서 수익을 내고 있다.

거래 수수료를 통한 수익 창출(Transaction Cut)

플랫폼 비즈니스는 거래를 원활하게 만들어 주는 비즈니스 모델이기에 수익을 창출하는 가장 대표적인 방법은 거래 수수료다. 이 책의 서두에서 플랫폼 비즈니스의 기본 구조는 공급자와 소비자의 거래를 중개(Matchmaking)하는 것이라고 설명했다. '거래 수수료를 통한 수익 창출'은 플랫폼의 기본적인 구조를 기반으로 거래가 발생할 때마다 공급자나 소비자, 혹은 양쪽 모두에게 수수료를 부과해 수익을 창출하는 방법을 의미한다.

에어비앤비는 그림 6-5에서 보이는 바와 같이 공급자와 소비자 모두에게 거래 수수료를 받는다. 에어비앤비에서 거래가 발생하면 소비자(Guest)는 6~15% 정도의 수수료를 포함한 숙소 대여 비용을 에어비앤비에 지불한다. 또한 에어비앤비는 공급자(Host)에게 3%의 수수료를 제외한 대여비용을 지불함으로써 양쪽 모두에서 수수료를 받는 구조를 유지

그림 6-5 에어비앤비의 수익 창출 방법

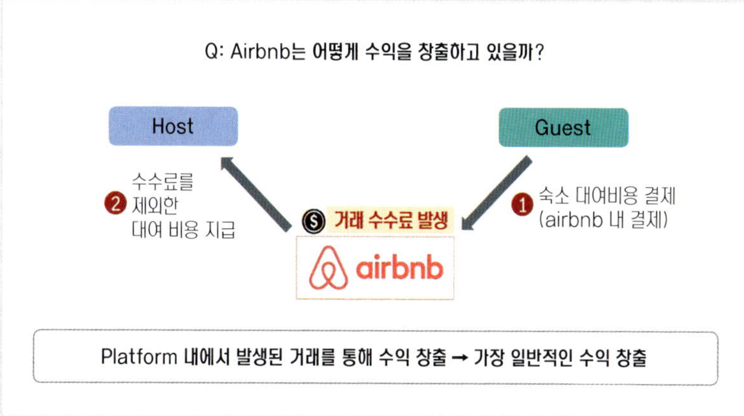

하고 있다.

그런데 소비자보다 공급자에게 수수료를 더 낮게 받는 이유는 뭘까? 에어비앤비라는 플랫폼은 공급자들이 제공하는 집(또는 방)이 매우 중요한 요소이기 때문이다. 플랫폼을 유지하는 데 있어서 공급자를 보다 장기적인 참여자로 생각했기 때문에 공급자들에게 상대적으로 수수료를 낮게 책정한 것이다. 만약 에어비앤비가 소비자가 매우 자주 이용하는 플랫폼이었다면, 그래서 공급자보다 소비자의 참여가 더 중요한 플랫폼이었다면 수수료 책정 기준은 반대가 되었을지도 모른다.

어쨌든 수수료의 차이는 있지만 에어비앤비가 양쪽 모두에게 수수료를 받을 수 있는 이유는 그들이 비용을 내고도 플랫폼에 참여할 만한 충분한 가치를 제공하고 있기 때문이다. 공급자에게는 자신의 숙소를 글로벌하게 홍보할 수 있는 기회를 제공한다. 또한 편리한 예약 시스템 등을 통해 고객을 보다 쉽게 관리할 수 있게 해준다. 소비자에게는 전 세계 어디든지 내가 원하는 숙소를 편리하고 저렴한 가격으로 대여할 수 있게 해준다. 이처럼 플랫폼이 참여자들에게 주는 가치가 크면 클수록 수수료를 통한 수익 창출은 쉬워진다.

물론 모든 플랫폼이 에어비앤비와 같이 양쪽 모두에서 수수료를 받기는 쉽지 않다. 누구에게 어떻게 수수료를 부과해야 되는지는 다음 3절 '수익 창출 대상의 선정과 유의사항'에서 자세히 알아보도록 하겠다.

유료 사용료를 통한 수익 창출(Pay for Access)

플랫폼이 수익을 창출하는 또 다른 방법으로는 참여자들에게 일정 금액의 유료 사용료를 받는 방식이 있다. 앞서 이야기한 수수료는 거래가 활발하게 일어날 경우 높은 수익을 보장하지만, 그렇지 못할 때는 수익이 매우 제한된다. 그러므로 참여자들로부터 유료 사용료를 받을 수 있다면 이는 플랫폼 기업들에게 안정적인 수익의 원천이 될 것이다.

플랫폼에서 유료 사용료를 활용해 수익을 내는 방법은 매우 다양하다. 우선 사용자들이 플랫폼에 접근할 때 일정 금액의 사용료를 받는 방식이 있다. 통상적으로 '가입비'와 같은 개념으로 이해하면 된다. 이는 플랫폼의 가치가 극도로 높고 유니크한 경우이거나, 플랫폼에 접근하는 자체가 바로 핵심 서비스가 될 때 활용할 수 있는 방법이다. 최근 성행하고 있는 결혼정보 플랫폼이 이에 해당한다. 그런데 이 방법은 플랫폼의 접근성을 저해할 수 있기 때문에 최근과 같이 유사한 플랫폼들이 경쟁하는 상황에서는 쉽게 사용하기 어렵다. 다만, 플랫폼에서 한쪽의 사용자가 극단적으로 많아서 참여를 제한해야 되는 상황이라면 고려해 볼 만하다.

또 다른 유료 사용료의 형태로는 플랫폼에 무료로 접근할 수 있게 하되, 핵심 서비스를 사용하기 위해서는 '이용권'이나 '월 정액제' 같은 정기적인 사용료를 내도록 유도하는 방법이 있다. 대표적인 성공 사례는 스웨덴에서 시작된 음원 스트리밍 서비스인 스포티파이(Spotify) 플랫폼이다.

스포티파이는 2008년 정식으로 서비스를 시작하여, 현재는 1억 9,000만 명 이상이 가입(2019년 기준)한 세계 최대의 음악 스트리밍 플랫폼이다. 스포티파이의 성공에는 합리적인 유료 사용료 정책이 가장 큰 역할을 했다. 이는 그들의 가치제안(Value Proposition)에서도 잘 나타난다.

"단돈 월 10달러에 전 세계의 거의 모든 음악을 언제 어디서든 즐기세요. (ALMOST ALL OF THE MUSIC IN THE WORLD AT ANY TIME OR PLACE FOR ONLY 10$ A MONTH)"

그림 6-6에 나타난 것처럼 2008년 당시 소비자들은 음악을 듣기 위해서 불법으로 음원을 다운로드하거나, 아이튠즈를 이용하여 곡당 0.99달러 비용을 내고 음원을 구입해야만 했다. 스포티파이는 이러한 이용 방식을 월 10달러의 비용만 내면 어떤 곡이라도 합법적으로 이용할 수 있도록 개선했다. 또한 유료 사용료가 부담되는 고객들을 위해 일정 시간 동안 광고를 듣고 음악을 무료로 이용할 수 있는 서비스도 함께 제공했다.

그림 6-6 유료 스트리밍을 통해 수익을 창출한 스포티파이

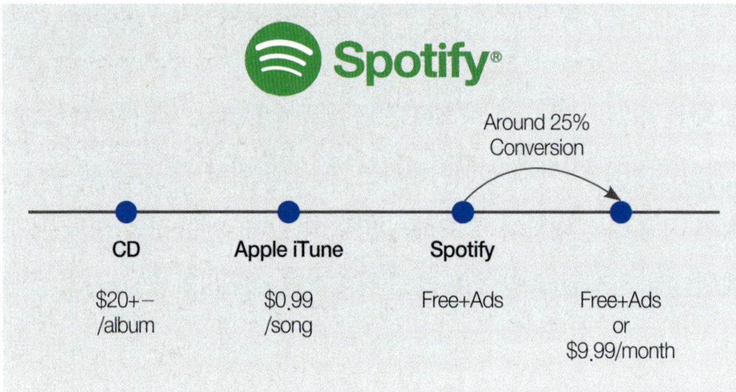

이런 사용료 정책은 당시 대세였던 아이튠즈를 구식 서비스로 만들었고 멜론과 같은 국내 음원 서비스의 가격 정책에도 큰 영향을 끼쳤다.

유료 사용료의 마지막 형태는 큐레이션을 통해 더 업그레이드된 가치를 제공함으로써 사용료를 받는 방법이 있다. 플랫폼에서 제공하는 핵심적인 서비스는 무료로 이용할 수 있지만 남들보다 더 편하게, 더 빨리, 더 정확하게 서비스를 제공받고 싶어 하는 고객들의 심리를 이용한 수익 창출 방법이다. 대표적인 사례로는 유튜브 프리미엄 서비스를 들 수 있다.

유튜브는 모든 콘텐츠를 무료로 볼 수 있다. 하지만 영상이 시작되기 전 광고를 봐야 하거나, 화면을 끄면 음악도 함께 꺼진다. 그런데 **그림 6-7**의 유튜브 프리미엄 유료 서비스를 이용하면 광고를 안 봐도 되며, 화면을 꺼도 음악을 들을 수 있고, 시청 중인 영상을 다운로드할 수 있다. 기존 서비스보다 좀 더 높은 가치를 제공함으로써 수익을 창출하는 방법

그림 6-7 큐레이션을 통한 수익 창출 유튜브 프리미엄

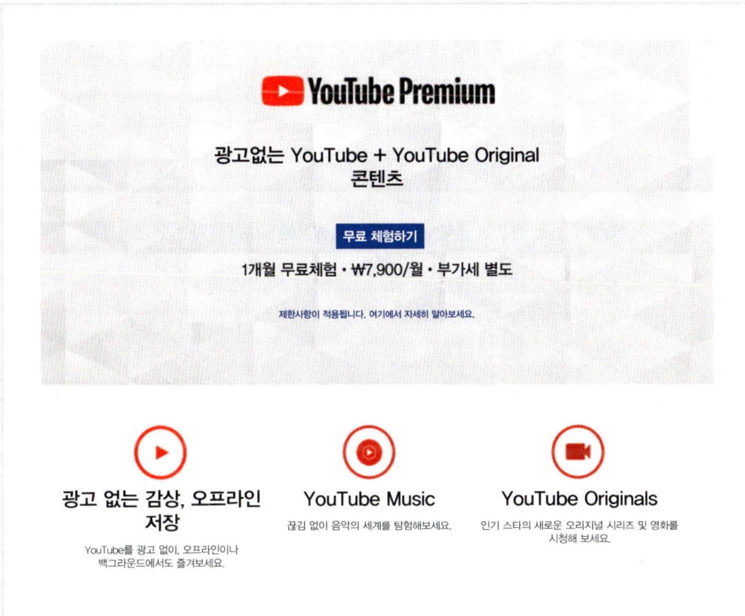

을 제대로 활용하고 있는 사례다. 이는 무료로 플랫폼을 개방했던 기존 기업이나 처음부터 사용료를 책정하는 것에 부담을 갖는 신생 플랫폼 사업자들에게 유용한 방법일 것이다.

큐레이션 기능을 활용한 플랫폼 비즈니스의 또 다른 사례로 10대를 타깃으로 의류 쇼핑몰 플랫폼을 성공적으로 운영 중인 지그재그(그림 6-8)를 들 수 있다. 지그재그를 성공시킨 큐레이션 활용 전략은 좋아하는(Enjoy) 상품을 보다 더 쉽게(Easy) 찾을 수 있는(Find) 온라인 쇼핑 환경을 만들어 주는 것이다.

그림 6-8 **큐레이션 기능 활용을 통해 성공한 지그재그**

출처: 티타임즈(http://www.ttimes.co.kr/view.html?no=2019092415127778891)

유료 사용료를 통한 수익 창출 방법은 플랫폼의 특징에 따라 매우 다양하게 활용될 수 있다. 하지만 어떤 방법을 활용한다 하더라도 플랫폼에서 제공하는 제품 또는 서비스가 고객들이 유료 사용료를 지불할 만한 가치가 있어야 한다는 사실을 명심해야 한다.

광고를 통한 수익 창출

전체 광고 시장에서 디지털 광고의 비중은 해마다 급격하게 증가하고 있다. **그림 6-9**처럼 이미 방송이나 신문 같은 전통적인 광고 매체를 넘어선 지 오래다. 2020년에는 전체 광고의 50% 이상을 디지털 광고가 차지할 것이라는 전망이 지배적이다.

이러한 디지털 광고의 약진에는 플랫폼 비즈니스가 단단히 한몫했다. 플랫폼 비즈니스는 기본적으로 다수의 참여자들이 확보되어야 성립되는

그림 6-9 **글로벌 광고시장 점유율**

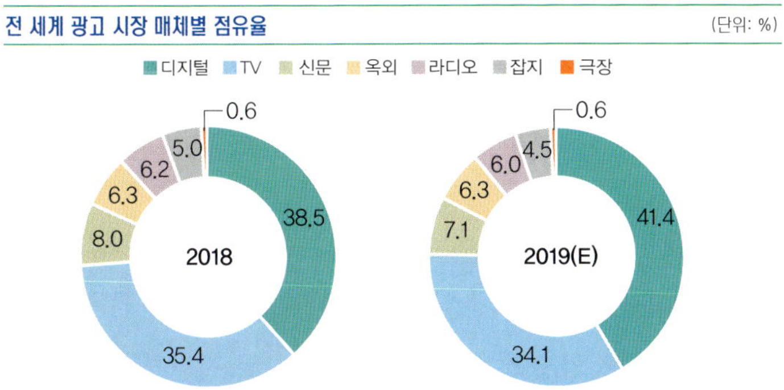

출처: DentsuAegis Network (2019.01)

비즈니스다. 그래서 많은 기업들이 유명 플랫폼에 광고를 싣고자 노력한다. 플랫폼 기업 또한 핵심 상호작용을 통해 벌어들이는 수익(거래 수수료, 사용료 등)보다는 광고를 유치하여 수익을 창출하는 것에 열광한다. 광고를 통해 수익이 창출되면 플랫폼 참여자들이 부담하는 비용을 줄일 수 있고, 이를 통해 더 많은 참여자를 유도하는 선순환 구조를 이끌어낼 수 있기 때문이다.

플랫폼이 광고 수익을 창출하기 위해서는 두 가지 기본적인 전제가 필요하다. 첫째는 플랫폼의 가입자 수가 많아야 한다. 따라서 플랫폼이 어느 정도 성장하기 전까지는 광고 수익을 기대하긴 어렵다. 참고로 유튜브의 크리에이터들은 1년간 1천 명 이상의 구독자와 4천 시간 이상의 시청 시간이 확보되어야 광고 수익을 올릴 수 있다. 두 번째 전제는 참여자들이 플랫폼 내에서 발생시키는 트래픽(Traffics)이 많아야 한다. 트래픽은 플랫폼 내에서 발생되는 데이터의 양을 의미하는 것으로 참여자들의 접속 빈도가 많아지고 접속 시간이 길수록 증가한다. 트래픽이 많을수록 기업들은 플랫폼에 더 높은 광고비를 지불한다. 실제로 가입자 수가 많거나 트래픽이 높은 플랫폼 기업들은 대부분 광고를 통해 높은 수익을 올리고 있다.

그림 6-10 에서 보이는 바와 같이 페이스북은 전체 매출 중 광고가 차지하는 비중이 98%에 달한다. 금액으로는 166억 달러가 넘는다. 구글 또한 광고 수익이 326억 달러 이상(2018년 기준)으로 전체 매출의 80% 이상을 차지한다.

이 대목에서 앞서 언급했던 장기적 관점에서의 수익 창출을 다시 한번 되새길 필요가 있다. 플랫폼이 일정 수준 이상으로 성장할 수만 있다면

그림 6-10 페이스북의 수익 구조

특별한 수익 모델이 없어도 얼마든지 광고를 통해 높은 수익을 기대할 수 있기 때문이다.

라이선스를 통한 수익 창출

대중들에게 인기 있는 플랫폼들은 라이선스를 통해 수익을 창출하기도 한다. 대표적인 사례가 카카오 자회사인 카카오IX(그림 6-11)이다. 카카오IX는 카카오톡 이모티콘에 등장하는 8개 캐릭터인 카카오프렌즈를 활용하여 다양한 사업을 추진하고 있다.

그림 6-11 카카오프렌즈 플래그십 스토어(강남역점)

카카오IX는 연 매출 1,000억 원을 돌파하며 플랫폼에 많은 수익을 가져다줬다. 캐릭터를 활용한 온 · 오프라인 상품의 판매는 물론이고, 캐릭터의 라이선스 판매를 통해서도 높은 수익을 기록했다. 특히 식품, 패션, 미용, 레저산업에 이르기까지 소비자의 일상과 맞닿아 있는 브랜드와 라이

선스 계약을 맺으며 꾸준히 활동 영역을 확대해 가고 있다.

네이버의 메신저 플랫폼인 라인(LINE) 역시 라인프렌즈(그림 6-12)의 라이선스를 통해 많은 수익을 올리고 있다. 라인프렌즈는 카카오IX보다 먼저 글로벌 진출에 성공했다. 2019년 기준 라이선싱을 한 업체들만 400개 이상이며, 관련 제품은 2만여 종을 넘어선다.

그림 6-12 홍콩국제공항에 입점한 바이트앤바이트 위드 라인프렌즈 레스토랑 전경

특히 카카오IX나 라인프렌즈의 라이선스를 통한 수익 창출 방법이 의미가 있는 이유는 플랫폼에서 시작하여 다시 전통적인 비즈니스의 수익 구조를 가져가고 있다는 점이다. 오프라인 매장을 통해 직접 상품을 제조 · 판매하기도 하고, 캐릭터 지적재산권(IP)의 라이선스 계약을 통해 수익을 창출하기도 한다. 모두가 전통적인 비즈니스에서 많이 볼 수 있는 방법들이다.

플랫폼에서 라이선스나 제품 판매 등을 통해 수익을 창출해 내는 경우는 아직까지는 흔하진 않다. 하지만 산업 간 경계가 허물어지고, 온라인과 오프라인 비즈니스가 혼재되어 가고 있는 상황에서 앞으로는 이러한 방식의 수익 창출 전략들이 더욱 활발해질 것으로 예상된다.

3절 _ 수익 창출 대상의 선정과 유의사항

그렇다면 누구로부터 수익을 창출할 것인지는 어떻게 정해야 할까? 앞서 수익 창출 방법을 설명하면서 에어비앤비는 플랫폼의 핵심 참여자들에게서 수익을 가져왔고, 페이스북은 광고주로부터 수익을 창출했다. 카카오IX나 라인프렌즈는 다른 기업에 라이선스를 판매하여 수익을 가져오기도 했다.

플랫폼 생태계에 존재하는 누구나 수익 창출의 대상이 될 수 있다. 하지만 실제로 수익을 낼 대상을 선정할 때는 매우 신중하게 접근해야 한다. 수익 대상을 잘 선정하면 플랫폼의 네트워크가 더 활발해질 수 있지만 이를 잘못 선정할 경우 플랫폼 참여도를 급격히 떨어트리고 네트워크 효과를 크게 감소시킬 수 있기 때문이다.

지금부터는 플랫폼의 핵심 참여자(공급자, 소비자)를 중심으로 수익 창출 대상을 선정하는 방법과 선정 시 유의 사항에 대해 알아보겠다.

모든 사용자에게 동일하게 비용 부과

먼저 플랫폼에 참여하는 공급자와 소비자 모두를 수익 창출의 대상으로 보고 동일한 비용을 지불하게 하는 방법이다. 이러한 형태의 방법은 공급자와 소비자가 동일한 조건인 경우에 많이 활용된다.

참여자들의 조건이 동일할 경우 플랫폼은 그들에게 동일한 가치를 제공해야 한다. 따라서 비용 또한 동일하게 받을 수밖에 없다. 만약 어느 한쪽에게 비용을 덜 받게 되면, 반대쪽 참여자들의 불만이 생기게 된다. 이는 플랫폼의 이탈로 이어질 가능성이 높다. 전형적인 사례가 결혼 중매 플랫폼이다.

결혼 중매 플랫폼은 남자와 여자 모두가 같은 목적으로 플랫폼에 참여하기 때문에 '성공적인 결혼'이라는 동일한 가치를 충족시켜야 한다. 따라서 비용의 차별을 두어서는 안 된다. 실제로 **그림 6-13**과 같이 국내 대

그림 6-13 모든 사용자에게 동일하게 사용료를 부과하는 듀오

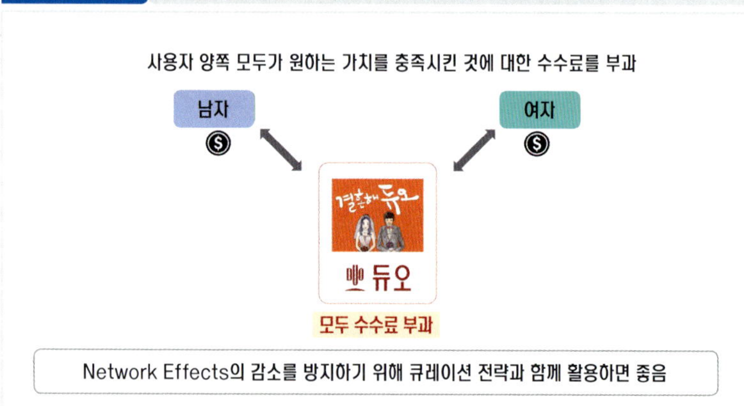

부분의 결혼정보 회사들은 남자와 여자에게 동일한 가입비를 받고 있다 (단, 성별이 아닌 개인의 조건에 따라서 비용의 차등은 있다).

재미있는 사실은 많은 사람들이 여자보다 남자가 중매 플랫폼에 더 많은 비용을 낼 것이라고 오해한다는 점이다. 하지만 실제로 국내 결혼정보업체의 남녀 성비를 살펴보면 대부분 남성보다 여성회원이 더 많은 것으로 나타난다. 따라서 업체들은 남녀의 비율을 맞추기 위해 남성회원 유치에 더 많은 노력을 기울인다. 남성회원 유치를 위한 가장 손쉬운 방법은 가입비를 할인해 주는 것이다. 하지만 앞서 이야기한 것처럼 가입비에 차별을 둘 경우 여성회원들이 대거 이탈할 가능성이 크다.

따라서 결혼정보업체들은 큐레이션을 통해 남성회원들에게 더 많은 서비스를 제공하는 방법을 선택했다. 예를 들어 남성회원의 경우 무료 만남의 기회를 추가로 제공하거나, 더 많은 정보를 제공하여 매칭의 가능성을 높여주는 활동들을 한다. 이처럼 참여자 양쪽 모두에게 동일한 사용료를 부과하는 플랫폼의 경우 큐레이션 전략을 적극적으로 활용하여 부정적인 네트워크 효과가 나타나는 것을 방지하고 있다.

한쪽은 수수료 부과, 반대쪽 참여자에게 보조금 지원

다음은 플랫폼에 참여하는 공급자나 소비자 중에 한쪽만을 수익 창출의 대상으로 선정하는 방법이다. 이러한 방법은 플랫폼이 제공하는 가치의 차이가 많이 나거나, 한쪽의 참여자가 극단적으로 많을 때 주로 사용한다.

그림 6-14 식당에만 수수료를 부과하는 오픈테이블

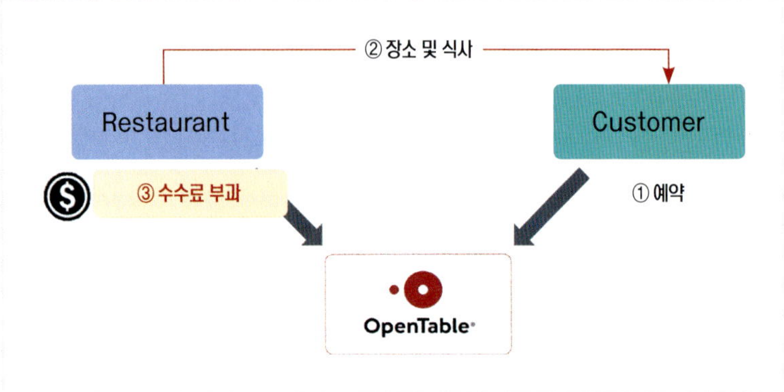

미국 레스토랑 예약 서비스의 선두주자인 오픈테이블(OpenTable) 플랫폼이 대표적인 사례다. 전 세계 오픈테이블에 가맹된 레스토랑은 4만여 개에 달하며, 매달 2,000만 명에 가까운 사람들이 플랫폼을 이용하여 테이블을 예약한다. 수수료는 **그림 6-14**처럼 공급자인 레스토랑에만 부과한다. 레스토랑은 오픈테이블을 이용하여 예약한 손님이 실제 방문을 했을 경우 1달러의 수수료를 내야 한다. 또한 매달 예약관리 도구와 서비스 사용료로 199달러가량을 지불해야 한다. 결코 적지 않은 금액을 지불해야 하지만 오픈테이블에 참여하는 레스토랑의 수는 꾸준히 증가하고 있다. 그 이유는 무엇일까?

첫째는 플랫폼을 사용하는 수많은 고객들을 대상으로 한 직/간접적인 마케팅 효과 때문이다. 레스토랑이 독립적인 웹사이트를 운영할 때와 비교해 보면 훨씬 더 많은 고객들에게 식당이 노출되는 광고 효과가 나타난다. 두 번째는 레스토랑의 효율적인 운영에 도움이 된다는 점이다. 기본적인 예약이나 테이블 관리뿐만 아니라 고객의 나이, 취향, 식사비용,

선호하는 테이블에 관련된 정보 등을 데이터를 통해 관리해 주기 때문이다. 또한 레스토랑 주인이 가게에 없더라도 외부에서 현재 레스토랑의 상황을 실시간으로 알 수 있게 해준다. 게다가 예약 시스템이 24시간 운영된다. 레스토랑은 일정 시간이 되면 문을 닫지만 오픈테이블의 예약 시스템은 계속해서 운영된다. 레스토랑의 입장에서는 24시간 예약 콜 센터를 운영하는 것과 같은 효과를 얻을 수 있다.

물론 오픈테이블의 소비자인 레스토랑 이용객들도 편리한 예약이나 폭넓은 선택권 등의 가치를 제공받고 있다. 하지만 공급자인 레스토랑에 제공되는 가치에 비교할 바가 아니다. 따라서 오픈테이블은 레스토랑에만 수수료를 부과하는 수익구조를 선택하고 있다.

레스토랑 이용객들에게는 적립 포인트 등의 혜택을 제공하여 플랫폼 참여를 유도한다. 이처럼 상대적으로 적은 가치를 제공받는 참여자들에게는 오히려 보조금을 지원함으로써 플랫폼 참여를 유도하기도 한다. 왜냐하면 보조금은 플랫폼의 필요성이 비교적 낮은 사용자들을 플랫폼으로 끌어들이는 좋은 동기부여가 되기도 하기 때문이다.

국내에서는 음식배달 플랫폼이 이러한 방법을 많이 사용한다. 플랫폼을 사용하여 음식을 주문할 경우 편리한 점도 많지만, 앱(App)을 켜고 정보를 입력하는 등 약간의 번거로움도 있다. 스마트폰에 익숙하지 않은 사람들은 오히려 전화를 통해 주문하는 방법을 더 선호하기도 한다. 그렇기 때문에 **그림 6-15**의 멤버십처럼 음식 배달 플랫폼들은 할인 이벤트나 적립 쿠폰 등의 보조금 지원을 통해 소비자들이 플랫폼을 더 많이 이용하게 만든다.

그림 6-15 요기요의 멤버십인 슈퍼클럽

출처: 요기요 홈페이지

어떤 그룹의 참여자에게 수수료를 부과할지 또는 보조금을 지원할지를 결정할 때는 플랫폼이 양쪽 참여자들에 주는 가치의 비중을 먼저 따져봐야 한다. 일반적인 원칙은 플랫폼을 더 필요로 하는 참여자들에게는 수수료를, 그렇지 않은 참여자들에게는 보조금을 지원하는 것이다.

일부 중요참여자에게만 보조금 지원

보조금을 공급자나 소비자 중 어느 한쪽에 지원할 수도 있지만, 일부 극소수의 참여자들만을 선택적으로 지원하는 방법도 있다. 이런 방법은 대체로 플랫폼에 대한 선호도가 높거나 플랫폼에서 중요한 역할을 하는 공급자에게 지원하는 경우가 대부분이다.

쉽게 이야기하면, 백화점이 유명 브랜드를 유치하기 위해 여러 가지 혜택들을 제공하는 것과 같은 이치다. 유명 브랜드는 사람들을 백화점으로 끌어들이고 결국 더 많은 매출을 발생하게 한다. 플랫폼 또한 영향력 있는 공급자를 많이 끌어들일수록 미래에 더 높은 수익을 기대할 수 있기 때문에 이들에게는 수수료를 면제해 주거나 아주 적게 수수료를 부과한다.

항공권 메타서치(가격비교) 플랫폼인 스카이스캐너(그림 6-16)는 공급자의 중요도에 따라 수수료를 차등 적용함으로써 우수 여행사에게는 보조금을 지급하는 것과 같은 혜택이 돌아가는 정책을 시행하고 있다.

그림 6-16 특별히 더 높은 상호작용을 일으키는 사용자가 있는 경우

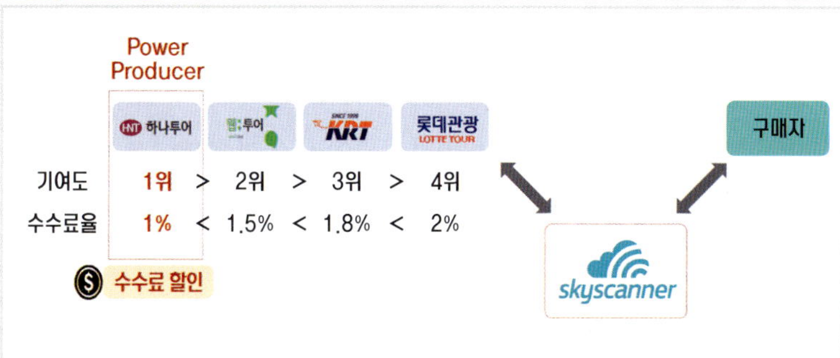

이러한 정책들은 공급자 간에 긍정적인 경쟁을 불러일으키고 이들을 플랫폼에 더욱 적극적으로 참여하도록 유도한다. 따라서 소비자들은 공급자 간의 경쟁을 통해 더 좋은 서비스를 제공받을 수 있다. 다만, 이러한 보조금 지원 정책을 잘못 운영할 경우, 보조금을 받지 못하는 공급자가 플랫폼을 이탈할 가능성이 존재한다.

실제 스카이스캐너의 경우도 수수료 정책으로 인해 일부 여행사들이 보이콧을 선언하기도 했다. 하지만 불과 1개월도 되지 않아서 보이콧을 선언한 여행사의 대부분이 다시 플랫폼으로 돌아오긴 했다. 이러한 현상은 스카이스캐너가 국내 항공권 메타서치 시장의 60~70%를 점유하는 힘이 있는 플랫폼이기 때문에 가능한 일이다. 아직 플랫폼이 시장에서 자리 잡지 못했다면, 수수료를 차등 지급하는 방안은 보다 신중하게 접근할 필요가 있다.

플랫폼의 유료화

플랫폼 비즈니스는 수수료가 적을수록, 보조금은 많을수록 사용자를 모으고 네트워크 효과를 만들기 유리하다. 따라서 많은 플랫폼 사업자들이 무료로 플랫폼을 개방하거나 다양한 혜택들을 남발하는 경우가 많다. 하지만 무료 개방과 혜택은 양날의 검과 같아 나에게 부메랑이 되어 되돌아올 수 있다.

마땅한 수익 모델이 없이 플랫폼을 무료로 개방했던 사업자들은 어느 정도 사용자가 모이기 시작하면 플랫폼의 유료화를 생각하게 된다. 하지만 처음부터 무료로 플랫폼을 사용했던 사람들을 유료 사용자로 전환시키는 것은 결코 쉽지 않다. 자칫 잘못될 경우 사용자들이 플랫폼을 떠나 경쟁 플랫폼으로 넘어가는 상황이 발생할 수 있다. 따라서 플랫폼을 유료로 전환할 경우 아래 사항을 고려하여 플랫폼을 설계해야 한다.

첫째, 참여자가 많고 이들이 플랫폼에서 제공하는 서비스를 좋아한다

하더라도 기존에 무료로 제공했던 가치(서비스)에 요금을 갑자기 부과하면 안 된다. 플랫폼을 통해 사용자들이 무료로 얻을 수 있었던 가치를 모두 유료로 전환한다면 사용자들은 플랫폼 사용에 부담을 느끼게 될 것이다. 예를 들어 아마존이나 알리바바가 제품 가격을 비교하는 것에 요금을 받는다면 사용자들은 이 플랫폼들을 통해 물건을 구매하지 않을 것이다. 마찬가지로 유튜브에서 영상을 보는 것을 유료로 전환한다고 하면 현재 유튜브 사용자들 중 얼마나 많은 참여자들이 사용료를 지불하며 지금처럼 유튜브를 계속 이용하겠는가를 생각해 보면 명확할 것이다.

둘째, 기존의 가치가 아닌 새로운 가치를 제공해야 한다. 앞서 설명했듯이 유튜브가 프리미엄 서비스로 내놓은 새로운 기능에 대해 유료화를 진행한 것처럼 기존보다 더 좋은 가치를 제공하는 것에 대해서만 비용을 부과해야 한다. 이때 기존 서비스는 무료인 상태를 유지하면서 점진적으로 유료 사용자로 전환시키는 방법을 쓰는 것이 유료화에 대한 저항을 줄일 수 있다.

셋째, 플랫폼을 처음 설계할 때부터 장기적인 수익 창출 전략을 고려해야 한다. 플랫폼을 이끌어 감에 있어 무료로 제공할 수 있는 서비스와 유료로 제공할 서비스를 어느 정도 전략적으로 계획하고 있어야 한다. 이러한 계획 없이 플랫폼의 모든 서비스를 처음에 무료로 제공하고, 추후에 유료로 할 수 있는 서비스를 만들려면 플랫폼이 가지고 있던 본질적인 기능이 훼손될 가능성이 있기에 사용자들에게 새로운 가치를 추가로 만들어 제공하기 어렵게 된다.

4절 _ 플랫폼의 운영 비용

플랫폼을 운영하는 데에는 일정한 비용이 발생한다. 그간 플랫폼 기업들이 높은 수익과 성공적인 경영 성과를 낸 것은 수익 대비 비용의 균형을 잘 맞춰 왔기 때문이다. 앞에서 다루었던 자원의 외부화는 플랫폼 운영에서 고정비의 비중을 크게 낮춰 주기 때문에 비용을 절감해 주는 큰 무기로 작용해 왔다.

PEC(Platform Ecosystem Canvas)에서 비용의 종류는 크게 두 가지가 있다. 첫째는 참여자들이 플랫폼 내에서 활동할 때 드는 비용이고, 두 번째는 플랫폼의 운영자가 플랫폼을 구축하고 유지하는 데 들어가는 비용이다. 첫 번째는 〈Step 1. 비즈니스를 정의하고, 참여자와 가치단위를 정한다〉에서 설명되었기에 이번 장에서는 두 번째인 플랫폼의 운영자가 플랫폼을 구축하고 유지하는 데 들어가는 비용에 대해서 설명하기로 하자.

플랫폼을 구축하고 운영하는 데에는 기본적으로 물리적 인프라, 기술 인프라, 인적/조직적 인프라가 필요하다. 물리적 인프라는 사무실, 사무용품 등 플랫폼 운영에 필요한 물리적 요소들이다. 기술 인프라는 App/Web을 위한 클라우드 서비스, 지도 서비스, 결제 서비스, 개발 도구의 지원 등 기술적인 요소들이다. 그리고 인적/조직적 인프라는 이를 운영하고 구축하는 데 필요한 인력과 조직을 말한다.

더불어 이러한 시스템을 구축하고 운영하는 데 드는 비용 외에도 참여자들에게 지급되는 비용, 핵심 파트너에게 지급되는 비용, 이해관계자들과의 관계에서 발생되는 비용까지 고려해야 한다. 여기서 참여자들에게 지급되는 비용이란 공급자의 생산 활동을 지원하기 위한 보조금이나 소비자에게 지급되는 마일리지, 할인, 쿠폰 비용 등을 의미한다.

플랫폼의 성격이나, 규모와 특징에 따라 운영하는 데 드는 금액과 항목은 다양하다. 그렇기 때문에 플랫폼에 필요한 비용을 정확하게 추산하기란 매우 어렵고 힘든 작업이지만, 성공적인 플랫폼 비즈니스 모델을 디자인하기 위해서는 비용에 대한 고려에 세심한 노력을 기울여야 성공의 가능성을 높일 수 있다. 플랫폼 비즈니스를 구축하고 운영하는 데 필요한 비용은 구체적이고 상세하게 정리될수록 플랫폼 비즈니스의 성공률을 높일 수 있다는 점을 명심해야 한다.

6장의 요약

이 장에서는 플랫폼의 수익 모델에 대해 살펴보았다. 모든 비즈니스가 그렇듯 플랫폼 비즈니스의 궁극적인 목적 또한 수익 창출이다. 하지만 플랫폼의 수익 창출의 관점은 전통적인 비즈니스 모델과는 다소 차이점이 있다.

플랫폼 비즈니스는 전통적 비즈니스와 비교하여 보다 장기적인 관점에서 수익을 바라본다. 당장의 재무적 수익보다는 플랫폼 내의 네트워크 효과를 활성화하고, 성장을 극대화하는 것에 집중한다. 이는 플랫폼 비즈니스가 가진 승자독식(Winner–takes–all)의 성향 때문이다. 승자독식의 성향은 초기에 미미하던 참여자의 수가 네트워크 효과로 인해 어느 순간 폭발적으로 증가하면서 시장을 잠식해 가는 것을 의미한다.

지금은 거의 전 국민이 사용하는'카카오톡'을 생각하면 쉽게 이해할 수 있다.[1] 카카오톡은 모바일 메신저 플랫폼으로 승자독식의 상황에 도달했다. 이후 엄청난 수의 참여자를 활용하여 다양한 영역으로 수익 모델을 꾸준히 확장해 나갔다. 그 결과, 현재는 엔터테인먼트, 모빌리티, 쇼핑, 그리고 금융에 이르기까지 70개 이상의 자회사를 보유한 거대 그룹으로 발전했다. 카카오톡의 사례처럼 플랫폼이 승자독식의 상황까지만 도달할 수 있다면 수익을 창출하는 방법은 매우 다양해진다.

이 장에서는 플랫폼의 다양한 수익 창출 방법 중 크게 4가지를 설명하였다. 첫째는 거래 수수료를 통한 수익 창출 방법이다. 일반적으로 제품/서비스거래형 플랫폼에서 많이 활용되는 방법으로 거래가 발생할 때 공급자나 소비자, 혹은 양쪽 모두에게 일정 금액의 수수료를 받는 방법이다.

두 번째 수익 창출 방법은 유료 사용료를 통한 수익 창출이다. 이는 사용자가 플랫폼에 접근할 때 가입비를 받거나, 핵심적인 서비스를 이용하려면 사용료(이용권 구입, 월정액 등)를 내도록 유도하는 방법이다.

세 번째 방법은 광고를 통한 수익 창출이다. 플랫폼의 이용자 수가 많고, 트래픽(Traffics)이 충분하다면 광고를 통해 높은 수익을 기대할 수 있다. 유튜브나 페이스북과 같은 대부분의 소셜형 플랫폼의 주 수익원은 바로 광고이다. 물론 거래형이나 공유형 플랫폼에서도 광고를 중요 수익원으로 삼고 있다. 디지털 광고시장의 성장과 함께 광고를 통한 수익의 비중 또한 점차 확대 되고 있는 추세다.

마지막으로 라이선스를 통한 수익 창출 방법이다. 이는 플랫폼이 개발한 이미지나 캐릭터 등을 통해 수익을 창출하는 방법이다. 카카오의 '카카오프렌즈'가 대표적이다. 플랫폼이 수익을 창출하는 일반적인 방법이라고는 할 수는 없지만, 그만큼 플랫폼의 수익 창출 방법이 다양하다는 점을 알리기 위해 본문에 포함하였다.

수익 창출 방법을 선택하는 것만큼 수익 창출의 대상을 선정하는 것도 매우 중요하다. 플랫폼 내의

1) 카카오톡의 국내 이용자 수는 2019년 6월 기준 4,441만 명임.

다양한 참여자 그룹 중 어느 쪽으로부터 수익을 얻느냐에 따라 네트워크 효과가 상승하기도 하고 오히려 큰 폭으로 감소하기도 한다. 일반적으로 수익 창출 대상을 선정할 때는, 모든 참여자에게 동일한 비용을 부과하는 방법과, 한쪽은 수수료를 부과하고 반대쪽 참여자에게는 오히려 보조금을 지원하는 방법이 있다. 또는 일부 중요 참여자에게만 보조금을 지원하여 차등적으로 수익을 창출하는 방법도 있다. 수익 창출 대상을 선정할 때는 플랫폼에 더 많은 가치를 느끼는 그룹부터 접근하는 것이 좋다.

이 장의 마지막에는 플랫폼의 운영비용에 대한 내용을 짧게 다루었다. 플랫폼의 운영비용은 사업영역이나, 플랫폼의 규모, 특징에 따라 천차만별이기 때문에 깊이 있게 내용을 다루지는 않았다. 하지만 기본적으로 플랫폼 비즈니스를 구축하는 비용(물리적, 기술적, 인적/조직적 인프라 구축)과 플랫폼의 운영비용(참여자 및 이해관계자에게 지급되는 비용)은 반드시 고려해야 된다는 점은 명심하자. 플랫폼의 운영비용을 정교화할수록 비즈니스의 성공 가능성은 높아지게 된다.

6장의 연습 문제

1. 플랫폼 비즈니스의 수익 창출 방안을 기술하고 각 방법의 장단점을 서술하시오.

2. 알리바바와 아마존의 수익 창출 방안을 찾아보고 그 차이점을 설명하시오.

7장.

이해관계자를 정의하고 대응책을 마련한다

1절 플랫폼을 움직이는 '이해관계자'

사회적 책임 소홀로 위기에 빠진 '페이스북'

페이스북(Facebook)은 세계 최대 규모의 소셜형 플랫폼으로 2019년 11월 기준 시가총액이 5,442억 달러에 이르는 글로벌 기업이다. 사람들을 페이스북을 통해 주변 지인들과 편리하게 소식을 주고받을 수 있었고, 모르는 사람들과도 쉽게 친구가 될 수 있었다. 전 세계인들은 페이스북이 주는 이러한 가치에 열광하였다.

페이스북은 2004년 마크 저커버그(Mark Zuckerberg)를 비롯한 몇 명의 하버드 학생들의 손에서 탄생했다. 당시에는 하버드 대학교의 이메일을 통해서만 가입이 가능했고, 단순히 소식을 주고받을 수 있는 온라인 방명록의 형태였다. 하지만 이처럼 단순한 형태의 소셜 플랫폼도 온라인을 즐기는 젊은 세대에게는 훌륭한 놀이 공간이 되었고, 하버드 외에도 스탠포드, 콜롬비아, 예일 대학교 등으로 점차 가입 대상을 늘려갔다. 이렇게 대학생들 사이에서 입소문이 나기 시작하면서 2005년에는 800개 이상의 대학이 참여하였다. 이제 미국 대학생들 사이에서 페이스북은 반드시 사용해야 되는 서비스가 된 것이다. 이후 고등학생, 일반인으로 점차 사용자를 확대하면서 가입자 수는 폭발적으로 증가하였다. 2017년에는 저커버그는 페이스북의 액티브 사용자 수가 20억 명을 돌파했다고 발표했다. 전 세계 인구의 1/3가량이 페이스북을 사용해 본 것이다.

이렇게 잘 나가던 페이스북이 한때 큰 위기를 맞았다. 2018년 3월 영국 케임브리지 대학의 한 교수가 페이스북을 통해 8,700만 명의 정치 성향을 수집했고, 이를 데이터 회사에 제공했다. 이 데이터는 2016년 미 대선 당시 도널드 트럼프 대선후보 캠프에 제공된 것으로 밝혀졌다. 이 사건으로 인해 페이스북은 미국 연방거래위원회(FTC)로부터 50억 달러(약 5조9,000억 원)의 벌금을 부과받았다. 이후에도 2억 6,700만 개 이상의 페이스북 사용자의 개인정보(이름, 전화번호 등)가 2주간 인터넷상에서 공개되거나, 이메일 주소나 비밀번호를 동의 없이 수집하는 등 개인정보 유출로 인한 문제가 계속해서 불거지고 있다.

월스트리트저널에 따르면 마크 저커버그는 2012년부터 소홀한 보안수준을 인지하고 있었음에도 불구하고, 그대로 방치한 정황이 드러났다고 밝혔다. 이러한 정보 유출의 문제는 결국 기업의 신뢰도에 큰 영향을 미쳤다. 결국 페이스북은 미국 스탠더드앤드푸어스(S&P) ESG 지수[1]에서 퇴출당하게 된다. 환경(Environment) 부문에서는 비교적 높은 점수를 받았지만, 사회적 책임(Social Responsibility)과 지배구조(Governance) 측면에서는 각각 100점 만점에 22점과 6점이라는 낮은 점수를 받았다. 이는 프라이버시 보호를 위한 노력과 기업의 투명성에 문제가 있다고 판단했기 때문이다.

이처럼 기업이 긍정적인 영향을 끼칠 것이라는 믿음이 사라지면, 이해관계자는 해당 기업의 힘을 제한하려고 한다. 실제 미국 연방 규제기관은 개인정보의 관리를 소홀히 한 책임을 물어 역대 최대 금액의 벌금 부과를 검토하고 있고, 일부 정치인들은 페이스북의 해체를 주장하며 실제 거대 IT 기업의 독점체제를 해체하는 법안을 추진 중에 있다. 페이스북의 공동 창업자인 크리스 휴즈(Chris Hughes) 또한 페이스북에 너무 큰 힘이 집중되었다면서 해체를 주장하고 있는 실정이다. 위기에 빠진 페이스북이 이 상황을 어떻게 극복할 것인지 관심을 갖고 지켜볼 일이다.

1) ESG는 환경(Environment)과 사회적 책임(Social Responsibility), 지배구조(Governance)를 말하는 것으로 S&P ESG 지수는 이들 가치를 추구하는 기업들로 구성되어 있다.

* 하버드비즈니스리뷰 매거진 〈신뢰의 위기〉 2019. 11-12월호, 샌드라 서처/샬린 굽타
* 블로터 〈111조원 기업이 되기까지…페이스북 8년〉 2012. 02. 02.
* 한국경제 〈[스타트업 파헤치기] 페이스북 폭발적 성장의 비밀 (1)〉 2018. 01. 02.
* 서울경제 〈결국 '개인정보 유출'에 무너지는 페이스북…해체수순 밟나〉 2019. 06. 15.
* 중앙일보 〈6조원 벌금 맞고도 · · · 페북 이번엔 2억6700명 정보유출 사고〉 2019. 12.22

P L A T F O R M   B U S I N E S S

7장. 이해관계자를 정의하고 대응책을 마련한다

1절 _ 플랫폼을 움직이는 '이해관계자'

세상의 모든 비즈니스는 많은 이해관계자들로부터 영향을 받는다. 플랫폼 기업도 생태계 내의 수많은 이해관계자(표 7-1)들이 권한을 행사하거나 전략 방향에 영향을 끼친다.

표 7-1 PEC Step 5 이해관계자 정의

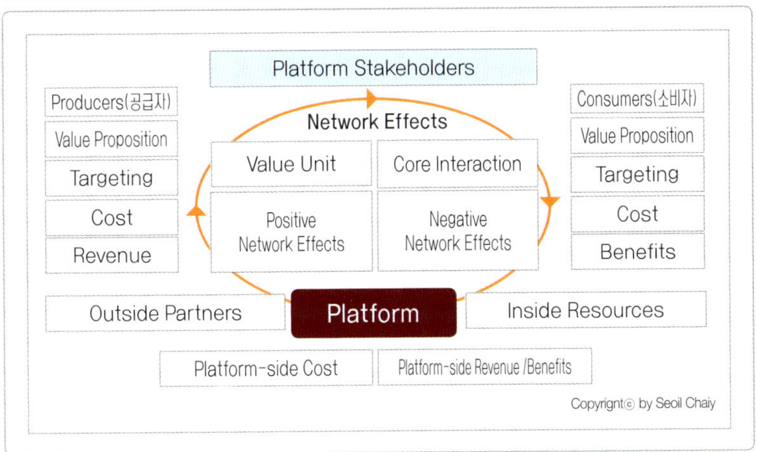

플랫폼의 이해관계자는 플랫폼 비즈니스를 운영함에 있어 영향을 미치는 모든 사람 또는 집단을 의미한다. 이해관계자는 사업의 투자자가 될 수 있고, 진입하려는 시장의 규제를 관할하는 정부기관이 될 수도 있

으며, 때로는 경쟁업체가 될 수도 있다.

이 부분에서 '경쟁업체들이 왜 이해관계자일까'에 대한 의문을 가질 수 있다. 플랫폼 기업의 대부분은 기존 시장에서 거래 방식의 변화를 통해 성공을 거둬 왔다. 기존 비즈니스의 형태는 유지하되, 거래비용을 낮추는 방식이기 때문에 기존 기업들과의 갈등이 유발되는 경우가 많다. 플랫폼 비즈니스에서는 이런 상황을 효과적으로 해결하는 것 또한 매우 중요한 이슈로 작용한다.

최근 국내에서는 택시산업에서의 갈등이 매우 심각한 상황이다. 기존에 택시밖에 없던 시장에서 타다와 카카오 모빌리티와 같은 새로운 기업의 등장(그림 7-1)은 택시업계에 큰 파장을 불러왔다. 택시 기사들은 정부를 향해 자신들의 생존권에 대한 보장을 요구하기 시작하면서 기존의 택시업체와 새로운 공유경제 모델을 채용한 업체들 간의 갈등은 극으로 치달았다. 결국 한국 정부는 일부 법률을 개정하면서 양 집단을 중재했지만 미봉책이라는 평이 많이 나오고 있다. 그런데 재미있는 사실은 타다와 거의 비슷한 서비스(승합차를 활용한 대형택시)를 준비하고 있는 카카오 모빌리티는 오히려 택시업계의 환영을 받는다는 점이다.

이러한 온도 차이는 두 회사가 택시업계를 상대하는 방식에서 기인했다. 타다는 출시 초기부터 합법임을 강조하며 택시업계의 반발을 정면으로 돌파하려 했기에 개인택시조합과 택시운송사업조합은 타다를 공정거래위원회에 영업방해로 신고하기도 하였다.

이에 반하여 카카오 모빌리티는 카풀 서비스 출시를 앞두고 택시업계의 반발이 잇따르자 택시업계와 공생할 수 있는 타협적인 비즈니스 모델을 찾는 데 집중하여 양측 모두가 만족할 만한 타협안을 마련하였고 이는 카카오 모빌리티가 새로운 사업에 안정으로 진입할 수 있는 기반이 되었다는 평가다.

그림 7-1 **모빌리티 사업자와 택시업계 신규 서비스 추진 상황**

카카오 모빌리티	택시업계와 관계	VCNC
11인승 승합차 활용 대형택시 등 신규 서비스 논의 중	**진행 사업**	준고급택시 서비스 '타다 프리미엄' 준비 중
• 국토부 타협안 이후 진화택시 인수 • 택시업체 대상 사업설명회 진행 등 적극적 행보	**추진 상황**	• 덕왕운수와 협업 • 택시업계 방해로 타다 프리미엄 기사 모집 지연 • VCNC, 서울개인택시조합 등 공정거래위원회에 신고

그래픽: 유정수 디자인기자

이 사건은 2020년 3월 현재 진행 중인 사건이기 때문에 섣불리 결론을 내리기는 어렵다. 최근 타다를 둘러싼 법적 공방에서는 무죄를 선고받았지만, 국회에서는 일명 '타다 금지법(여객자동차 운수사업법 일부개정법률안)'이 통과되면서 더욱 더 혼란이 가중되는 양상이다. 하지만 현재까지 상황으로 보았을 때는 타타의 정면돌파 방식보다는 카카오 모빌리티의 상생과 타협 사례가 조금 더 정답에 가까워 보이는 것은 사실이다. 최근 들어 타다도 택시업계에 여러 가지 상생안을 제안하고 있는 상황이다.

기존 경쟁자들과의 상생도 중요하지만, 또 다른 이해관계자인 정부기관에 대한 적절한 대응도 매우 중요한 문제다. 때로는 적극적인 활동을 통해 법률이나 규제 등을 자신에게 유리한 방향으로 전환하는 것도 고려해야 한다.

글로벌 승차공유 플랫폼인 우버도 비즈니스 초기에는 합법인지 아닌지에 대한 수많은 논쟁이 있었다. 결국 그들은 캘리포니아 주정부를 대상으로 적극적인 로비 활동을 실시하였고, 승차공유사업을 택시와는 다른 카테고리로 분류하여 합법화하는 데 성공했다.

최근에 캘리포니아 주정부는 승차공유사업의 운전사를 계약업자가 아닌 직원으로 고용해야 된다는 새로운 법안을 통과시켰다. 이에 우버는 리프트 등과 협력하여 이를 저지하기 위한 총력전을 펼치고 있다. 만약 법안이 그대로 실행될 경우 9천만 달러를 투자하여 주민투표를 실시하겠다고 주정부를 압박하고 있다. 만약 법안이 그대로 실행될 경우 계약직 운전자를 활용하여 저렴한 요금을 받고 있는 우버의 사업모델 자체가 흔들릴 가능성이 크기 때문이다. 이처럼 정부기관의 규제는 플랫폼 비즈니스의 성패에 많은 영향을 미친다.

국내 온라인 중고차 거래 플랫폼인 헤이딜러는 정부 규제로 인해 폐업의 위기까지 몰렸던 대표적인 사례이다. 2015년 초 설립된 헤이딜러는 투명한 경매 시스템을 중고차 거래에 도입함으로써 시장에서 좋은 반응을 얻었다. 창업 1년 만에 누적 거래액이 300억 원을 돌파하면서 중고차 시장에 활력을 불어넣었다.

하지만 2016년 1월 국회에서 발의된 '자동차관리법 개정안'에 온라인 자동차 경매업체가 규제 대상에 포함되면서 영업을 중단할 수밖에 없었다(그림 7-2). 당시 개정안은 온라인 업체라도 일정 규모 이상의 오프라인 영업장과 사무실 등 각종 공간을 확보하지 않으면 불법 업체로 규정했다. 대부분이 스타트업인 중고차 거래 플랫폼들이 많은 자금이 필요한 오프라인 영업장을 갖추는 것은 사실상 불가능했다.

그림 7-2 **헤이딜러의 서비스 종료 안내**

2016년 1월 5일

헤이딜러가 종료됩니다.

헤이딜러는 지난 2014년 11월,
내 차 판매 고객에게 믿을 수 있는 전국 딜러들의 비교견적서비스를 제공하고,
중소 매매업체 딜러에게는 합리적인 매입채널을 제공하고자 시작되었습니다.

그 결과 지난 14개월간 30만 명 이상의 고객, 1,500명의 딜러분이 활동하며
총 500억에 가까운 차량 거래가 일어나는 등 많은 고객과 딜러들의 사랑을 받아왔습니다.
또 미래창조과학부 창조경제 우수성과 선정, 연합뉴스 · 구글 플레이스토어
추천 앱으로 선정되는 등 외부 기관들의 좋은 평가도 함께 했습니다.

하지만 2015년 12월 28일,
`오프라인 자동차 경매장을 보유하지 않고,
온라인으로 자동차를 경매하는 사업자`에 대한 벌칙조항이 신설된
자동차 관리법 개정안이 국회 본회의를 통과함으로써
합법적인 서비스가 불가능하게 되었습니다.

이에 2016년 1월 5일부로 서비스를 잠정 종료합니다.
그간 보내주신 사랑에 진심으로 감사드립니다.
– 헤이딜러 임직원 일동 올림

출처: 헤이딜러 홈페이지

이후 과잉규제라는 비난 여론이 커지자 결국 정부는 "자동차관리법 개정안이 온라인 경매의 특성을 충분히 감안하지 못했다"고 인정하면서 규제를 완화하는 방향으로 제도를 보완했다. 규제가 완화되면서 헤이딜러는 52일 만에 영업을 재개할 수 있었고, 2019년 기준 누적 거래액이 1조가 넘는 성공한 스타트업 플랫폼으로 자리매김했다. 만약 정부가 규제를 완화하지 않았다면 지금의 헤이딜러는 존재하지 못했을 것이다.

플랫폼의 이해관계자는 참여자들과는 달리 플랫폼의 상호작용을 폭발적으로 높이지는 않는다. 대신 플랫폼을 지속적이고 안정적으로 유지하는 데는 매우 중요한 역할을 한다. 그리고 때로는 플랫폼의 존폐를 결정적으로 위협하기도 한다. 따라서 이들의 행동을 예측하고 시나리오별로 대응책을 마련하는 것은 플랫폼 비즈니스의 중요한 관리 포인트 중 하나다.

지금까지 PEC를 중심으로 플랫폼 비즈니스 생태계를 디자인하기 위한 프로세스를 살펴보았다. 플랫폼 비즈니스 사업화를 고민하고 있는 기업이라면 이번 장에서 설명한 5단계의 프로세스에 맞춰 각 단계별 비즈니스 아이디어를 구체화하여 실행계획을 수립해야 한다. 이때 각 단계별로 수립된 전략의 일관성을 유지해야만 플랫폼 비즈니스를 성공적으로 이끌 수 있다는 점을 유념해야 한다.

7장의 요약

플랫폼의 생태계에서 간과하기 쉬운 부분이 바로 '이해관계자(Stakeholder)'이다. 플랫폼 비즈니스 또한 일반적인 비즈니스와 마찬가지로 이해관계자에 많은 영향을 받는다. 이해관계자란 플랫폼을 운영함에 있어 영향을 미치는 모든 사람 또는 집단을 의미한다.

대표적으로 시장의 규제를 관할하는 정부 기관이나, 사업의 방향성에 영향을 주는 투자자, 플랫폼의 이미지나 여론에 영향을 미치는 시민단체 등이 대표적이다. 또한 우리 플랫폼과 경쟁하고 있는 전통적인 비즈니스 또한 중요한 이해관계자가 될 수 있다. 최근 속속 등장하고 있는 모빌리티 플랫폼에 가장 큰 영향을 미치는 이해관계자가 바로 전통적인 경쟁자인 택시 업계임을 봐도 잘 알 수 있다.

이해관계자는 플랫폼의 상호작용을 폭발적으로 높이는 역할을 하진 않지만 안정적이고 지속적으로 유지하는 데는 매우 중요한 역할을 한다. 그리고 때로는 플랫폼의 존폐를 결정적으로 위협하기도 한다. 따라서 플랫폼을 디자인할 때는 영향을 미칠 수 있는 이해관계자를 정의하고, 이들에 대한 대응 시나리오를 마련해야 한다.

7장의 연습 문제

1. 플랫폼 비즈니스에서 이해관계자 관리가 중요한 이유를 사례를 들어 설명하시오.
2. 하나의 플랫폼 기업을 선정하고 그 기업의 이해관계자를 조사하시오.

Part 3.

파이프라인 기업의 플랫폼 비즈니스 전환전략

8장. 파이프라인 기업의 플랫폼화 가능성

9장. 기존 파이프라인 기업의 플랫폼화를 위한 방법

10장. 성공적인 런칭을 위한 의사결정 포인트

학습목표

1. 파이프라인 기업의 플랫폼화 가능성과 도입 방법을 이해한다.

2. 플랫폼 비즈니스의 성공적인 도입을 위한 의사결정의 포인트를 이해한다.

Part 1. 플랫폼 비즈니스란

1장. 플랫폼 비즈니스는 정말 대세인가
2장. 플랫폼 비즈니스란

Part 2. 플랫폼 생태계 디자인

3장. 비즈니스를 정의하고, 참여자와 가치단위를 정한다
4장. 참여자들을 모으고, 플랫폼의 네트워크 효과를 디자인한다
5장. 내가 할 일과 파트너가 할 일을 구분한다
6장. 수익 모델을 구체화한다
7장. 이해관계자를 정의하고 대응책을 마련한다

Part 3. 파이프라인 기업의 플랫폼 비즈니스 전환전략

8장. 파이프라인 기업의 플랫폼화 가능성
9장. 기존 파이프라인 기업의 플랫폼화를 위한 방법
10장. 성공적인 런칭을 위한 의사결정 포인트

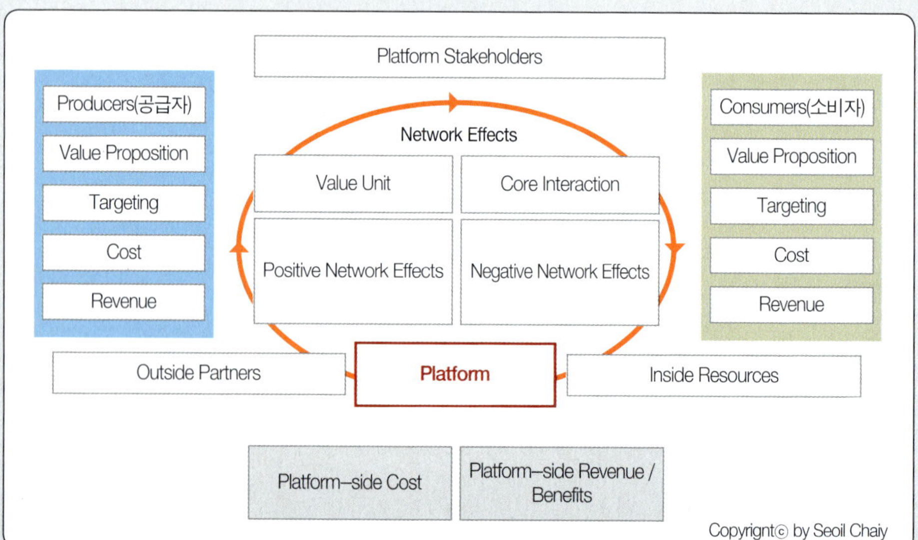

8장 .

파이프라인 기업의 플랫폼화 가능성

1절 파이프라인 기업 vs. 플랫폼 기업

2절 플랫폼화가 쉬운 산업 vs. 어려운 산업

3절 기존 파이프라인 기업의 플랫폼화 성공 사례

4절 플랫폼화를 못 해서 망한 사례

파이프라인 기업에서 플랫폼 기업으로 거듭난 애플

애플은 1984년 매킨토시 컴퓨터부터 시작하여 맥북, 아이팟, 아이폰, 아이패드와 아이워치, 그리고 에어팟까지 혁신적인 제품을 연달아 성공시키며 전 세계인에게 많은 사랑을 받았다. 그러나 현재의 애플을 단순히 아이폰이나 아이패드를 만드는 전자기기 제조업체로 보는 사람은 없을 것이다. 2001년 아이튠즈 서비스를 시작으로 2019년 서비스 사업으로의 대전환 계획을 발표한 애플은 음악은 물론이고, 뉴스, TV 프로그램, 게임 구독 서비스 등 다양한 영역을 아우르는 통합 플랫폼 기업으로 거듭나고 있다.

애플의 플랫폼 서비스의 매출은 지난 5년간 꾸준한 상승세를 보이며, 2020년 1분기에서는 127억 달러의 매출을 기록했다. 이는 제조부문 중 아이폰(559억 달러)을 제외하고, 맥북(71억 달러), 아이패드(59억 달러), 웨어러블&홈액세서리(100억 달러)의 매출액을 훌쩍 뛰어넘는 수치이다. 애플의 주 수입원인 아이폰과 맥북의 판매량은 정체되거나 하락하고 있는 반면 플랫폼 서비스는 애플의 비즈니스에 새로운 성장 동력으로 주목받고 있다.

TV 프로그램 스트리밍 서비스인 애플 TV+와 음악 스트리밍 서비스인 애플 뮤직(Apple Music)의 경우 아직까지는 넷플릭스(Netflix)와 스포티파이(Spotify) 등의 선점기업에는 못 미치는 상황이지만, 매년 큰 폭으로 성장하며 미래를 기대하게 한다. 또한 앱 개발자와 이용자를 이어주는 앱스토어의 매출은 작년 연말과 2020년 첫날 각 14억 달러와 3억 8천만 달러로 사상 최대치 매출을 기록하기도 하였다. 애플의 무료 뉴스 앱의 월간 이용자 수는 미국, 영국, 호주, 캐나다 등에서만 1억 명이 넘는 것으로 나타났으며, 애플 Pay을 통한 거래 횟수는 2019년 3분기에만 30억 회 이루어진 것으로 조사되었다. 이는 세계 최대 온라인 결제 서비스 업체인 페이팔(Paypal)의 거래 횟수를 앞지르는 수치이다.

애플은 항상 혁신적인 기능과 새로운 디자인을 가진 제품을 통해 우리를 놀라게 해왔다. 하지만 최근 들어 이러한 혁신에 의문을 갖는 사람들이 많아지고 있다. 최근 아이폰 11이 출시되었을 때 '세눈박이' 카메라를 제외하면 이전 제품과 별 차이점이 보이지 않는다는 의견도 많았다. 만약 애플이 지금도 아이폰 판매에만 의존하는 제조 중심의 기업이었다면, 매출 감소에 직격탄을 맞아 위기에 빠졌을 수도 있다.

하지만 '제조 회사'라는 틀에서 벗어나 다양한 서비스 사업을 새롭게 런칭하며 플랫폼 기업으로 전환한 애플은 지금도 계속해서 성장 중이다. 아마도 애플 내에서 하드웨어 판매에 대한 의존 비중은 앞으로도 계속해서 감소할 것으로 보인다.

* 디지털데일리 기사 '애플, 작년 4분기' 깜짝 실적'…에어팟 덕 분기 최대 매출' 2020.01.29. 인용
* 이투데이 기사 '애플, 서비스 부문' 씽씽'...앱스토어 매출 500억 달러 달성 · 뉴스 앱 이용자 1억 명 돌파'
* 서울경제 기사 '애플, 올 3분기 15조 9천억 원 순이익 "각종 서비스 사업과 웨어러블이 큰 역할"' 2019.10.31. 인용
* 블로터 기사 '혁신은 없었고 애플은 또 망했다?…"핵심은 서비스"' 2019.09.12. 인용

PLATFORM BUSINESS

8장. 파이프라인 기업의 플랫폼화 가능성

1절 _ 파이프라인 기업 vs. 플랫폼 기업

이번 파트에서는 기존의 파이프라인 기업들도 플랫폼 비즈니스 모델을 도입해야 하는지 심도 있는 고민을 해보고자 한다. 또한 플랫폼 비즈니스 모델 도입을 결정했다면, 어떠한 절차와 방식으로 비즈니스를 성공시킬 수 있을지에 대한 해법도 알아보자.

모두 알다시피 우리나라는 제조업을 기반으로 국가 성장을 이뤄냈다. 표 8-1에서 보이는 것처럼 경제협력개발기구(OECD)의 부가가치 기준 상위 20개국 가운데 전체 산업 중 제조업이 차지하는 비중이 가장 높은 나라이기도 하다.

표 8-1 OECD 주요 국가 제조업 비중

구분	2016년	2017년	2018년
대한민국	17.08%	16.85%	16.81%
프랑스	12.15%	12.24%	11.70%
영국	9.46%	9.15%	8.94%
일본	16.57%	16.52%	16.31%

출처: OECD(https://stats.oecd.org)

제조업 기반 기업들이 고민하는 바는 두 가지다. 오랜 기간 축적해 온 검증된 기존 비즈니스 모델을 버리고 새로운 플랫폼 비즈니스 모델을 도입하는 도전 정신을 발휘해야 할지, 아니면 기존 비즈니스 모델을 그대로 고수해야 할지 기로에 서 있다.

앞에서도 언급했듯이 지금까지 이룩해 온 기존의 비즈니스 모델을 완전히 버릴 필요는 없다. 현재 기업의 가치사슬 중 한 부분을 플랫폼화하는 방법이 효과적이다. 제조업 부문의 활력이 감소 추세로 접어들고 있는 데다 성장 동력이 쇠퇴해 가는 현시점에서, 비즈니스의 연결고리 중 한 부분을 플랫폼화하거나 기존 가치사슬에는 없었지만 현재의 비즈니스에 보완적인 새로운 연결고리를 도입하려 할 때 그것에 플랫폼 비즈니스 모델을 도입한다면 이를 성장의 돌파구로 사용할 수 있다.

먼저 **그림 8-1**을 통해 파이프라인 기업과 플랫폼 기업을 정의하겠다.

그림 8-1 **파이프라인 기업과 플랫폼 기업의 정의**

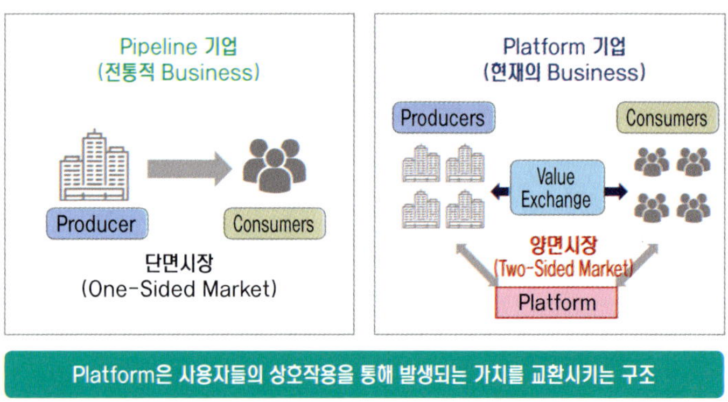

파이프라인 기업은 자신들의 생산라인에서 만들어진 제품을 소비자에게 판매하는 단면시장의 구조를 지닌다. 파이프라인 기업이 추진해 오던 전통적 비즈니스는 공급자인 기업이 소비자에게 판매를 하고, 소비자는 기업의 제품을 구매하는 역할을 수행하였다. 이러한 이유 때문에 파이프라인 기업을 리니어(Linear) 기업이라고 부르기도 한다.

반면, 플랫폼 비즈니스의 구조는 플랫폼 기업을 가운데 두고 공급자와 소비자가 양측에 존재하는 양면시장의 형태가 일반적이다. 이는 서로가 언제든지 역할을 바꿀 수도 있고 상호작용을 통해 자신들이 원하는 각자의 가치를 교환하는 구조를 가진 시장의 형태이다.

이러한 구조적인 차이는 **그림 8-2**와 같이 파이프라인적 사고방식과 플랫폼적 사고방식의 차이를 만들어 낸다. 파이프라인 비즈니스에 익숙한 사람들은 내가 모든 것을 통제하고 나의 주도로 모든 것을 행하던 사고방식 때문에, 그 어떤 새로운 것이 등장하면 이러한 변화는 무엇인가 새로운 팔 것이라고 생각하거나 기존의 내 제품을 더 잘 팔 수 있는 것이라고 생각하게 된다. 그렇기에 플랫폼 비즈니스를 파이프라인의 사고방식에서 바라보면 새로운 기능과 특성을 가진 제품(또는 서비스)을 소비자에게 제공하는 비즈니스로 보게 된다. 따라서 내가 그런 제품을 소비자에게 제공하면 된다거나, 플랫폼 비즈니스를 단순히 나의 기존 제품을 판매하는 또 다른 수단의 하나로만 생각하는 오류를 범하게 되는 것이다.

이에 반해 플랫폼적 사고를 하는 경우에는 플랫폼 비즈니스의 핵심은 참여자 간에 핵심 상호작용을 가능하게 하는 것이며, 이러한 상호작용

그림 8-2 파이프라인 사고방식 vs. 플랫폼 사고방식

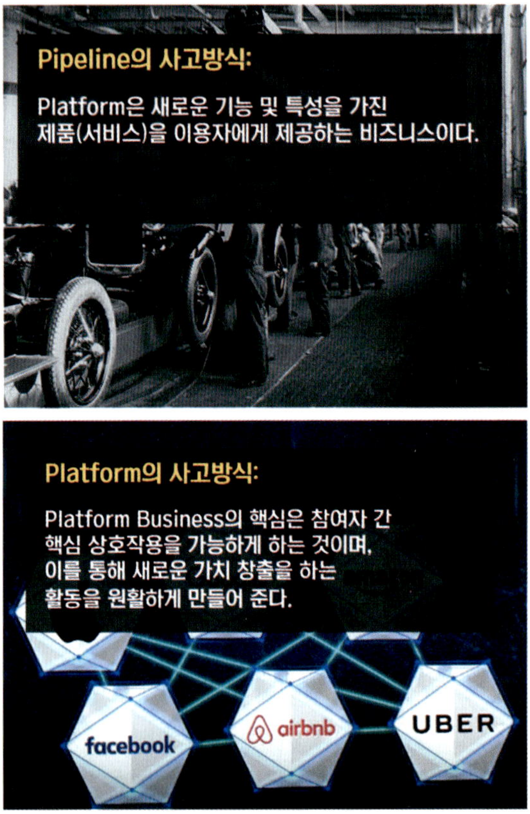

을 통한 네트워크 효과가 새로운 가치를 창출하는 활동들을 원활하게 만들어 주는 것이라고 생각한다. 이렇게 생각하면 플랫폼 운영이라는 것은 거래를 활성화시켜 주는 역할을 하는 것이지 직접 제품을 만드는 사람이 아닌 것이다. 따라서 플랫폼의 사고방식으로는 제품(서비스)이 우선순위가 아니다. 그보다는 플랫폼에 참여하는 사용자들이 만들어 내는 상호작용을 촉진하는 방향으로 사고방식을 전환하는 것이 필요하다. 플랫폼 비

즈니스를 바라보는 사고방식을 플랫폼적으로 전환하고 그러한 개념을 조직원들과 공유할 필요가 있는 것이다.

그러므로 플랫폼 비즈니스에 맞게 제품과 서비스를 바꾸는 데 너무 많은 노력을 기울이기보다는 오히려 기존의 제품(서비스)을 어떻게 공급자와 소비자가 거래할 수 있는 형태의 비즈니스 구조로 바꿀 것인가를 더 많이 고민해야 한다.

플랫폼 비즈니스에서 제공하는 제품이나 서비스의 대부분은 이미 기존에 존재하던 것들이다. 그럼에도 플랫폼 비즈니스가 시장을 장악할 수 있었던 비결은 기존 비즈니스에 비해 거래비용을 현저히 낮추는 방법을 제시하였기 때문이다. 오프라인 비즈니스에서 24시간 동안 이루어지기 어려운 교류나 상거래를 온라인 비즈니스에서는 시간과 공간의 제약에서 벗어나게 해주었고, IT기술과 인터넷의 발전에 발맞춰 더 빠른 속도로 편리성은 향상되었다. 또한 플랫폼 비즈니스는 온라인 비즈니스가 지닌 편리성에 더불어 많은 참여자들 간의 거래를 활성화함으로써 네트워크 효과를 발생시켜 기존 기업들이 지배하던 시장을 차례로 장악할 수 있었다.

이에 더해 플랫폼 비즈니스는 재고 관리에 필요한 운영비용 절감이 용이하다. 왜냐하면 플랫폼에서 거래되는 제품이나 서비스는 운영자가 아닌 외부의 공급자들이 만들어 판매하기 때문에 일반적으로 제품의 재고는 플랫폼 운영자의 몫이 아니라 공급자의 몫이 된다. 게다가 플랫폼에 참여하는 수많은 공급자는 각자가 효율적으로 공급할 수 있는 것에만 집중하기 때문에 소비자가 원하는 다품종 소량생산이 가능하다.

이렇게 많은 공급자와 소비자가 플랫폼에 참가하기 때문에 이들이 만들어 내는 네트워크 효과는 플랫폼 비즈니스가 갖는 최대의 장점이자 강력한 무기다. 공급자와 사용자들이 만들어 내는 네트워크 효과를 통해 플랫폼의 상호작용은 점점 더 활발하게 일어나게 되고, 거래는 더 촉진된다. 이러한 장점들을 통해 플랫폼 비즈니스의 경쟁력은 제고되는 것이다. 파이프라인 기업들이 플랫폼적 사고를 하지 못하면 플랫폼 비즈니스 모델을 도입해도 실패할 수밖에 없는 이유이다.

2절 _ 플랫폼화가 쉬운 산업 vs. 어려운 산업

이 책을 통해 독자들이 얻고자 하는 것들 중 하나는 지금 내가 하고 있는 비즈니스가 파이프라인 비즈니스라면 여기에 어떻게 플랫폼 비즈니스를 도입하거나 접목하는지에 대한 방법일 것이다. 설명의 편의를 위해서 이제부터 플랫폼 비즈니스를 기업에 도입하거나 접목하는 것을 '플랫폼화'라는 용어로 통칭하자. 모든 산업이 다 플랫폼화하기 쉬운 것은 아니다. 각 산업마다 가지고 있는 서로 다른 특징들 때문에 어떤 산업에서는 플랫폼화가 비교적 쉽게 이뤄질 수 있지만, 어떤 산업에서는 플랫폼화하는 데에 큰 어려움을 겪게 된다. 그렇다면 어떤 산업들은 왜 플랫폼화가 쉽게 이뤄지고 어떤 산업은 플랫폼 비즈니스화가 어려울까?

표 8-2에 정리된 쇼핑몰, 비디오, 교육산업과 같이 정보의 비중이 높은 산업들은 플랫폼화하기가 수월하다. 거래에서 정보의 비중이 높다는

표 8-2 플랫폼화가 쉬운 산업

■ **정보의 비중이 높은 산업**

Shopping mall, Video 등

■ **작은 회사가 많은 산업**

교육산업 등

■ **간단한 모듈로 된 제품이나 서비스가 많은 산업**

Application Market 등

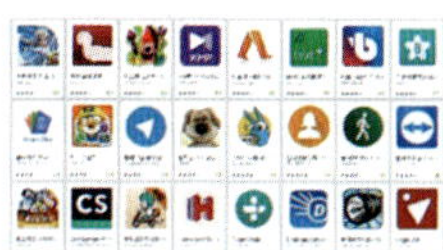

■ **유휴자산이 많은 산업**

자동차, 집, 주차공간 등

출처: EdX, Platform Strategy for Business강좌에서 수정

의미는 이들 산업에서 전체 비용 중 거래비용의 비중이 높을 가능성이 크다는 것이다. 따라서 이들 산업이 플랫폼화하면 거래비용이 현저히 감소하며 소비자가 얻게 되는 효익은 커지게 된다. 따라서 소비가 증가되고

비즈니스가 활성화될 수 있다.

한 예로 거래가 중심인 유통산업을 생각해 보면 이해하기 쉽다. 이들은 어떻게 제품을 싸게 구입하여 비싸게 판매할 수 있을 것인가에 대한 정보가 매우 중요하다. 또한 이들은 거래를 성사시키기 위해 영업과 물류 등에 대부분의 비용을 지출한다. 따라서 이러한 기업들은 자신들의 정보를 온라인으로 서비스하면서 거래비용을 획기적으로 줄일 수 있기에 공급자와 소비자들을 중개하는 형태의 플랫폼화가 용이하다.

또 다른 예로 비디오나 교육산업을 보자. 이들 산업은 처음 한 단위의 제품을 만드는 데는 비용이 많이 들지만, 그다음 단위를 생산하는 데 드는 한계생산비용은 급격히 감소하는 특징을 가지고 있다. 즉 규모의 경제를 통해 제조원가는 떨어지는 반면 판매에 있어서 거래비용이 크기 때문에 플랫폼화가 적합한 산업이라 볼 수 있다.

이처럼 거래가 비즈니스의 본질인 산업이나, 거래비용의 비중이 큰 산업의 경우 플랫폼 비즈니스를 통해 참여자들에게 더 많은 가치를 줄 수 있기에 플랫폼화가 쉽다.

산업 내에 메이저 기업이 없고 대부분이 중소기업으로 구성되어 있는 산업 또한 플랫폼화가 수월하다. 숙박업이나 요식업, 교육산업 등이 대표적인 사례이다. 이들은 마케팅에 대규모로 투자할 비용이나 IT 시스템을 구축하기 위한 역량이 부족하다. 소비자의 입장에서도 다수의 비슷한 공급자들이 존재하기 때문에 원하는 제품이나 서비스를 찾기까지 많은 노력이 필요하며 선뜻 하나를 선택하기도 힘들다. 따라서 이들을 묶어서 하나의 플랫폼으로 만드는 것에 대한 동기부여가 공급자나 소비자 측면에서 모두 강하다. 야놀자(숙박 플랫폼)나 요기요(요식 배달 플랫폼), 유데미(교육 플랫폼) 등이 성공하는 이유기도 하다.

간단한 모듈로 된 제품이나 서비스가 많은 산업의 경우에도 플랫폼화가 수월하다고 할 수 있다. 특히 애플이나 안드로이드를 사용하는 모바일 앱 시장에서 활성화된 플랫폼을 보자. 이들의 특징을 보면 마케팅 능력이 부족한 다수의 생산자들이 플랫폼을 통해 거래를 활성화할 수 있었고, 소비자들의 다양한 요구를 만족시키는 데 필요한 정보탐색 비용을 현저히 낮췄다는 것을 알 수 있다.

마지막으로 자동차, 집과 같은 유휴자산이 많은 산업들이 플랫폼화하기가 쉽다. 유휴자산이 많다는 것은 공유를 통해 새로운 가치를 생성해낼 여지가 그만큼 많기 때문이다. 앞서서 여러 차례 언급되었던 에어비앤비와 우버 사례를 생각해 보면 바로 이해할 수 있다. 집 주인은 에어비앤비를 통해 사용하지 않는 집의 일부 또는 전부를 소비자에게 단기 임대해 줌으로써 부가적인 수익을 창출할 수 있다. 우버의 경우도 마찬가지다. 기존에는 개인이 출퇴근할 때나 이동할 때만 사용하던 자동차를 서로가 공유할 수 있도록 유도함으로써 유휴자산의 활용도를 높였다. 공급자는 이미 가지고 있는 자산을 활용하여 돈을 벌고, 소비자는 자산을 구매할 필요 없이 저렴하게 빌릴 수 있는 구조가 만들어지는 것이다. 따라서 공급자와 소비자 모두를 플랫폼에 참여시키기 쉽다.

표 8-3 플랫폼화가 어려운 산업

■ **물리적 자산이 큰 산업**
건설, 광산업 등

■ **제품이나 서비스의 구조가 복잡한 산업**
비행기, 군수 무기 등

■ **규제가 심한 산업**
제약, 헬스케어 등

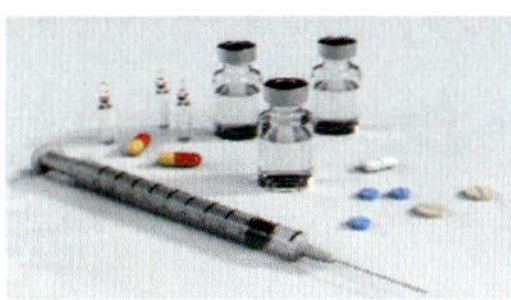
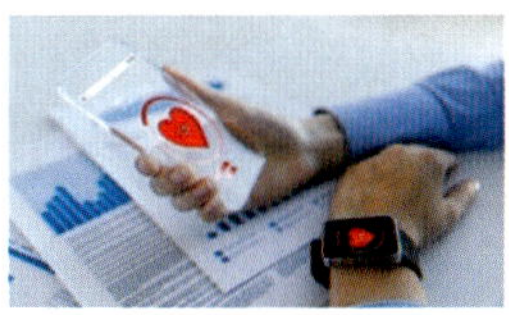

■ **베타리스크(Beta Risk)가 큰 산업**
원자력, 화력 등

출처: EdX, Platform Strategy for Business강좌에서 수정

종합해 보면 정보의 비중이 높은 산업, 작은 회사가 많은 산업, 정형화된 저렴한 제품이 많은 산업, 유휴자산이 많은 산업 등이 플랫폼화가 쉽다.

이와는 다르게 플랫폼화를 가져가기에 한계가 있는 산업들도 존재한다.

표 8-3에서 보듯이 물리적 자산이 많은 산업은 플랫폼화에 어려움이 따른다. 플랫폼 비즈니스는 기본적으로 다수의 공급자가 확보되고 그들 간의 네트워크 효과가 있는 것이 바람직하다. 하지만 대규모의 자본이 투자되어야 하는 건설이나 광산업 같은 산업은 몇몇의 자본력이 있는 기업들만이 참여할 수 있다. 즉, 다수의 공급자가 확보되기 어려운 여건이기 때문에 플랫폼화가 쉽지 않다.

규제의 강도가 높은 산업 역시 플랫폼화를 진행하기 어렵다. 제약과 헬스케어 같은 산업의 경우 사람들의 건강과 밀접한 관계가 있기 때문에 규제의 강도가 매우 높다. 만약 허가받지 않은 다수의 공급자가 약품을 팔게 되면 소비자의 건강과 윤리적인 측면(마약류 등)에 큰 위험성을 동반하게 된다. 따라서 이러한 위험성을 획기적으로 방지할 수 있는 방법이 없는 한 플랫폼화가 쉽지 않다고 볼 수 있다.

비행기나 군수 산업과 같이 제품생산과정이 어렵거나 제품을 생산하기 위한 전문성이 많이 필요한 산업이거나 제품에 대한 비밀을 요하는 산업들은 제조과정의 일부분을 플랫폼화하기가 쉽지 않다. 이런 산업들의 경우 정교한 품질이 매우 중요하기 때문에 모든 것을 내가 컨트롤하여 제품의 품질을 확보할 수 있는 파이프라인 비즈니스가 더 적합할 수 있다.

마지막으로 화력이나 원자력 등과 같이 베타리스크(Beta Risk)[1]가 큰 산업들 또한 플랫폼화가 어렵다. 산업 자체에 대한 규제도 심할뿐더러 만약 문제가 생겼을 경우에는 천문학적인 규모의 피해가 발생하기 때문에 책임감 있는 극소수의 공급자만이 참여할 수 있다. 따라서 이러한 산업은 정부가 허가하는 기업이나 공인된 기술력을 확보하고 있는 기업들만 가능하기 때문에 플랫폼화가 어렵다.

결론적으로 플랫폼화가 쉽지 않은 산업들의 공통점은 여러 가지 제약 조건(막대한 자본, 규제 등)으로 인해 외부에 있는 기업들이 플랫폼 생태계 내부로 유입되기 어렵고, 플랫폼화를 위한 필수 조건인 네트워크 효과를 활성화하기 어렵다는 것이다.

보잉, 한국수자원공사 등과 같은 기업들이 이에 해당한다. 이 기업들은 비행기나 원자력 발전 등의 대규모 생산공정을 자산으로 보유하고 있고, 거의 모든 프로세스를 강도 높게 통제하고 있다. 따라서 현재의 비즈니스 모델 내에서는 플랫폼화가 매우 어렵다. 설혹 플랫폼화를 한다고 해도 매우 제한적인 범위 내에서 플랫폼 생태계를 만들 수밖에 없을 것이다. 이러한 기업들의 경우 기존의 비즈니스 모델을 플랫폼화하려는 생각보다는 기존 산업과 시너지를 낼 수 있는 새로운 플랫폼 생태계를 만드는 방법을 생각해 봐야 한다.

1) 베타리스크: 제2종 오류라고도 하며, 귀무가설을 세우고 그것이 거짓인 경우를 채택하는 오류. 원자력 발전소에서 방사능이 유출되어도 사람에게 피해가 없을 것이라는 가설을 채택하는 경우를 말한다. (반대 : 알파리스크)

기존 산업과 시너지를 낼 수 있는 플랫폼 비즈니스를 도입하기 위해서는 우선 우리 비즈니스 영역에서 플랫폼화가 가능한 부분을 찾는 것이 바람직하다. 또한 우리 사업 가치사슬의 전방이나 후방 산업과 연결해 보는 것도 고려해 볼 수 있다. 예를 들어 원자재 구매와 같은 비포 마켓(Before Market), 판매 후 서비스를 위해 형성되는 애프터 마켓(After Market) 같은 영역이다.

플랫폼화가 가능한 영역을 찾았다면 다음은 외부적 자원을 적극적으로 활용하여 비즈니스 모델을 만들 필요가 있다. 애플이나 삼성전자 또한 제조업 기반의 기존 비즈니스는 내부 자원을 적절하게 활용해 운영하면서도 플랫폼 비즈니스가 가능한 영역에는 적극적으로 외부 자원을 활용하여 사업을 운영했다. 그 결과 내부 자원만을 활용하는 파이프라인 기업들보다 더 넓은 범위에서 플랫폼 생태계를 구축할 수 있었다. 물론 내부 자원을 활용하여 비즈니스 모델을 만들면 더 빠른 시간에 효율적으로 서비스를 구축할 수 있는 장점이 있다. 하지만 장기적인 관점에서 비용적인 측면이나 네트워크 효과를 고려했을 때 외부 자원을 활용하는 것이 압도적으로 유리하다.

플랫폼화가 어려운 산업들은 그렇지 않은 산업들보다 시간과 노력이 더 필요할 뿐이지 플랫폼화가 불가능하진 않다. 우리 산업은 안 된다며 미리 겁을 먹고 피하는 실수를 하지 않길 바란다. 플랫폼화가 어려운 산업에서 플랫폼화를 성공한다면 그 효과와 파급력은 몇 배로 커질 수 있기 때문이다.

3절 _ 기존 파이프라인 기업의 플랫폼화 성공 사례

기존 파이프라인 기업의 플랫폼화 성공 사례인 애플을 보자. 그림 8-3 처럼 애플은 2000년대 초반까지만 해도 PC, 아이팟(ipod)등의 단말기를 제조하던 전형적인 파이프라인 비즈니스 기업이었다. 하지만 스마트폰을 출시하면서 아이튠즈와 앱스토어라는 새로운 영역의 플랫폼 비즈니스를 도입하였다. 그 결과 파이프라인 비즈니스와 플랫폼 비즈니스가 이상적으로 시너지를 만들면서 초일류 기업으로 성장하였다.

그림 8-3 Apple의 플랫폼화 성공 사례

나이키(Nike)는 적극적으로 플랫폼화를 추진하여 성공적인 사례를 만들어 가는 기업이다. 그림 8-4 에서처럼 나이키는 그들의 제품을 사용하는 유저들의 정보와 그들의 커뮤니티를 활용해 새로운 플랫폼 생태계를 구축했다. 즉, 제품 판매 이후에 애프터 마켓에서 새로운 플랫폼 비즈니스를 만들어 낸 것이다.

나이키는 신발에 센서를 탑재해 모바일 애플리케이션과 연결하는 플

그림 8-4 NIKE의 플랫폼화 성공 사례

- 나이키는 유저 정보와 Community를 활용하여 Platform 생태계 구축
- 신발에 Sensor를 탑재하여 다른 Devices와 연결 → Mobile Platform Building
- 나이키만의 서비스와 Application을 통해 대규모 Mobile Ecosystem Building

Platform화를 시작한 나이키는 지속적으로 새로운 시장에서 경쟁력을 키워가고 있음

랫폼을 만들었다. 이 센서는 운동한 거리, 페이스, 시간뿐만 아니라 심지어 운동할 때 자신이 듣고 싶은 음악을 설정할 수 있는 기능까지 탑재해 유저들에게 큰 호응을 얻었다. 나이키 제품을 개발하고 생산하는 영역을 벗어나 제품을 사용하는 고객들의 라이프스타일 영역에서 대규모 플랫폼 생태계를 만들어낸 것이다. 나이키는 이를 통해 오히려 제품의 경쟁력이 높아지는 시너지를 내고 있다.

4절 _ 플랫폼화를 못 해서 망한 사례

애플과 나이키처럼 플랫폼의 중요성을 깨닫고 비즈니스에 적극 도입해 성공한 기업이 있는가 하면, 현재의 비즈니스에 안주하다가 자연스레 역사 속으로 파묻힌 기업도 있다. 블랙베리(BlackBerry)가 대표적이다. 초창기 쌍방향 무선호출기 서비스를 개발하는 회사에서 시작한 블랙베리는 2000년대 초반부터 모바일폰 시장에 본격적으로 뛰어들었다. 그림 8-5 에서 볼 수 있듯이 2009년까지는 시장 점유율이 증가하는 추세를 보였다.

그림 8-5 블랙베리의 플랫폼화 실패 사례

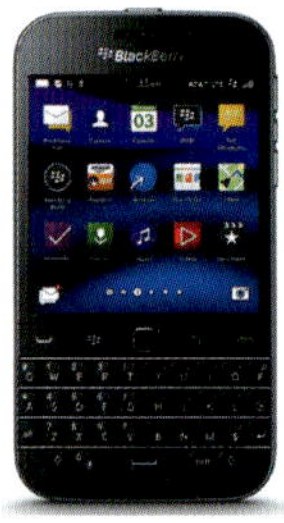

- 초창기 쌍방향 무선호출기 서비스를 개발하는 회사에서 시작하여 스마트폰 시장에 진출
- Platform화를 하지 못해 2009년 Market Share 50% → 2013년 2.1%로 급감

[BlackBerry의 M/S 분포]

제조 중심의 비즈니스를 고집한 BlackBerry는 결국 시장에서 거의 사라지게 됨

문제는 계속해서 기존의 비즈니스 방식을 추구하며 제조 중심의 비즈니스를 고집한 데 있었다. 그 사이에 애플, 삼성과 같은 기업들이 적극적으로 그들의 스마트폰 사업을 플랫폼화했다. 한때 50%에 육박했던 블랙베리의 시장점유율은 2013년 2.1%로 곤두박질쳤고, 결국 시장에서 거의 사라지고 말았다.

그림 8-6은 대영백과사전(Encyclopedia Britannica)의 예이다. 대영백과사전은 약 200년의 전통을 가지고 있는 세계적인 브랜드로서 1990년대 이전에는 무언가 모르는 게 있으면 많은 사람들이 찾던 정보원인 매체였다. 그런데 1990년대 인터넷의 상용화로 인해 상황이 바뀌었다. 브리태니커는 마이크로소프트와 글로리아가 선보인 CD백과사전에 점유율을 빼앗기기 시작했다. 이런 변화에 적절한 대응을 하지 못하던 브리태니커는 뒤늦게 CD로 백과사전으로 출시했다. 하지만 이미 그때는 정보 검색 포털사이트나 위키피디아 등 정보공유 플랫폼의 시대가 도래한 후였다.

그림 8-6 브리태니커 백과사전의 플랫폼화 실패 사례

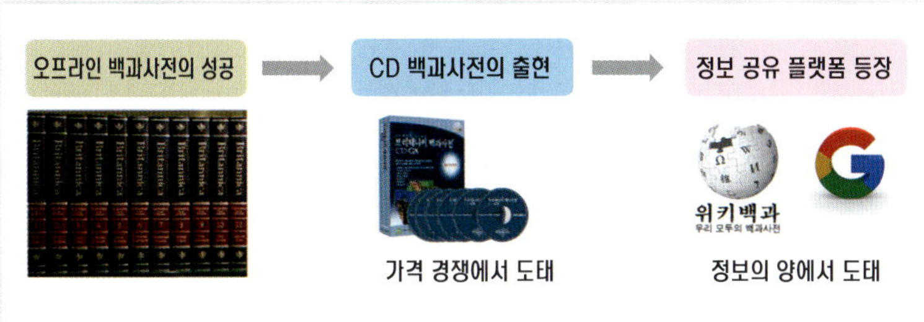

2012년, 브리태니커는 결국 244년 만에 백과사전의 출판을 포기했다. 현재는 학생 참고서와 온라인 백과사전을 판매한다. 아직도 플랫폼 형태의 비즈니스로 변화하지 못한 상태로 기업을 유지하고 있는 상황인 셈이다.

이처럼 전통적인 비즈니스로 큰 성공을 거둔 파이프라인 기업들이라 할지라도 온라인화와 플랫폼화의 흐름을 거스른다면 부정적인 결과가 나타날 가능성이 크다. 기업의 플랫폼화가 만능은 아니겠지만 그럼에도 필자가 기업들의 플랫폼화를 강조하는 이유다.

8장의 요약

이 장에서는 파이프라인 기업의 플랫폼화 가능성을 살펴보았다. 책의 서두에서도 언급했지만, 미래 비즈니스의 핵심 경쟁력이 될 수 있는 네트워크 효과를 확보하고, 변화하는 기업의 가치 평가 기준에 대응하기 위해서는 어떠한 방식으로든 플랫폼 비즈니스를 도입하는 것이 유리하다.

플랫폼 비즈니스를 도입하는 방식은 산업의 특성에 따라 다를 수 있다. 플랫폼화가 쉬운 산업의 경우 기존 비즈니스의 일부 또는 전체를 플랫폼화할 수도 있고, 플랫폼화가 어려운 산업은 기존 산업과는 다른 영역에서 새로운 플랫폼 비즈니스를 개발할 수도 있다. 다행히도 최근 들어 많은 국내 기업들이 플랫폼 비즈니스를 도입하려는 움직임을 보이고 있으나 생각보다는 플랫폼화의 진행 속도가 더딘 것도 사실이다.

파이프라인 기업의 플랫폼화를 저해하는 요인 중에 하나는 사고의 차이이다. 플랫폼 기업과 파이프라인 기업은 플랫폼 비즈니스를 바라보는 시각에서 상당한 차이를 보인다. 이는 시장의 구조적 차이로부터 기인한다. 파이프라인 기업은 단면 시장의 고객들을 대상으로 내가 모든 것을 통제하고 주도하여, 제품을 생산/판매하는 비즈니스를 진행해 왔다. 따라서 제품이나 서비스를 중심으로 사고하는 경향이 크다. 반면 플랫폼 기업은 양면 시장을 대상으로 그들의 상호작용을 원활하게 만들어 주는 비즈니스를 수행한다. 따라서 제품이나 서비스보다는 참여자들과 그들이 만들어 내는 네트워크에 집중하게 된다.

이러한 사고의 차이는 플랫폼 비즈니스에 대한 잘못된 오해를 만들어 낸다. 파이프라인 기업들은 종종 플랫폼 비즈니스를 새로운 특징이나 기능을 가진 서비스를 고객들에게 제공하는 비즈니스로 오해한다. 예를 들어 자사 제품의 온라인 판매 서비스를 플랫폼 비즈니스라고 잘못 이해하고 있는 경우다. 온라인 판매 서비스는 하나의 새로운 판매 채널일 뿐 결코 플랫폼 비즈니스가 아니다. 플랫폼은 참여자들의 상호작용을 통해 네트워크 효과를 발생시킬 수 있어야 한다. 이러한 관점의 변화가 없다면, 파이프라인 기업이 플랫폼 비즈니스 모델을 어렵게 도입하더라도 결국 실패할 가능성이 크다.

이 장에서는 플랫폼화가 쉬운 산업과 어려운 산업의 특징도 함께 살펴보았다. 플랫폼화가 쉬운 산업은 정보의 비중이 높아서 거래 비용이 큰 산업이나, 마케팅이나 IT 시스템의 구축이 어려운 소규모 회사들이 많은 산업들이다. 또한 제품이나 서비스가 정형화되어서 하나의 플랫폼에 비교하기 쉽거나 유휴자산이 큰 산업들도 플랫폼화가 용이하다.

반면, 물리적 자산이 커서 공급자가 참여하기 어려운 산업이나, 제품이나 서비스가 복잡하여 품질 문제가 발생할 가능성이 큰 산업은 플랫폼화가 쉽지 않다. 또한 베타리스크가 너무 커서 강력한 규제가 필요한 산업들도 플랫폼화가 어렵다. 이러한 산업들의 경우 무리해서 기존 비즈니스를 플랫폼화하기보다는, 현재 비즈니스와 시너지를 낼 수 있는 새로운 영역에서 플랫폼 비즈니스 모델을 개발하는 것이 더 좋은 선택일 수 있다.

8장의 연습 문제

1. 파이프라인 기업이 플랫폼 비즈니스 모델을 도입하고자 할 때 주로 범하는 관점의 차이는 무엇인지를 기술하시오.
2. 플랫폼화가 쉬운 산업과 어려운 산업의 특징을 설명하고, 플랫폼화 성공 사례와 실패 사례를 각각 하나씩 조사하시오.

9장.

기존 파이프라인 기업의 플랫폼화를 위한 방법

1절 수직계열화 대신 플랫폼을 이용하여 거래비용을 낮추자
2절 제품만이 아니라 제품이 만들어내는 생태계의 중요성을 인지하자
3절 내부에서 플랫폼화를 먼저 이루자
4절 플랫폼을 통해 사용자 간 거래가 자연스럽게 이뤄지도록 하자
5절 파이프라인 비즈니스의 강자가 플랫폼화할 때 가지는 장점
6절 파이프라인 비즈니스를 플랫폼 비즈니스로 전환할 때 주의할 점

메신저 앱으로 시작한 카카오, 일상에 스며들다

해외에서 무언가를 검색해 보라고 할 때 "Google it"이라고 말하곤 한다. 그만큼 구글(Google)은 일상 속에서 많이 활용되며 검색 활동의 대표명사가 되었다. 이와 비슷하게 한국에서는 연락하자는 의미로 "카톡해~"라는 표현을 자주 쓴다. 이미 카카오톡은 우리 일상의 한 부분이 된 것이다.

2010년 등장한 모바일 메신저 서비스인 카카오톡은 '비싼 SMS 요금을 낼 필요 없이 무료로 문자, 사진, 영상을 보낼 수 있다'는 단순하고도 매력적인 가치제안을 하며 폭발적으로 사용자를 끌어 모으기 시작했다. 아이폰과 갤럭시 등 국내에 스마트폰 보급이 막 활성화되기 시작한 시점에 누구보다 빨리 메신저 서비스를 런칭한 카카오톡은 시장의 선점효과를 제대로 누렸다.

첫 출시 후 6개월 만에 100만 명, 석 달 후에는 500만 명, 그리고 출시한 지 2년이 되지 않아 5,000만 명이 카카오톡을 설치했으며, 2018년 조사결과에 따르면 카카오톡은 국내 모바일 메신저 점유율 94%를 자랑하고 있다. 카카오톡에 이어 라인이나 페이스북 메신저, 텔레그램 등의 메신저 서비스가 등장했지만 이미 한국의 거의 모든 사람들이 카카오톡을 사용하는 상황에서 다른 앱으로의 이탈은 거의 없는 상황이다. 이렇게 많은 사용자 수를 확보한 카카오톡은 끊임없는 서비스 확장을 통해 메신저를 넘어 한국 사람들의 일상 속으로 스며드는 중이다.

카카오톡 메신저 서비스는 이렇다 할 수익 모델이 없는 비즈니스이다. 서버유지 비용은 지속적으로 들어가는 데에 비해 대부분이 개인적인 대화 내용이기 때문에 데이터를 축적하고 정보를 활용할 수도 없다. 따라서 카카오톡은 엄청난 사용자 수를 기반으로 공격적으로 사업범위를 넓혀가는 전략을 선택했다.

국민적인 인기를 끌었던 '애니팡 for Kakao'로 대표되는 카카오게임이 2012년 출범하였고, 2014년에는 국내 2위 포털사이트인 다음과 합병하며 수많은 데이터와 검색 엔진을 확보하였다. 2016년에는 국내 최대 음원 스트리밍 서비스인 멜론을 인수하며 콘텐츠 수익이 대폭 상승되었으며, 카카오택시, 카카오헤어, 카카오뱅크와 같은 O2O(Online to Offline) 사업을 확장하기도 하였다. 이외에도 콘텐츠 부문의 카카오페이지, 커머스 부문인 카카오톡 선물하기와 카카오페이 등 수많은 서비스가 카카오의 이름으로 제공되며 다양한 방법으로 수익을 창출하고 있다.

몸집을 키우는 데 많은 비용을 쓴다는 우려도 있었지만 카카오는 2019년 한 해 동안 무려 3조 898억 원의 매출과 2,066억 원의 영업이익을 달성하며 사상 최고의 실적을 냈다. 2018년 대비 매출은 28%, 영업이익은 183% 증가한 수치로, 카카오가 성공적으로 수익화를 이끌어내고 있음을 나타낸다. 무료 메신저 앱으로 시작했지만 기존 사용자를 바탕으로 다양한 공급자를 끌어들이며 계속해서 새로운 사업을 탄생시켰다. 이미 충성 고객을 확보하고 있는 파이프라인 기업이 플랫폼화를 함에 있어서 시사점을 얻을 수 있는 대표적인 플랫폼 비즈니스 사례이다.

* 프리미엄조선 기사 '카카오 10년이 바꾼 대한민국 24시' 2017.01.12. 인용

* 중앙일보 기사 '카톡, 국내 모바일 메신저 점유율 1위...94.4% 차지' 2018.06.27. 인용

* 카카오 홈페이지 2019년 연간 실적발표 참고

PLATFORM BUSINESS

9장. 기존 파이프라인 기업의 플랫폼화를 위한 방법

앞선 사례들을 통해 플랫폼화의 필요성은 충분히 인지하였을 것으로 기대한다. 이제는 구체적으로 기존의 파이프라인 기업이 플랫폼 비즈니스 모델을 도입하기 위해 고려해야 할 중요한 사항들을 검토해 보자.

1절 _ 수직계열화 대신 플랫폼을 이용하여 거래비용을 낮추자

그림 9-1 수직계열화 탈피를 통한 플랫폼화

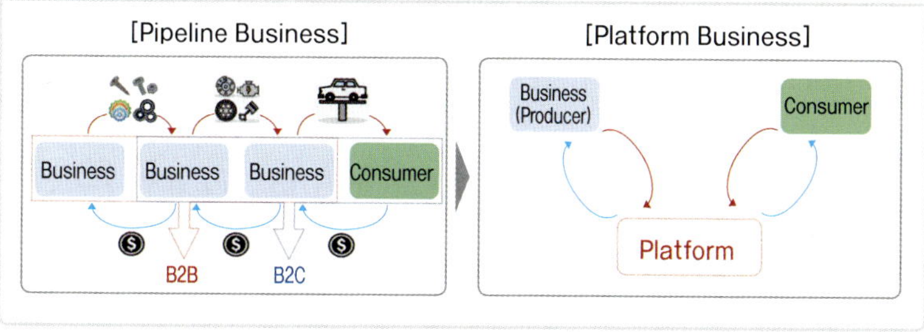

첫 번째는 비즈니스의 수직계열화를 벗어나야 한다는 것이다. 그림 9-1의 왼쪽은 파이프라인 비즈니스의 수직계열화를 표현한 것이다. 기존의 파이프라인 기업들은 원자재 → 1차 제품 → 완성제품 → 소비자 단계를 거치면서 원자재 구매부터 소비자에게 전달하기까지 B2B 영역과 B2C 영역을 포함한 비즈니스 운영의 모든 파트를 수직계열화하여 기업의 통제하에 갖고 있다. 이를 그림의 오른쪽과 같이 가치사슬의 일정 부

분을 떼어내 플랫폼화함으로써 전반적인 거래비용을 줄일 수 있다.

물론 수직계열화의 장점도 많다. 그러나 수직계열화는 궁극적으로 거래비용을 줄이지 못한다. 수직계열화를 할 경우 단기적으로는 거래비용을 감소시키지만 시간이 지남에 따라 시장 기능이 정상적으로 작동하지 않아서 오히려 거래 비용이 커지는 현상이 나타나는 경우가 많다.

시장은 거래비용이 낮아지는 시스템을 원하고 플랫폼은 이러한 시장의 요구에 부응하는 비즈니스 모델이다. 그렇기 때문에 기존의 파이프라인에서 모든 것을 관할하던 수직계열화의 사고에서 벗어나야 한다. 가치사슬에서 플랫폼화가 가능한 부분들을 파악하고 이 부분에 대해 플랫폼 비즈니스의 도입을 적극적으로 고려하는 것이 바람직하다. 이렇게 거래비용을 줄이는 방법이 소비자들이 원하는 바다.

2절 _ 제품만이 아니라 제품이 만들어내는 생태계의 중요성을 인지하자

두 번째로는 소비자들에게 기존 파이프라인 비즈니스에서는 줄 수 없는 다양한 서비스를 제공하여 새로운 플랫폼 생태계를 조성해야 한다. 카카오는 이 전략을 아주 잘 사용한 기업이다. 카카오는 처음에 스마트폰용 무료 통화 및 모바일 메신저 서비스로 기업의 네트워크를 확보했다. 그다음 다양한 서비스를 선보이기 위해 새로운 외부 생산자들을 인수했다. 그러면서 카카오 게임, 프렌즈, 택시, 버스, 지하철, 지도 등 더욱 더 다양하고 풍성한 서비스를 고객들에게 제공하기 시작했다. **그림 9-2** 처럼 새로운 사용자들이 지속적으로 유입되어 생태계가 커져 가면서 네

그림 9-2 서비스의 다양화를 통한 플랫폼화

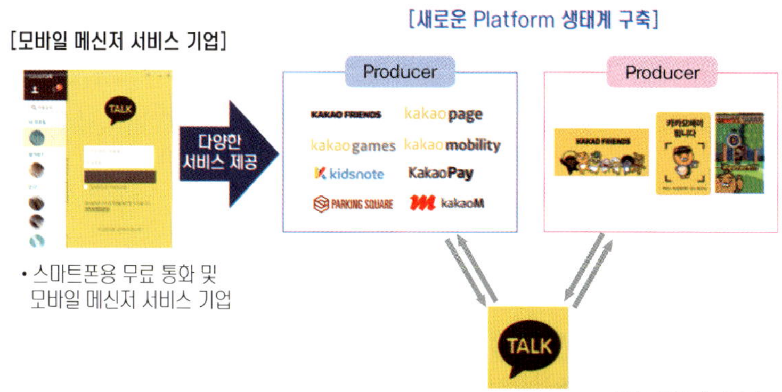

출처: 카카오 홈페이지

트워크 효과가 증가하고 소비자들은 각각의 서비스들을 더 편리하게 이용하게 되고 카카오의 플랫폼 생태계는 더욱 더 커져가는 선순환을 가져왔다.

파이프라인 기업들은 플랫폼화를 위해 기존에 해오던 비즈니스와 함께 또 어떤 서비스로 생태계를 조성하여 소비자들의 욕구를 만족시켜 비즈니스의 성장을 도모할 것인가를 고민하여야 한다.

3절 _ 내부에서 플랫폼화를 먼저 이루자

세 번째로는 먼저 내부에서 플랫폼을 만들어 비즈니스로 정착시킨 다음에 외부로 개방하는 방법도 생각해 볼 수 있다. **그림 9-3** 처럼 아마존은 내부의 자회사들과 디비전들이 웹 서비스를 사용하고 기능들을 파악한 다음 이를 각 디비전에서 분리한 후 모두를 통합하여 새로운 시스템을 설계했다. 이 시스템은 아마존 내부에서 새로운 플랫폼화가 될 수 있도록 디자인하는 작업을 거친 뒤, 최종적으로 아마존 웹 서비스라는 플랫폼으로 외부에 개방됐다. 일단 이 방법은 내부적으로 플랫폼의 상용화가 가능한지에 대한 검증을 거쳤기 때문에 외부에서 플랫폼 비즈니스로 자리매김하는 데 겪게 되는 어려움을 줄일 수 있었다.

그림 9-3 내부 성공 후 외부 개방을 통한 플랫폼화

출처: EdX, Platform Strategy for Business강좌 활용

4절 _ 플랫폼을 통해 사용자 간 거래가 자연스럽게 이뤄지도록 하자

기존의 파이프라인 기업들이 플랫폼화를 하기 위한 네 번째 방법은 사용자들 간의 커뮤니케이션을 통한 상호작용이 자연스럽게 발생하도록 유도하는 것이다.

미국의 자산관리 소프트웨어 분야에서 성공한 핀테크(Fintech) 기업 인튜잇(Intuit)은 중소기업들을 대상으로 금융, 세금 관련 소프트웨어를 개발하여 판매하는 파이프라인 비즈니스 회사였다. 이들이 개발한 대표적인 회계 프로그램으로는 퀵북(Quick Books)이 있다. 퀵북은 중소기업과 회계사들 모두가 사용하는 프로그램이 되었고 인튜잇은 **그림 9-4**와 같이 프로그램을 사용하는 기업과 회계사들이 연결되는 커뮤니케이션 통로를 만들고 이들을 연결시켜 주는 다양한 형태의 서비스를 개발하여 플랫폼 기업으로 성장할 수 있었다. 이처럼 새로운 사용자 시장을 개척하고 사용자 간에 거래가 이뤄지도록 유도하는 것도 플랫폼화를 위한 좋은 방법일 수 있다.

그림 9-4 새로운 거래 구조 생성을 통한 플랫폼화

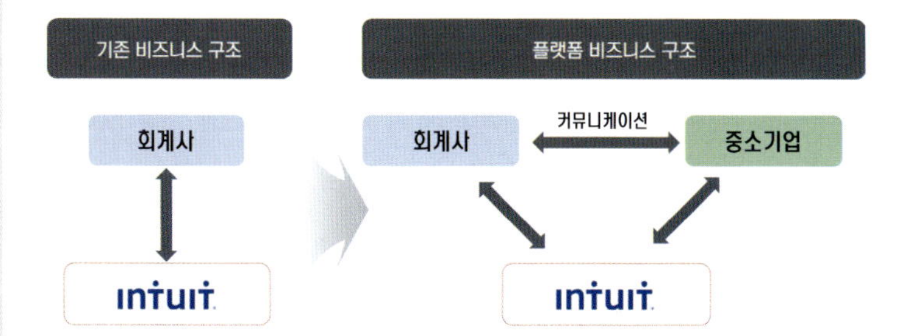

출처: EdX, Platform Strategy for Business강좌 활용

5절 _ 파이프라인 비즈니스의 강자가 플랫폼화할 때 가지는 장점

지금까지의 내용에서 보면 필자가 주장하는 바가 기존 파이프라인 비즈니스를 전부 버리고 플랫폼화하자는 게 아니고 기존 비즈니스에서 얻을 수 있는 이점을 최대한 활용하여 플랫폼화할 수 있는 부분을 찾아 기업의 경쟁력을 확보해야 한다는 것을 잘 알 수 있을 것이다. 이제는 기존의 파이프라인 기업들이 처음부터 플랫폼 기업으로 시작하는 스타트업에 비해 플랫폼화하는 데에 어떠한 장점이 있을까를 살펴보자.

산업에 대한 지식

파이프라인 기업들은 자신들이 속한 산업에 대한 전문적인 지식을 갖추고 있다. 자동차를 만드는 회사는 자동차와 기계 산업, 약을 만드는 회사는 제약 및 바이오 산업에 대한 이해도가 높을 수밖에 없다. 만약, 몸담고 있는 산업에 대한 이해도가 부족하다면 그 기업은 플랫폼화는커녕 기업의 생존을 걱정해야 한다. 그러므로 기업이 산업에 대한 지식을 갖고 있지 않은 경우는 논외로 치겠다.

따라서 파이프라인 기업은 산업에 대한 높은 이해도를 가진 상태에서 플랫폼화에 진입하는 것이다. 이 산업에서 가장 중요한 기술은 무엇인지, 소비자가 중요하게 생각하는 바가 무엇인지, 기존 산업 내에서 발생하던 애로점(Pain Point)에는 어떤 것이 있는지를 알고 있고 이를 어떻게 플랫폼화를 통해 문제점을 해결할 수 있는 가를 찾음으로써 빠르게 경쟁력을 갖출 수 있다.

소비자의 확보

파이프라인 기업들은 당연히 자신들의 제품을 구매하고 있던 고객들을 확보하고 있다. 물론 그들에 대해서 잘 알고 있는가는 별개의 문제지만, 그렇다 하더라도 처음부터 플랫폼 비즈니스를 기획해서 시작하는 기업보다는 소비자 그룹을 참여자로 확보하는 것이 스타트업보다는 용이하다.

대부분의 기업들이 처음 플랫폼을 설계하고 런칭할 때 가장 고민하는 부분은 공급자와 소비자 중 누구를 먼저 참여시키고 어떻게 그들을 모으는가 하는 점이다. 하지만 파이프라인 기업은 정답이 있다. 소비자는 이미 확보가 되어 있고, 이러한 소비자들이 원하는 제품을 공급해 줄 수 있는 공급자들을 플랫폼에 참여시키면 된다. 이러한 이유 때문에 파이프라인 기업이 스타트업에 비해 플랫폼화에 큰 이점을 갖고 있다고 볼 수 있다.

품질 및 신뢰의 유지

기존 파이프라인 기업은 어느 정도 고객의 신뢰를 확보한 상태에서 플랫폼을 시작할 수 있다. 왜냐하면 파이프라인 형태의 비즈니스를 통해 시장에서 소비자인지도를 가지고 있기 때문에 당연히 신생 플랫폼 기업에 비해 앞서 출발한 상태라고 볼 수 있다.

소비자의 입장에서 생각해 보면 잘 알려지지 않은 플랫폼 스타트업을 신뢰하기는 쉽지 않다. 그래서 홍보는 플랫폼 기업들이 시장 진입 초기에 마주하는 가장 큰 장벽 중 하나다. 우리 플랫폼에서 제공하는 제품이나 서비스가 더 우수하다는 점을 알리는 것은 어렵고 많은 비용이 든다. 어쩌면 우리가 어떤 회사인가를 알리는 것조차도 어려운 것이 현실이다.

하지만 파이프라인 기업은 브랜딩이 되어 있어 인지도가 있는 상태다. 그뿐 아니라 제품에 대한 품질도 검증돼 있다. 기업이 비즈니스 형태를 플랫폼으로 바꾼다고 해도 소비자들이 재구매를 그만두거나 하진 않을 것이다. 이런 것만 해도 기존 기업이 신생 플랫폼 기업에 비해 엄청난 우위를 가진다 할 수 있다. 또한 플랫폼의 도입으로 소비자의 편익을 더 좋게 만들어 주고 거기에 더해 기존 파이프라인 기업이 플랫폼 비즈니스를 시작한다는 것 자체도 큰 뉴스가 될 가능성이 높아 광고효과를 볼 수 있다는 장점이 있다.

자금력

수많은 스타트업의 성공 신화를 보면 빠지지 않고 등장하는 이야기가 있다. 바로 극적으로 이뤄지는 '자본 투자'다. 많은 스타트업 창업자들의 성공 스토리는 대부분 '몇 평 남짓의 사무실에서 밀린 월세와 직원들의 월급을 위해 투자자를 찾던 중 대기업의 투자를 얻어 지금의 성공을 거둘 수 있었다'는 이야기를 많이 접하게 된다. 그만큼 자본은 스타트업이 겪는 가장 큰 문제다. 스타트업들은 자금력의 한계로 인해 그들의 꿈을 펼치지도 못하고 사업을 접게 되는 경우도 많다.

하지만 파이프라인 기업은 기존에 해오던 비즈니스로부터의 현금흐름이 있기에 스타트업보다 비교적 자금에 대한 압박에서 자유롭다. 이는 기업이 좀 더 공격적이고 과감한 도전을 할 수 있게 하는 원동력이 된다.

6절 _ 파이프라인 비즈니스를 플랫폼 비즈니스로 전환할 때 주의할 점

파이프라인 기업이 플랫폼으로 전환할 때 무조건 이로운 점만 있진 않다. 세상의 모든 일에 양면이 존재하는 것처럼 플랫폼화에 동반되는 문제점은 반드시 존재한다. 이제 그 문제점들을 살펴보자.

플랫폼으로 가기 위한 사고방식 및 문화(Culture)의 변화

파이프라인 기업은 기존에 가지고 있던 사고방식과 문화를 변화시킬 필요가 있다. 파이프라인 기업의 가장 큰 경쟁력은 기업의 가치사슬에 대한 통제를 통해 수익성을 높이고, 기술에 대한 보안을 강화하는 형태로 발전해 왔으나 이와는 다르게 플랫폼 비즈니스는 개방적 문화와 시장에 대한 빠른 대응을 전제로 하고 있는 경우가 많기 때문이다.

그렇기에 플랫폼 비즈니스를 하려면 기존의 생각을 버려야 한다. 자신들만의 역량으로 비즈니스를 하기보다는 외부의 누군가와 함께 해야 한다는 사고방식을 가져야만 플랫폼화를 이룰 수 있다. 물론 그동안 고수해온 사고방식을 바꾸기란 쉽지 않다. 지금까지 일궈온 비즈니스 성과를 한순간에 포기해야 한다고 생각하기 때문이다. 예를 들어 생산을 외부 공급자에게 넘기면 내가 기존에 보유하고 있는 공장은 아무 의미가 없어진다고 생각하기보다는 기존 공장을 어떻게 새로운 비즈니스에 활용할 수 있을 것인지를 고민하는 것이 바람직하다. 즉 플랫폼화를 통해 더 큰 비즈니스를 가져올 수 있다는 청사진이 필요하다. 아마존처럼 자신들의 공급 라인을 잠시 포기한 후 추후에 병행하는 방법도 있을 수 있다. 애플처럼 파이프라인과 플랫폼 형태의 비즈니스를 병행하는 방법도 있다.

하지만 이러한 생각을 가지기까지 많은 고민이 필요하다. 네트워크 효과가 생성되기까지 적자를 감수할 수 있는 자금력과 인내심 또한 뒷받침돼야 한다. 조직 내부에서 플랫폼에 맞는 사고방식으로의 전환과 새로운 문화를 조성하는 데 많은 시간과 노력, 교육이 필요하다는 이야기다.

플랫폼으로 가기 위한 조직의 유연성 및 스피드 확보

플랫폼 기업의 대부분은 스타트업 기업으로 이루어져 있다. 그러다 보니 플랫폼 비즈니스의 사고방식이나 업무처리 방식은 기존 파이프라인 기업과 다르게 빠른 의사결정을 필요로 하기에 형식적인 절차 등이 생략되어 있는 경우가 많다.

예를 들어, 스타트업의 일반적인 업무 프로세스는 '선 조치 후 보고'의 형태로 실행력 중심의 의사결정에 초점을 둔다. 이는 파이프라인 기업의 기존 업무 방식인 의사결정을 한 후 실행을 하는 '선 보고 후 조치'의 형태와는 대조적이라 하겠다.

두 방식 중 절대적으로 옳은 방식은 없다. 다만, 플랫폼의 세상은 변화가 심하여 빠른 대응을 중시한다. 이 때문에 파이프라인 기업들의 전통적인 업무 방식은 그 속도를 따라가지 못할 가능성이 높다. 그러므로 플랫폼화를 위해서는 스타트업과 같은 조직의 유연성과 스피드가 필요하다.

오랜 시간을 들인 회의에서 나온 결과물보다 때로는 해당 업무를 가장 잘 알고 있는 담당자의 직관적인 판단으로 신속하게 대응했을 때 더 좋은 결과를 가져오는 경우가 많다는 사실을 간과해서는 안 된다.

9장의 요약

이번 장에서는 파이프라인 기업이 플랫폼 비즈니스 모델을 도입할 때 고려해야 되는 사항들을 살펴보았다.

플랫폼 비즈니스를 도입하기 위해서는 먼저 가치사슬의 수익계열화에서 벗어나는 것이 중요하다. 파이프라인 기업은 원자재의 구매부터 최종 판매에 이르는 모든 가치사슬을 자신의 통제하에 두고 관리하고자 하는 욕망이 있다. 이것이 비용을 최적화하는 길이라고 생각한다. 하지만 수직계열화를 할 경우 단기적으로는 거래비용을 감소시키지만 시간이 지남에 따라 시장 기능이 정상적으로 작동하지 않아서 오히려 거래 비용이 커지는 현상이 나타나는 경우가 많다. 완전한 수직계열화보다는 가치사슬의 일정 부분을 외부로 개방하여 플랫폼화하는 것이 거래비용을 줄이는 데 도움이 된다.

다음으로 우리의 기존 고객에게 집중해야 한다. 더 정확하게는 우리의 고객이 만들어 낼 새로운 생태계의 가능성에 집중할 필요가 있다. 이를 위해서는 고객들이 상호작용을 할 수 있는 다양한 신규 서비스의 제공이 필요하다. 이때 서비스를 개발하고 제공하는 주체는 되도록 외부의 공급자를 활용하는 것이 좋다. 새로운 서비스와 새로운 공급자가 우리의 네트워크에 참여하게 되면 기존과는 전혀 다른 새로운 생태계가 만들어질 수 있다. 이렇게 만들어진 생태계는 더욱 많은 참여자를 끌어들이는 선순환 구조를 만들어 낸다.

내부에서부터 플랫폼화를 먼저 시도해 보는 것도 좋은 방법이다. 이는 내부의 각 부문(function)별 시스템을 통합하여 플랫폼을 만들어 보고, 가능성을 파악한 후에 외부로 개방하는 방법이다. 마지막으로 우리의 제품이나 서비스를 활용하여 참여자들이 소통하게 만드는 것도 플랫폼화를 위한 좋은 방법이다.

일반적으로 파이프라인 기업들은 처음부터 플랫폼 기업으로 시작하는 스타트업에 비해 몇 가지 장점을 가지고 있다. 첫 번째는 산업에 대한 지식이다. 몸담고 있는 업에 대한 이해도가 높기 때문에 현재의 비즈니스 프로세스에서 어떤 부분이 핵심적인 문제인지를 찾아내기가 용이하다. 따라서 이 부분을 해결할 수 있는 플랫폼을 만들 수만 있다면 성공의 가능성은 높아진다. 두 번째 장점은 이미 확보된 소비자가 있다는 점이다. 따라서 어떤 참여자 그룹부터 확보해야 되는지 고민할 필요가 없다. 기존의 소비자들이 열광할 수 있는 공급자만 확보하면 된다. 세 번째 장점은 스타트업에 비해 브랜드의 인지도가 높고, 고객들의 신뢰를 쉽게 얻을 수 있다는 장점이 있다. 마지막으로 자금력이다. 스타트업은 투자자를 찾기도 어렵고, 초창기에는 투자 규모도 작을 수밖에 없다. 하지만 파이프라인 기업은 기존 비즈니스로부터 나오는 현금흐름이 있기 때문에 보다 공격적인 투자가 가능하다.

마지막으로 플랫폼화를 준비하는 기업들은 두 가지 사항은 꼭 명심해야 한다. 첫째는 사고방식과 문화가 플랫폼 비즈니스에 맞게 변화해야 한다. 외부의 누구와도 함께할 수 있다는 개방적 사고와, 실패를 두려워하지 않는 문화, 그리고 초기의 적자를 감수할 수 있는 인내심이 필요하다. 두 번째는 조직의 유연성과 스피드를 확보해야 한다. 플랫폼 비즈니스는 매우 빠른 속도로 변화하고 있기 때문에 무엇보다 빠른 실행력이 중요하다. 따라서 일정 부분의 리스크를 감수하고라도 빠르게 의사결정을 하고 피드백을 통해 조금씩 개선해 나가는 프로세스가 필요하다.

9장의 연습 문제

1. 수직계열화가 파이프라인 기업에게 가져오는 장점이 무엇이고 플랫폼 기업에서 발생할 수 있는 단점은 무엇인지 설명하시오.
2. 파이프라인 기업이 플랫폼화할 때의 장점과 단점에 대해 기술하시오.

10장.

성공적인 런칭을 위한 의사결정 포인트

1절 플랫폼 비즈니스를 우리가 주도할 것인가? 참여할 것인가?
2절 누구를 파트너로 선택할 것인가?
3절 플랫폼의 범위와 깊이를 어떻게 구축할 것인가?
4절 플랫폼을 얼마나 개방해야 하는가?
5절 경쟁의 범위를 주의해야 한다
6절 파이프라인 기업이 플랫폼에서 성공하기 위해서

파이프라인 비즈니스가 플랫폼 비즈니스가 되는 순간 '레고(LEGO)'

레고는 어린 아이부터 장성한 어른까지 모르는 사람이 없는 세계에서 가장 유명한 장난감 회사 중 하나이다. 레고는 1932년 덴마크의 목수였던 올레 키르크 크리스티얀센(Ole Kirk Christiansen)이 만든 나무 장난감에서 시작하여, 1947년 처음으로 플라스틱 장난감을 판매하기 시작하였다. 이후 레고는 전 세계인의 사랑을 받으며 1990년대 초반까지 가파르게 성장하였다. 브랜드파이낸스(Brand Finance)가 2017년에 발표한 '세계 500대 브랜드 보고서(Brand Finance Global 500 2017)'에 따르면, 레고는 구글이나 나이키 같은 글로벌 브랜드를 제치고 세계에서 가장 영향력이 큰 브랜드로 평가받기도 했다.

그러나 1990년대 후반부터 시작된 레고의 위기를 생각하면 지금의 모습은 기적처럼 보인다. 1998년 레고는 창업 이후 처음으로 적자를 기록하게 된다. 1990년대 후반부터 등장한 전자 게임기는 장난감 산업을 크게 위축시켰고, 레고의 특허권이 만료되면서 쏟아져 나온 모방 블록 장난감은 경쟁을 더욱 치열하게 만들었다. 특히 주요 시장이었던 미국과 유럽의 출산율이 큰 폭으로 떨어지면서 주 고객층 또한 감소하였다. 이러한 외부적인 요인 외에도 내부적으로 무리한 사업 확대도 문제가 되었다. 아동 의류, 시계, 미디어, 게임 등 레고의 지나친 사업 확장은 결국 2004년에는 약 2,900억 원의 적자와 8,100억 원의 부채를 안겨 주었다.

회사 파산 위기의 순간을 극복하게 해준 사건은 뜻하지 않게 찾아왔다. 레고는 1998년에 조립 후 프로그래밍을 통해 블록 장난감을 로봇처럼 움직이게 할 수 있는 '마인드스톰'이라는 제품을 발매했는데, 2005년 어느 해커가 로봇을 제어하는 소프트웨어를 해킹한 것이다. 당시 신임 CEO였던 요른 뷔 크누드스토브는 이를 기회로 만들었다. 해킹 사건을 계기로 마인드스톰 소프트웨어 소스를 누구든지 활용할 수 있도록 개방했다. 즉, 제품 개발의 일부 영역을 플랫폼화한 것이다. 이후 자신만의 모델을 만들고 싶어 하는 수많은 프로그래머들이 레고로 몰려들었고, 2010년 4월 전 세계 마인드스톰 팬을 대상으로 열린 '퍼스트레고리그' 로봇경진대회에 16,000팀 이상이 참가하며 레고 마니아층을 더욱 두텁게 만들었다.

레고는 여기에 그치지 않고, 제품 개발 부문의 플랫폼화를 더욱 가속화했다. 2011년 전 세계 사람들이 자유롭게 레고 제품에 대한 디자인 아이디어를 제시할 수 있는 LEGO IDEAS (전 LEGO CUUSOO) 플랫폼을 시작했다. 플랫폼에 참여한 디자인에 대한 추천 수가 1만이 넘을 경우 레고 측과 상품화를 검토하며, 제품 발매 시 순이익의 1%를 디자인을 낸 사람에게 주는 방식이다. 이러한 시스템은 플랫폼의 상호작용을 높이는 결정적인 계기가 되었다. 또한 플랫폼의 참여자 수를 높이기 위해 아마추어도 쉽게 레고 모델을 설계해 볼 수 있는 '레고 디지털 디자이너'라는 프로그램도 제공하였다. 이 프로그램을 활용해 자신만의 디자인을 만들어 내려는 아마추어 디자이너만 해도 무려 12만 명에 달했다. 보수가 정해진 것도 아니지만 참여자들은 놀이처럼 레고를 디자인하며 계속해서 창의적인 아이디어를 쏟아냈다. 레고는 이러한 아이디어를 적극적으로 활용하여 제품 혁신에 박차를 가했고, 2005년부터는 다시 성장세로 전환할 수 있었다.

레고의 사례는 파이프라인 기업이 기존의 제조업을 유지하면서, 가치사슬 중 일부를 플랫폼화한 좋은 사례이다. 비록 해킹이라는 작은 우연에서 시작된 변화이지만, 내가 모든 것을 통제하기보다는 개방을 통해 새로운 가치를 창출하려고 한 레고의 시도는 우리 제조업에도 많은 시사점을 준다.

* NAKED DENMARK 〈세계에서 가장 영향력 큰 브랜드는 레고〉 2017. 02. 02 인용
* 중앙일보 기사 '[신년기획-글로벌 기업 '혁신'을 배워라]⑦레고' 2016.01.12. 인용
* 포스코경영연구원 보고서 '10년새 매출 5배, 레고의 비밀' 2015.04.22. 인용
* 프레시안 기사 '몰락하던 레고 제국은 어떻게 세상을 지배했나?' 2016.03.22. 인용
* 아시아경제 기사 '무너진 장난감 왕국 '레고'는 어떻게 다시 1인자가 됐나' 2019.06.07. 인용
* KOTRA 해외시장뉴스 기사 '덴마크, 레고는 어떻게 위기를 극복했는가?' 2010.04.29. 인용

PLATFORM BUSINESS

10장. 성공적인 런칭을 위한 의사결정 포인트

지금까지 플랫폼 비즈니스를 어떻게 만들 것인가에 대해 이야기하였다. 이제 플랫폼 비즈니스를 하는 데 필요한 개괄적인 전략적 의사결정들에 어떠한 것들이 있는가에 대해 살펴보자.

1절 _ 플랫폼 비즈니스를 우리가 주도할 것인가? 참여할 것인가?

산업사회에서 기업의 경쟁력은 비즈니스와 제품의 포트폴리오를 잘 가지고 있는 것이었고, 디지털 시대에는 자사와 다른 능력을 가진 회사들과 협업하여 소비자들에게 좀 더 나은 가치를 제공하는 능력이 기업의 경쟁력의 원천이 될 것이라고 책의 서두에서 이야기하였다.

따라서 지금까지 업계의 리더였던 기업들은 기존 산업 내에 있던 회사들뿐만 아니라 산업 밖에 있던 기업들도 포함하여 어떻게 생태계를 만들어야 소비자들에게 더 많은 가치를 줄 수 있는가를 고민해야 한다. 또한 이러한 생태계 안에서 우리의 역할이 생태계를 주도할 것인가 또는 누군가가 주도하는 생태계의 참여자가 될 것인가를 결정해야 한다.

따라서 플랫폼 전략을 수립할 때 제일 먼저 고려해야 할 사항은 자사가 주도적으로 플랫폼 비즈니스를 만들 것인가, 또는 기존에 있는 플랫폼에 합류할 것인가이다. 이러한 의사결정은 플랫폼 생태계 전반에서 자사의 전략적 역할이 어떠한가에 따라 하는 것이 좋다.

그림 10-1 에는 생태계 구축에서 자사가 상대방들에게 얼마나 중요한가와 상대방이 자사에게 얼마나 중요한가에 따라 어떤 전략적 선택을 하는 것이 바람직한 것인가가 표시되어 있다. 가로축은 상대방이 자사에 얼마나 중요한지를 나타내고, 세로축은 자사가 상대방에게 얼마나 중요한가를 나타내고 있다. 좌 상단은 플랫폼 생태계 내에서 자사는 중요한 위치에 있고, 상대방은 그렇지 못한 경우를 의미한다. 이때는 내가 플랫폼을 주도적으로 이끄는 리더의 역할을 하는 것이 바람직하다. 우 상단은 자사와 상대방 모두가 서로를 중요하다고 생각하는 경우로, 이때는 공동 주도자의 역할을 하는 것이 효율적이다. 좌 하단은 자사와 상대방 모두 플랫폼 생태계 내에서 중요한 역할을 하기 어려운 경우로 이때는 내가 플랫폼을 만들려고 하기보다는 만들어진 플랫폼에 하나의 공급자로 참여하는 것이 좋다. 우 하단은 상대방은 자사에 중요한 반면, 자사는 상대방에게 중요하지 않은 경우이다. 이때는 플랫폼 생태계의 파트너로 참여하는 것이 좋다.

그림 10-1 플랫폼 생태계에서 나의 전략적 위치에 따른 개발 방향

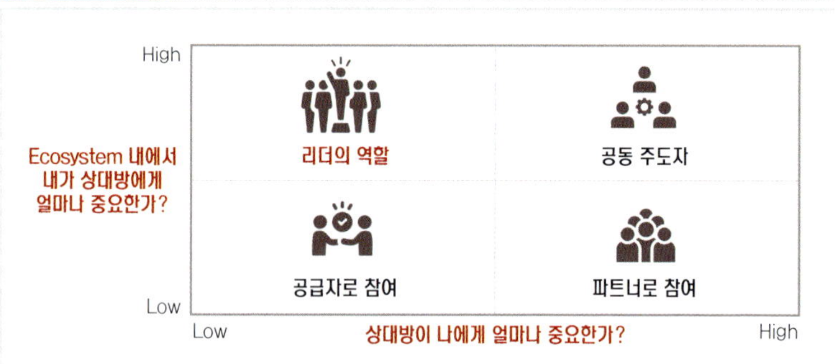

예를 들어 자동차의 제품생태계를 보면 자동차 운행에 관련된 모든 자료는 자동차회사로부터 나오게 된다. 그리고 이 데이터를 사용하여 자기의 비즈니스의 생산성을 높일 수 있는 산업들로는 자동차보험 회사, 중고차 딜러, 자동차 정비업자 등이 있다. 따라서 자동차 제품과 관련된 생태계는 자동차회사가 리더가 되어 생태계를 만들어 가는 것이 당연하다.

그러나 모빌리티 생태계의 입장에서 보면 자동차회사는 모빌리티 사업자에게 하나의 파트너이긴 하나, 가장 중요한 파트너는 아닐 수 있다. 왜냐하면 모빌리티 사업자의 입장에서 자동차는 이동을 위한 하나의 수단에 불과할 수 있기 때문이다. 그러나 모빌리티 사업이라 하더라도 자동차회사가 이동이라는 욕구를 만족시킬 수 있는 기술적 기여를 하거나 주도적으로 모빌리티 솔루션을 제공할 수 있다면 공동 사업자(co-creator)가 되어 사업을 진행할 수 있을 것이다.

기업이 나의 역할에 대해 어떠한 전략적 결정을 할 것인가는 이 책의 범위를 넘어서는 논의이기에 이 책에서는 플랫폼 비즈니스를 우리가 주도적으로 구축할 경우에 대해서만 생각하기로 한다.

2절 _ 누구를 파트너로 선택할 것인가?

앞에서도 언급했듯이 플랫폼 비즈니스는 강력한 생태계 구축이 성공의 필수 조건이다. 따라서 시장에서 강한 파워를 보유한 파트너는 플랫폼을 성공시키는 데 매우 큰 도움이 된다. 하지만 이런 파트너는 본인들의 명확한 비즈니스 모델이 있기 때문에 플랫폼 생태계에 참여할 동기가 부족하다. 반면 시장에서 미미한 영향력을 가진 파트너들은 플랫폼에 참여함으로써 새로운 기회를 얻고자 한다. 하지만 이러한 파트너들은 플랫폼 생태계 구성에 큰 도움이 되지 못하는 경우가 많다.

아마존의 중국 진출은 이러한 문제점을 보여주는 좋은 사례이다. 아마존은 2004년 중국 최대 온라인 서점인 조요닷컴(Joyo.com)을 인수하면서 중국 시장에 진출했다. 2011년부터는 사명을 아마존차이나로 바꾸고 본격적인 전자상거래 플랫폼 시장을 공략했지만, 결국 10년도 버티지 못하고 중국 시장의 철수를 선언했다.

그림 10-2 아마존의 중국 진출 실패

아마존이 중국 시장에서 실패한 원인으로는 핵심 파트너인 알리페이(결제 시스템)와의 제휴 실패가 큰 원인이다. 당시 중국에서는 온라인 결제수단인 알리페이가 널리 사용되고 있었고, 그에 비해 신용카드(13.8%), 직불카드(17.3%)의 결제 비율은 낮은 편이었다.[1] 아마존이 중국 시장에

1) 2016년 기준

서 성공하기 위해서는 알리페이와 같이 중국 소비자들에게 익숙한 결제 시스템이 필요했지만, 이들은 아마존과 함께할 이유가 전혀 없었다. 알리페이는 아마존의 강력한 경쟁사인 알리바바그룹의 소유였기 때문이다. 이처럼 시장에서 영향력이 있는 파트너를 우리의 생태계로 끌어들이느냐 못 하느냐는 사업의 성패를 좌우하기도 한다.

3절 _ 플랫폼의 범위와 깊이를 어떻게 구축할 것인가?

대부분의 기업들은 새로운 비즈니스를 시작할 때 두 가지 방법 중 하나를 선택한다. 파일럿 형태로 다수의 아이템에 투자해서 최종적으로 살아남는 하나의 비즈니스를 키우거나, 처음부터 한 가지 비즈니스에 집중적으로 투자하는 방식이다. 그렇다면 플랫폼 비즈니스를 시작할 때는 어떤 방식이 더 유리할까? 그림 10-3은 두 가지 방법을 보여주고 있다.

그림 10-3 플랫폼 비즈니스의 투자 방법

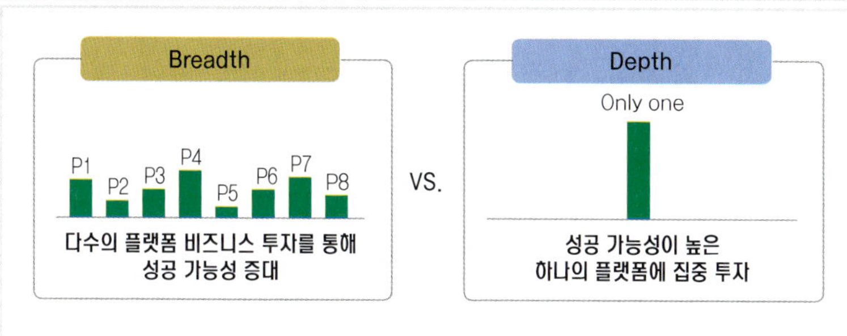

파이프라인 비즈니스에서는 '리스크(Risk)의 회피'가 재무적 수익 극대화와 함께 가장 중요한 가치이다. 따라서 전통적 비즈니스에 익숙한 사람일수록 다수의 아이템에 투자하는 방식을 선호하는 경향이 있다. 하지

만 플랫폼 비즈니스에서는 일반적으로 한 가지 아이템에 집중적으로 투자하는 방식이 더욱 많이 활용된다.

플랫폼 비즈니스는 생태계를 구축하고 네트워크를 형성하기 위해 일정한 시간과 자본을 필요로 한다. 또한 이 기간 동안에는 사실상 수익을 기대하기도 어렵다. 따라서 기업이 다수의 아이템에 투자하여 힘을 분산할수록 '수익 공백' 기간을 버티지 못하고 실패할 가능성이 크기 때문이다.

집중투자가 선호되는 또 다른 이유는 플랫폼 비즈니스가 갖는 승자독식의 성향 때문이다. 전통적인 비즈니스에서 승자독식이나 혹은 '독점'이라고 불리는 상황은 매우 부정적인 의미로 사용된다. 하지만 플랫폼을 이용하는 고객들은 오히려 이러한 독점적 상황을 환영한다. 예를 들어 페이스북과 기능이나 시장 점유율이 거의 동일한 SNS가 여러 개 존재한다고 가정해 보자. 나는 페이스북을 쓰지만, 친구는 A라는 앱을 사용하고, 직장 동료는 B라는 앱을, 가족들을 C라는 앱을 사용한다면 나는 이들과 소통하기 위해 여러 개의 앱을 활용할 수밖에 없다. 반면 페이스북이

그림 10-4 플랫폼 사용자들이 느끼는 효용가치

출처: https://brunch.co.kr/@bellrings/21

SNS를 독점하는 상황이라면 이러한 불편함 없이 하나의 앱으로 다양한 사람들과 쉽게 소통할 수 있어 사용자들의 편리성과 이점은 커진다.

이처럼 플랫폼은 독점적인 상황일수록 고객에게 주는 효익이 더욱 커지는 경우가 많다. 따라서 하나의 시장에서 살아남는 플랫폼은 많아야 1~3개 정도이며, 대부분은 손익분기점의 근처에도 못 가보고 경쟁에서 도태되고 만다. 그렇기 때문에 플랫폼의 성공 가능성을 높이기 위해서는 하나의 아이템에 집중적으로 투자하여 시장의 지배력을 빠르게 높이는 것이 유리하다.

4절 _ 플랫폼을 얼마나 개방해야 하는가?

우리의 플랫폼을 개방할 것인지, 개방한다면 얼마나 개방해야 되는지는 플랫폼의 운영에서 가장 중요한 의사결정 중 하나다. 글로벌 플랫폼 회사들 중에서는 개방을 통해서 큰 성공을 거둔 기업도 있고, 개방하지 않음으로써 오히려 성공을 거둔 경우도 있다.

하지만 많은 플랫폼 기업들이 개방을 통해서 성공을 거둔 것은 사실이다. 플랫폼을 개방함으로써 다양한 참여자들의 역량을 모으고, 이를 통해 만들어진 생태계의 역동성과 시너지 효과를 기반으로 성장하는 것이 일반적인 플랫폼 비즈니스의 성장 방식이다.

그림 10-5 에 있는 위키피디아는 '완전 개방'을 통해 성공을 거둔 플랫폼 중 하나다. 여기서 완전 개방의 의미는 플랫폼의 사용과 참여에 제한

이 없고, 이를 상업화하는 데 제약이 없는 상태를 말한다. 위키피디아는 누구나 자유롭게 글을 쓸 수 있고 정보를 제공하고 받는 것에 아무런 제약이 없는 지식 공유 플랫폼이다. 이러한 개방형 정책을 통해 세계에서 가장 방대한 자료를 수록하고 있고, 업데이트가 실시간 이뤄지는 신뢰받는 온라인 백과사전으로 등극했다. 구글에서도 이러한 권위와 정확성을 인정하여 검색결과의 최상단에 위키피디아의 내용을 보여주는 것을 방침으로 하고 있을 정도다.

그림 10-5 세계 최대의 온라인 백과사전 위키피디아

출처: 위키피디아 홈페이지

하지만 플랫폼을 완전히 개방한다는 의미를 전혀 관리를 하지 않는 것으로 오해하면 곤란하다. 위키피디아는 콘텐츠의 품질과 신뢰도를 높이기 위한 다양한 관리활동을 지속적으로 하고 있다. 대표적으로 컴퓨터 프로그램인 '봇(Bot)'을 활용한 관리활동을 들 수 있다. 위키피디아에서 가동되는 봇은 약 700개 이상으로 인간 편집자를 대신하여 직접 도입부의 글을 쓰기도 하고, 모욕적인 언어나 비속어를 찾아내어 삭제하기도 한다. 또한 콘텐츠를 작성할 때 주석 · 인용 등의 표시를 붙이라고 편집자에게 알려주거나 저작권 위반 소지가 있는 글을 찾아내 검토하라고 알려주는 봇도 있다. 이러한 봇을 활용한 관리 외에도 의도적으로 잘못된 내용을 작성하는 유저에게 경고를 주고 퇴출을 시키거나, 한 번 검증받은 내용은 다시 수정을 못 하도록 하는 등의 관리활동을 꾸준히 하고 있다. 즉, 위키피디아는 관리를 잘 하고 있는 완전 개방형 플랫폼이라고 분류할 수 있다.

그렇지만 비즈니스 관점에서 보면 위키피디아 같은 완전 개방형으로 플랫폼을 운영하는 것이 언제나 정답이 되지는 않는다. 특히 수익성을 고려할 때는 더 그렇다. 왜냐하면 플랫폼이 개방을 많이 할수록 생태계 전반에 대한 통제력은 낮아진다. 통제력이 낮다는 것은 곧 수익 창출의 기회도 제한될 수 있다는 의미이다. 실제로 위키피디아도 규모의 측면에서는 큰 성공을 거뒀지만, 수익 구조는 아직까지 '기부'에 의지하고 있는 것이 사실이다.

플랫폼의 개방이 곧 성공의 지름길이라는 공식을 깬 것이 바로 애플(Apple)이다. 애플은 1980년대 마이크로소프트와의 PC 시장 경쟁에서 폐쇄형 전략을 썼다. 애플이 개발한 PC 운영체제인 맥OS(Mac OS)는 반드시 본인들이 만든 전용 컴퓨터(Macintosh)에서만 사용할 수 있었다. 반면 마이크로소프트는 모든 컴퓨터에서 사용이 가능한 윈도우(Windows)를 시

그림 10-6 마이크로소프트와 애플의 PC OS 경쟁

출처: https://www.inthow.com/windows-vs-mac/

장에 개방하면서 OS 산업을 장악했다.

결과적으로는 마이크로소프트의 압승이었지만, 이 기간 동안 애플은 본인들만의 유니크함을 어필하고 마니아층을 형성하는 계기가 되었다. 이후 PC의 시대가 저물고 모바일의 시대로 변화되면서 애플의 반격이 시작되었다. 애플은 완전 폐쇄형 정책을 일부 개방함으로써 플랫폼의 다양성과 수익성이라는 두 마리 토끼를 모두 잡을 수 있었다. 물론 이러한 성공은 아이폰(iPhone)이라는 혁신적인 제품이 있었기에 가능했다. 하지만, 애플이 아이튠즈나 앱스토어 같은 모바일 플랫폼을 초기 애플의 형태인 완전 폐쇄적이고 통제가 강한 운영을 했다면 어땠을까? 아마도 지금과 같은 애플의 위상을 기대하기는 어려울 것이다.

플랫폼에 대한 통제 수준을 너무 높게 설정하면 플랫폼의 생태계에 파트너들이 참여를 꺼리게 되어 생태계의 활동력이 떨어진다. 그렇다고 너무 통제를 하지 않으면 이익구조에 대한 통제력을 잃을 가능성이 높아 수익 저하의 확률이 커지는 단점이 생긴다.

모바일 게임 플랫폼인 카카오 게임즈는 통제력이 높은 플랫폼으로 유명하다. 파트너(게임 개발사)가 플랫폼에 참여하기 위해서는 매출과 관계없이 높은 수수료를 내야 했고, 반드시 카카오 계정을 통해 로그인하는 방식을 선택하게 했다. 처음에는 이러한 통제가 플랫폼에 높은 매출을 가져다주었다. 하지만 시간이 지날수록 참신한 아이디어를 가진 중소 개발사들의 플랫폼 참여가 줄어들었고, 결국 게임의 다양성을 해치는 결과로 나타났다. 이에 따라 카카오 게임즈는 매출이 일정 수준 이하인 개발사들의 수수료를 면제해 주고, 카카오 외에 다른 계정으로도 로그인할 수 있도록 통제의 정도를 약하게 조정하였다. 플랫폼의 성장이 정체되자 통제력 조정이라는 카드를 통해 새로운 돌파구를 찾고 있는 것이다.

그림 10-7 카카오 게임즈 홈페이지

출처: https://to.kakaogame.com/brand/gamestar

이처럼 플랫폼의 개방 정도는 기업의 성패를 좌우하는 중요한 요소가 되기도 한다.

또 하나 눈여겨볼 만한 사례는 거의 개방형 플랫폼에 속하는 구글의 안드로이드 모바일 운영체제(Android OS)다. 안드로이드는 모바일 운영체제 플랫폼 시장에 가장 늦게 진입하고도 대부분 개방형 정책을 통해 10년 만에 88% 정도의 압도적인 시장 점유율을 차지하였다.[2)]

그림 10-8 **모바일 운영체제(OS) 글로벌 시장 점유율**

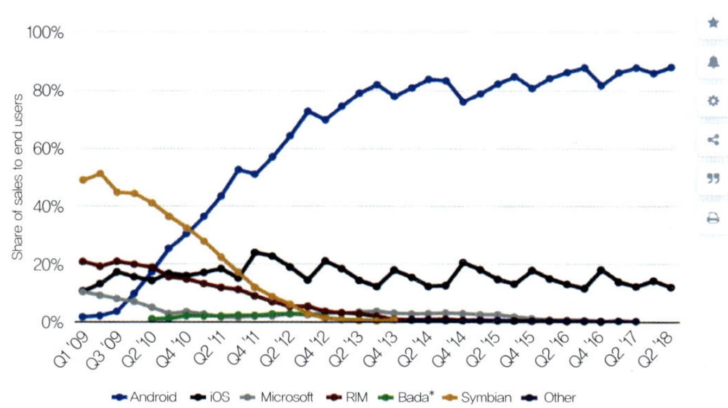

출처: https://www.statista.com/

그림 10-8을 다시 한번 살펴보자. 폐쇄형이거나 개방의 정도가 낮은 애플의 iOS나 마이크로소프트, 블랙베리의 리서치 인 모션(Research In Motion Limited, RIM)과 비교해 보면 안드로이드의 성장은 경이로울 지경이다. 구글은 안드로이드를 활용한 독자적인 스마트폰 사업을 포기하는 대신에 개방형 플랫폼을 통해 모든 스마트 디바이스(Device)의 실질적인 주인이 되었다. 이는 스마트폰 사업과는 비교할 수 없는 엄청난 미래 사업 기반을 선점한 것이다.

2) 2018년 2분기 기준(www.statista.com)

국내에서 플랫폼 비즈니스를 하고 있거나, 준비하고 있는 기업이라면 구글과 애플의 모델을 잘 비교해 보아야 한다. 우리에게 열광하는 충성 고객이 많거나 제품의 수준이 경쟁사를 압도하거나, 혹은 스티브 잡스(애플의 전 CEO)와 같은 슈퍼스타가 우리 회사에 존재한다면 애플의 플랫폼 비즈니스 모델도 나쁘진 않다. 하지만 대부분의 기업들에게는 구글의 안드로이드처럼 개방을 통해 플랫폼을 성장하는 것이 좋은 방법이 될 것이다.

하지만 필자가 만나본 기업의 많은 CEO들과 플랫폼 비즈니스를 담당하는 관련자들은 애플과 같은 폐쇄적인 플랫폼 모델을 선호한다. 이는 우리의 기술이나 데이터가 외부로 유출되는 것에 대한 거부감이나, 모든 비즈니스를 우리가 직접 통제해야 된다는 고정관념에서 기인하는 것 같다. 기존 파이프라인 기업에서는 기술력이나 데이터가 매우 중요한 자산이기 때문에 이러한 생각을 이해하지 못하는 바는 아니나, 플랫폼 비즈니스를 성공적으로 만들기 위해서는 사고방식의 변화가 필요해 보인다.

플랫폼 비즈니스의 세계에서는 기술과 데이터 자체의 가치보다는 이를 활용하여 어떻게 생태계를 키우고, 많은 사람들을 참여하게 함으로써 거래비용을 절감할 수 있는가가 더욱 중요한 가치이다. 해인사에 있는 팔만대장경에는 '전부를 취하면 전부를 잃는다'라는 글귀가 있다. 플랫폼을 준비하는 우리 기업들에게 전달해 주고 싶은 메시지이다. 모든 것을 가지려다 오히려 기회를 놓치는 우를 범하지 않기를 바란다.

5절 경쟁의 범위를 주의해야 한다

플랫폼에서 경쟁의 범주는 다양하다. 기본적으로 플랫폼과 플랫폼 간의 경쟁을 생각해야 한다. 유사한 비즈니스를 진행하거나, 동종 산업 내에 속해 있는 경우에 특히 많이 발생한다.

표 10-1 플랫폼 간의 경쟁 사례

Platform	종류			
음식 배달 Platform	배달의민족	요기요	UBER eats	배달통
배달 대행 Platform	barogo	VROONG	생각대로	FOODFLY

표 10-1은 전통적인 기업 간의 경쟁과 유사한 경우이다. 음식배달 플랫폼들은 각자 자신들의 생태계를 만들어 왔고 이들 플랫폼들은 각자의 생태계를 키우기 위해 서로 치열하게 경쟁하고 있다. 비슷한 가치제안을 가지고 있고 전환비용이 높지 않은 플랫폼들은 멀티호밍[3]이 너무 쉽다는 특징 때문에 더욱 치열한 경쟁이 벌어진다.

사람들은 음식 배달을 시킬 때 하나의 플랫폼만 이용하지 않는다. 이렇기에 플랫폼들은 한 번 방문한 소비자들을 붙잡아 두기 위해 여러 방법들을 사용하게 된다. 사용에 대한 마일리지 프로그램을 도입하거나 지속적

3) 유사한 여러 개의 플랫폼 서비스를 번갈아 가면서 사용하는 행위

으로 할인 쿠폰을 발행하여 사용자들이 계속해서 나의 플랫폼에 머물게 하기 위해 다양한 경쟁을 벌이고 있다. 플랫폼을 운영할 때는 우리의 경쟁자가 누구인가를 확인하고 그들에 대한 센싱을 강화하여야 하는 것은 파이프라인 기업과 비슷하다.

이 같은 유사 플랫폼들과의 경쟁도 골치가 아픈데 플랫폼의 세계에서는 다른 산업과의 경쟁도 고민해야 된다. 산업의 종류가 다양해지고, 손안의 모바일을 통해 필요한 많은 것을 해결할 수 있는 세상이 되면서 온라인과 오프라인, 플랫폼과 파이프라인 산업의 경계가 점점 더 모호해져 가고 있기 때문이다.

과거 나이키는 자신들의 경쟁자로 닌텐도 게임기를 지목했다. 나이키가 아디다스나 리복이 아닌, 게임 회사를 경쟁자로 꼽은 이유는 아이들이 닌텐도 게임에 빠져 밖에서 뛰어 놀지 않게 되자 운동화의 판매가 줄어들었기 때문이다. 이처럼 경쟁의 기준은 단순히 동일한 제품과 서비스에 국한되지 않는다.

표 10-2 산업 내 경쟁의 경계를 없앤 플랫폼 비즈니스

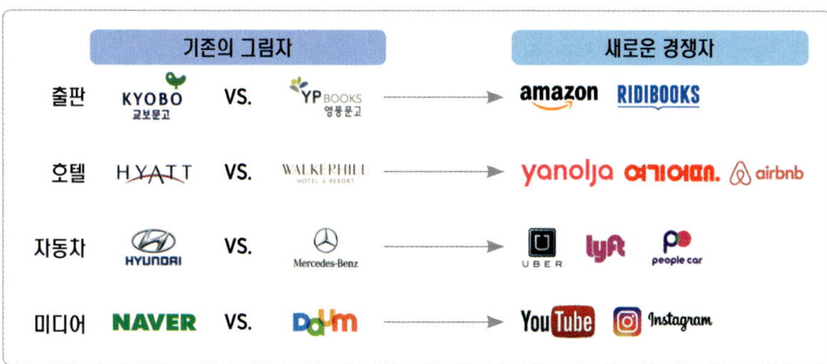

표 10-2 를 보자. 예전에는 경쟁이 아니었던 다양한 산업들이 플랫폼을 통해 새로운 경쟁자로 자리매김하여 기존 기업들을 압박하고 위협하고 있는 상황이다. 따라서 디지털 기술의 발달이 어느 곳에 영향을 미쳐 산업이 어떻게 재편이 될 것인가를 모니터링하고 어떻게 진화할 것인가를 예측하는 것도 플랫폼을 운영하는 경영자들의 중요한 역할로 자리매김하게 했다.

6절 _ 파이프라인 기업이 플랫폼에서 성공하기 위해서

플랫폼 비즈니스는 파이프라인 비즈니스와 근본적으로 다른 비즈니스이다. 만약 당신이 파이프라인 비즈니스를 하는 방식으로 플랫폼 비즈니스를 만들려 한다면 아마도 그 결과는 실패일 것이다. 산업사회가 된 이래 우리는 파이프라인 비즈니스에 익숙하기 때문이다.

플랫폼 비즈니스는 우선 플랫폼적으로 생각해야 성공할 확률이 높고 이를 위해 크게 6가지 조건이 충족되어야 한다. 이외에도 많은 조건들이 필요하겠지만 지금부터 이야기하는 내용들은 플랫폼 비즈니스의 성공을 위해 반드시 전제되어야 하는 조건들이라 할 수 있다.

폐쇄성을 버리자

앞에서도 여러 차례 강조했지만 플랫폼 비즈니스를 성공시키기 위해서는 가장 먼저 폐쇄성을 버려야 한다. 특히 한국의 기업들에서 폐쇄적인 성향이 두드러지게 나타난다. 한민족을 유지해 온 역사적 특징 때문인지는 모르겠지만 유독 우리를 강조하고 우리를 제외한 다른 것을 배척

하거나 불편해하여 받아들이지 못하는 경향이 있다.

세계적 석학인 게리 제레피 교수(美 듀크대학교 사회학과)가 한국경제신문과 진행한 인터뷰[4]에서 "한국 기업은 외국 다국적 기업과 협업하면 뭔가 손해 볼 것이라고 걱정하는 것 같다"면서 한국 기업의 폐쇄성이 디지털 시대에 성장을 저해하는 가장 큰 요인이 될 것이라고 분석했다. 또한 "한국은 네이버, 카카오 외에는 이렇다 할 성과를 내는 기업이 보이지 않고 투자도 부족하다"고 지적했다. 듀크대학교의 분석에 따르면 세계 디지털 경제 벤처캐피털(VC) 투자에서 한국이 차지하는 비중은 1%다. 미국(53%)은 물론 중국(7%)에도 한참 못 미친다. 한국의 기업 순위를 보아도 상위 10개 기업 중 네이버를 제외하고는 플랫폼 기업을 찾기 힘들다. 산업 간 경계가 허물어지는 시대에서 모든 것을 혼자서 할 수는 없다. 적과의 동침도 마다하지 않는 사고방식과 행동이 필요한 시점이다.

비단 플랫폼 비즈니스가 아니라 디지털 시대의 생존을 위해서라도 다른 기업들과의 적극적인 협업을 통해 폐쇄성을 과감하게 벗어버리는 시도를 해야 할 시기이다.

수직계열화를 이용한 성공방정식에서 벗어나라

폐쇄성과도 연결된 이야기지만 수직계열화를 통한 성공방정식에서 하루라도 빨리 벗어나야 한다. 그동안 우리 경제를 발전시킨 제조업 중심

4) 2018년 12월 진행된 인터뷰 기사 인용 〈디지털 산업은 개방이 핵심…韓 기업 폐쇄성 탓에 뒤처져〉

의 전통적인 파이프라인 기업들은 수직계열화를 통해 세력을 확장하고 경쟁력을 쌓아왔다. 수직계열화는 원료 수급부터 제품 판매에 이르기까지 일관되고 신속한 의사결정을 가능케 한다. 따라서 우리 기업들이 글로벌 기업들을 빠르게 추격할 수 있는 패스트 팔로워 전략(Fast Follower Strategy) 전략의 원동력이 된 것도 사실이다.

하지만 플랫폼 비즈니스에서는 이러한 장점들이 오히려 우리 기업이 플랫폼 비즈니스를 도입하려는 데 발목을 잡고 있다. 즉, 수직계열화를 하듯이 플랫폼 비즈니스를 우리의 제품 판매를 위한 수단 중 하나로 오해하고 접근하는 경향이 있다. 따라서 계열사를 만드는 것처럼 플랫폼 비즈니스를 직접 개발하고 운영하는 것이 당연하다고 생각한다. 하지만 플랫폼 비즈니스를 모두 내가 개발하고 직접 운영하겠다고 하면 이는 파이프라인 비즈니스를 하는 사고를 버리지 못한 방증일 뿐이다.

맥킨지(McKinsey)에서 2018년에 중요 의사 결정자들인 C-레벨 임원 1,600명을 대상으로 조사한 설문 결과를 살펴보면 흥미로운 사실을 발견할 수 있다.[5] 글로벌 기업의 임원들을 대상으로 플랫폼 비즈니스를 어떤 방법으로 시작하겠냐고 묻는 질문에 '직접 플랫폼을 소유하겠다'고 응답한 비율은 23%에 그친 반면, '타사의 플랫폼(Third-party platform)을 활용하겠다'고 응답한 비율은 61%에 달했다. 이미 글로벌 기업들은 플랫폼을 꼭 우리가 소유할 필요가 없으며 기존에 존재하고 있는 플랫폼을 활용하여 비즈니스를 하는 것이 우리에게 더 좋은 결과를 도출해 줄 수 있다고

5) McKinsey 2018 digital survey of nearly 1,600 C-suite executives; McKinsey Global Institute analysis

생각하는 것이다.

물론 다임러(Daimler)나 나이키(Nike), 유니레버(Unilever)와 같은 몇몇의 글로벌 회사들은 그들만의 독자적인 플랫폼을 운영하기도 한다. 그들은 성숙도가 매우 높은 산업에서 막강한 브랜드 파워와 자본력을 갖추고 있는 공통점이 있다. 따라서 독자적인 플랫폼을 운영하더라도 기존의 다른 플랫폼과 충분히 경쟁이 가능하다. 하지만 플랫폼 비즈니스를 막 시작했거나 현재 준비하고 있는 기업이라면 플랫폼을 직접 소유할 것인가 아니면 기존 플랫폼과 함께할 것인가는 숙고해 보아야만 할 문제이다.

참여자들과 함께 새로운 가치를 창출하라

플랫폼 비즈니스의 주인공은 결국 참여자들이다. 플랫폼의 운영자는 주인공들이 본인들의 역할을 충실하게 수행할 수 있도록 지원하는 조연의 역할을 해야 한다. 만약 우버가 차량을, 에어비앤비가 숙소를, 페이스북이 콘텐츠를 자체적으로 생산하거나 구매했다면, 지금과 같이 성장할 수 있었을까? 장담컨대 지금과 같은 성장은 결코 없었을 것이다. 우버가 성공할 수 있었던 이유는 참여자인 차량의 소유주들과 함께 '기존보다 편리한 이동'이라는 새로운 가치를 만들었기 때문이다. 에어비앤비나 페이스북도 마찬가지이다.

플랫폼 비즈니스는 기본적으로 참여자들과 함께하기 때문에 의미가 있다. 참여자들의 자원을 활용하여 내부 자원의 한계를 극복하기 때문에 양적 성장의 한계도 없고 성장 속도도 매우 빠르다. 하지만 플랫폼 운영자가 주인공이 되어 직접 가치를 생산해 내겠다고 생각하는 순간 이러한 플랫폼으로서의 장점이 사라질 수 있음을 유의해야 한다.

비용절감의 효과가 있어야 한다

전 세계적으로 플랫폼 기업들의 위상이 높아지고 있는 근본적인 이유는 플랫폼에 참여하는 모든 이들의 비용을 절감해 주기 때문이다. 플랫폼의 공급자들은 플랫폼에 참여함으로써 홍보비용을 절감할 수 있고, 소비자들은 보다 저렴하고 편리하게 제품이나 서비스를 구매하거나, 비교 검색하는 비용을 절감한다. 플랫폼의 운영자 또한 직접 제품이나 서비스를 생산하여 판매할 때보다 비용을 큰 폭으로 낮출 수 있다.

앞에서도 언급했던 국내 스타트업 플랫폼인 피플카를 예로 들어보자.

표 10-3 **쏘카와 피플카의 재무제표 및 가격경쟁력 비교**

쏘카 재무제표(2018년 기준)			
순위	구분	금액	비율
1	차량유지비	80,204,399,662원	41.65%
2	감가상각비	30,213,271,039원	15.69%

피플카 재무제표(2018년 기준)			
순위	구분	금액	비율
1	파트너수수료	1,884,969,621원	35.91%
2	직원 급여	750,023,963원	14.29%

아반떼 사용요금 기준(유류비 별도)	쏘카	vs.	피플카
6H 사용	43,670원		26,640원
24H 사용	114,790원		40,900원

출처: http://www.insightors.com/

피플카는 중소 렌터카 업체들을 하나의 플랫폼으로 묶어서 만든 비즈니스이다. 플랫폼의 공급자인 렌터카 업체는 피플카에 참여함으로써 개별적으로 홈페이지를 만들거나, 홍보를 위해 지불하는 비용을 줄일 수 있다. 그뿐 아니라, 예약이나 결제 시스템을 구축하는 데 드는 비용 절감까지 고려한다면 수수료를 내더라도 피플카에 참여하는 것이 사업성이 높았다.

플랫폼 운영주체인 피플카의 입장에서도 차량을 직접 보유할 필요가 없기 때문에 차량 유지 등에 들어가는 고정비용을 큰 폭으로 절감할 수 있었다.

이러한 비용절감의 효과는 결국 피플카의 사용자에게로 돌아간다. 실제로도 플랫폼이 아닌 다른 렌터카 서비스와 비교했을 때 피플카의 이용요금은 매우 저렴한 편이다.

플랫폼 비즈니스는 거래를 성사시켜 주는 비즈니스이다. 이러한 비즈니스가 기존의 비즈니스를 이기기 위해서는 거래비용을 절감시켜 주어야 한다. 비용절감의 효과는 플랫폼 비즈니스 성공의 필요조건이라 할 수 있으며 플랫폼에 참여하는 모든 사람들에게 거래비용 절감의 혜택이 돌아가야 한다. 플랫폼 비즈니스를 디자인할 때 만약 어느 한쪽의 참여자라도 비용절감 효과가 나타나지 않는다면 그 플랫폼은 실제 작동이 되지 않을 가능성이 크다. 이럴 경우에는 새롭게 가치제안을 디자인하는 것이 현명하다.

참여자들이 상호작용을 증가시킬 수 있어야 한다

이 책의 서두에서 플랫폼 비즈니스를 "제품(혹은 서비스)의 공급자와 소비자가 상호작용할 수 있는 장소를 제공 및 운영하여 이익을 창출하는 활동"이라고 정의했다. 이 말은 곧 상호작용이 많이 일어날수록 이익이 많이 창출된다는 의미로도 해석할 수 있다. 온라인 백과사전 플랫폼인

그림 10-9 위키피디아 콘텐츠 및 기부금 증가 추이

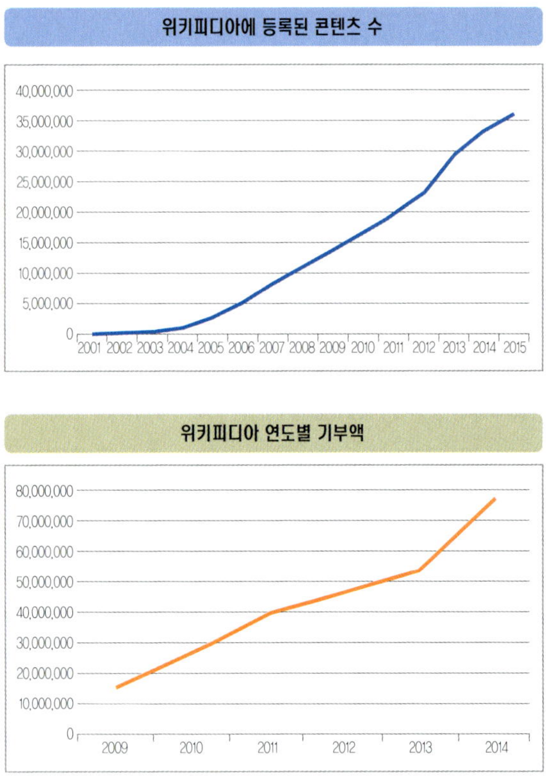

출처: https://brunch.co.kr/@ashhan/20

위키피디아의 예를 보자.

위키피디아는 기부 외에는 광고나 수수료 같은 확실한 수익 모델이 없다. 모든 것이 무료이며 참여자들의 상호작용을 증가시켜 콘텐츠를 생성하는 것에만 집중하고 있다. 많은 사람들이 이러한 비즈니스가 수익적인 측면에서 지속될 수 있을지 의문을 보였다. 하지만 위키피디아에 등록된 콘텐츠의 수와 유일한 수익 모델인 기부금의 증가 추세를 **그림 10-9** 에서 보면 이러한 걱정이 기우였음을 알 수 있다.

이러한 사실은 참여자들의 상호작용이 증가할수록 플랫폼의 가치는 상승하고 이는 곧 수익으로 연결될 수 있다는 것을 의미한다. 플랫폼 비즈니스를 디자인할 때 수익 모델보다는 상호작용을 높이기 위한 방법을 먼저 생각해야 되는 이유다.

플랫폼의 품질을 유지할 수 있어야 한다

'플랫폼 비즈니스의 시대'라고 불러도 될 만큼 하루에도 수많은 플랫폼들이 만들어졌다가 사라지고 있다. 이러한 시대에 플랫폼이 차별화된 경쟁력을 갖기 위해서는 플랫폼 자체의 품질 유지 또한 간과해서는 안 될 중요한 요소이다. 아마존은 빅데이터를 활용하여 고객 취향에 맞는 제품을 추천해 주고, 에어비앤비는 인공지능을 활용하여 숙소를 검색하는 활동을 지원하고 있다. 또한 수많은 거래형 플랫폼들은 블록체인 기술을 활용하여 거래 비용을 낮추고 보안을 강화하려는 시도를 하고 있다. 이러한 활동들 모두가 플랫폼의 품질을 높이기 위한 활동이다.

산업마다 조금씩의 차이는 있겠지만, 플랫폼 비즈니스 전체를 놓고 보면 PLC(Product Life Cycle)상에서 도입기를 지나 막 성장기에 들어서고 있는 것처럼 보인다. 이러한 시점에서 경쟁의 가장 중요한 요소는 제품 및 서비스의 품질이다. 필자가 플랫폼 비즈니스의 성공 조건의 마지막 키워드로 '품질'을 넣은 이유이기도 하다. 만약 플랫폼 비즈니스를 준비하거나 진행하고 있는 기업이라면 디지털 기술에 대한 이해를 높이고, 이를 플랫폼 내에서 어떻게 활용할 것인가에 대한 많은 고민이 필요할 것이다.

10장의 요약

이 장에서는 플랫폼을 런칭할 때 필요한 몇 가지 의사결정 포인트를 살펴보았다. 이러한 의사결정은 플랫폼의 성패를 좌우하는 결정적인 역할을 하지만, 정답이 존재하는 것은 아니다.

첫 번째 의사결정이 필요한 부분은 플랫폼 비즈니스를 내가 주도할 것인가, 아니면 참여할 것인가를 결정해야 한다. 이 책은 내가 플랫폼을 주도한다는 전제하에 작성되었다. 하지만 반드시 플랫폼을 주도하는 것만이 정답은 아니다. 기존에 이미 넘어서기 어려운 강력한 경쟁 플랫폼이 존재하거나, 플랫폼 비즈니스에 대한 경험이 부족한 경우에는 기존의 플랫폼에 하나의 파트너로 합류하는 것도 방법이 될 수 있다.

두 번째는 누구를 파트너로 선택할 것인가를 결정해야 한다. 강력한 파트너는 나에게 도움이 되지만, 나를 필요로 하지 않는 경우가 많다. 반대로 미미한 영향력을 가진 파트너는 우리 플랫폼에 참여하려고 하지만 나에게 큰 도움이 안 된다. 이러한 딜레마를 어떻게 극복할지도 많은 고민이 필요하다. 필자는 다소 손해를 보더라도 반드시 필요한 파트너는 플랫폼으로 끌어들이는 것이 좋다고 생각한다. 강력한 파트너가 경쟁 플랫폼에 합류하게 되면 우리의 플랫폼에는 큰 위기가 될 수 있기 때문이다.

세 번째 의사결정 포인트는 플랫폼의 범위와 깊이에 대한 의사결정이다. 비즈니스에 투자를 할 때에는 여러 영역의 아이템에 넓게 투자하는 방법도 있고, 하나의 영역에 집중하여 투자하는 방법도 있다. 일반적으로 플랫폼 비즈니스의 경우 빠르게 지배력을 높여 승자독점의 상황을 만드는 것이 중요하기 때문에 하나의 아이템에 집중적으로 투자하는 방법이 선호된다. 하지만 여러 아이템에 넓게 투자하고, 참여자들의 반응이 가장 좋은 아이템을 선택하는 것도 잘못된 선택은 아니다.

네 번째 의사결정은 플랫폼 개방의 정도이다. 이 또한 매우 어려운 의사결정이다. 위키피디아처럼 완전한 개방을 통해 성공하기도 하고, 애플과 같이 부분적으로 개방함으로써 성공하기도 한다. 개방을 많이 할수록 플랫폼의 성장의 속도는 빨라진다. 하지만 플랫폼의 통제력과 수익성이 저하된다. 반면 개방을 조금 하면 통제력과 수익성을 높아지지만 성장의 속도는 더딘 단점이 있다. 어떤 방향을 선택하는가는 상황에 따라 다르겠지만 일반적으로는 개방을 많이 할 때 성공한 사례가 더 많다.

마지막으로는 경쟁의 범주를 주의해야 한다. 최근에는 온 · 오프라인의 경계가 허물어지고, 플랫폼과 파이프라인 비즈니스의 차이도 점차 줄어들고 있다. 이러한 상황 속에서 단순히 나와 유사한 제품이나 서비스를 취급하는 플랫폼만을 경쟁자로 생각하면 안 된다. 경쟁의 범주를 어디까지로 봐야 되는지도 중요한 의사결정 포인트이다.

이번 장에서는 파이프라인 기업이 플랫폼 비즈니스에 성공하기 위한 6가지 조건도 함께 설명하였다. 이 부분은 책의 전반에 걸쳐 설명한 내용을 정리하고 강조하기 위한 의미로 포함하였다. 플랫폼 비즈니스를 준비하고 있는 기업이나, 개인이 있다면 아래 6가지 항목은 반드시 기억하기를 바란다.

1. 폐쇄성을 버리자.
2. 수직계열화를 이용한 성공방정식에서 벗어나라.
3. 참여자들과 함께 새로운 가치를 창출하라.
4. 플랫폼은 비용절감의 효과가 있어야 한다.
5. 참여자들이 상호작용을 증가시킬 수 있어야 한다.
6. 플랫폼의 품질을 유지할 수 있어야 한다.

10장의 연습 문제

1. 본인이 사용하는 인터넷 쇼핑몰을 나열해 보고 왜 여러 쇼핑몰을 이용하는 멀티호밍 현상이 일어나는지에 대해 설명하시오.
2. 본인이 자주 이용하는 플랫폼 비즈니스 사례를 이용하여 경쟁의 범주를 정의하고 그 이유를 설명하시오.

사례 기업리스트

No.	기업명	사업 개요	특징	URL
1	EA 스포츠	EA 스포츠는 스포츠 비디오 게임을 개발하고 발행하는 플랫폼이다.	FIFA, NHL, NBA 라이브, 매든 NFL 등의 게임 시리즈를 발매하며 게이머들 사이에서 가장 유명한 브랜드 중에 하나이며, 닌텐도, 플레이스테이션, 엑스박스 등 유명 게임회사들은 EA 스포츠와 파트너십을 통해 자사 게임플랫폼에 스포츠 마니아들을 지속적으로 유입하고 있다.	https://www.ea.com/sports
2	HBO	미국의 대표적인 영화를 전문으로 하는 유선 방송이다.	HBO는 'Home Box Office'의 줄임말로 타임워너사가 1972년 설립하였으며, 대량의 영화를 입수, 보급하는 데 성공함으로써 미국 케이블 시청가구의 50%가 넘는 점유율을 차지하고 있다.	https://www.hbo.com
3	넷플릭스	세계적인 엔터테인먼트 스트리밍 서비스 회사이며, 190여 개국에서 1억 6,700만여 개의 유료 멤버십을 보유하고 있다.	유료 회원들은 TV 시리즈, 다큐멘터리, 장편영화 등 다양한 장르의 콘텐츠를 여러 언어로 시청할 수 있으며, 인터넷에 연결되어 있으면 원하는 콘텐츠를 언제 어디서나 무제한으로 서비스 받을 수 있다.	www.netflix.com
4	닌텐도	일본의 대표적인 비디오 게임회사이자 마이크로소프트, 소니와 같이 세계 주요 게임 업체 가운데 하나이다.	일본의 엔터테인먼트 기업 중에서 가장 대중적으로 인지도가 높은 기업이며 비디오 게임 산업의 초창기인 1970년대부터 현재까지 명맥을 유지하고 있는 유일한 기업이다.	https://www.nintendo.co.jp
5	라인프렌즈	2011년 출시된 모바일 메신저 '라인'의 스티커 캐릭터이자, 해당 캐릭터 관련 사업을 하는 기업이다.	라인의 인기 캐릭터들을 오프라인 비즈니스 모델에 적용해 애니메이션에서 게임, 테마파크, 카페 등을 선보였고, 아시아 주요 도시에서 라인프렌즈 스토어를 운영 중이다.	https://www.linefriends.com
6	리디북스	2009년 11월에 서비스를 시작한 대한민국의 전자책 서점이다.	국내 최초의 스마트폰 기반의 전자책 서비스로 사용자는 온라인 서점에서 구매한 도서를 무료로 제공되는 애플리케이션 및 전자책 전용 뷰어를 통해 읽을 수 있다.	https://ridibooks.com
7	리프트	미국에서 두 번째로 큰 자동차 공유 회사로 우버에 이어 28%의 시장점유율을 보이고 있다.	미국 644개 도시와 캐나다 12개 도시에서 운영되고 있는 자동차 공유 회사이다.	https://www.lyft.com

No.	기업명	사업 개요	특징	URL
8	링크드인	구인기업과 구직자를 연결하는 구인구직 소셜 네트워크 플랫폼이다.	구인구직 서비스와 SNS 기능이 혼합된 플랫폼으로 전 세계 약 5억 명 이상의 이용자들이 사용하고 있다. 단순히 구인/구직을 넘어 자신의 커리어를 지속적으로 업데이트하여 개인별 전문성을 마케팅하는 수단으로도 활용되고 있다.	www.linkedin.com
9	링크샵스	국내 최대 동대문 도매의류 중개 플랫폼이다.	소매점과 도매상에서 필요로 하는 관리 기능을 하나의 통합 어플에서 종합적으로 관리함으로써 도매상과 소매점의 거래를 활성화하고 있다. 2020년에 선보인 '고집배송' 서비스는 상품 사입부터 검수 · 검품, 재고 · 물류관리, 포장 · 배송 업무까지 일련의 모든 서비스를 쇼핑몰에 직접 제공하고 있다.	https://www.linkshops.com
10	마이리얼트립	가이드가 필요한 여행자와 현지인 가이드를 연결하는 여행 중개 플랫폼이다.	현지인과 여행자를 직접 연결하여 비교적 저렴한 가격으로 가이드 서비스를 제공하고 있다. 특히 현지인만이 알 수 있는 특별하고 독특한 여행 상품의 개발이 가능하다는 장점이 있으며, 전문 가이드가 아닌 일반인도 누구나 여행 상품을 만들고 가이드로 활동함으로써 지역경제 활성화에 도움을 주었다.	https://www.myrealtrip.com
11	마이스페이스	2003년 미국에서 설립된 소셜 네트워크 서비스(Social Network Service, SNS; 웹상에서 이용자들이 인맥을 형성할 수 있게 해주는 서비스) 회사이다.	2000년대 중후반의 미국에서는 2010년대 중반의 페이스북과 같은 위상에 있었다고 보아도 무방할 정도로 인기 있는 사이트였으나 2009년 이후로는 페이스북에 완전 역전당했다. 2010년 들어서는 사이트의 정책 방향을 SNS가 아닌 음악가들을 위한 사이트로 기능하고 있다.	https://myspace.com
12	박스드	미국의 온라인 및 모바일 회원권이 없는 창고형 도매업으로 앱이나 웹사이트를 통해 대량 물량 배송을 소비자에게 제공한다.	박스드는 이름 그대로 코스트코처럼 생필품을 '박스묶음' 대용량으로 저렴하게 판매한다. 창고형 할인매장을 모바일로 그대로 옮겨온 것이다. 박스묶음으로 파는 만큼 상품의 가격은 아마존보다 30~40% 정도 저렴하다. 박스드는 2014년에 800만 달러(약 90억 원)의 매출을 기록했고, 2016년에는 무려 1억 달러(약 1,126억 원)를 기록했다.	https://www.boxed.com

No.	기업명	사업 개요	특징	URL
13	배달의 민족	한국의 대표적인 배달 애플리케이션 업체이다.	요기요와 함께 배달앱 업계를 양분하고 있었으나 2019년 12월 요기요 운영사인 독일의 딜리버리히어로(DH)에 매각되었다. 이번 인수로 국내 배달앱 시장을 DH코리아가 거의 독점하게 돼 공정거래위원회의 경쟁 제한 심사 대상으로 거론되었다.	https://www.baemin.com
14	뱅크샐러드	각종 금융 데이터를 내역별로 정리해 개인의 자산 및 소비내역에 분석에 따라 맞춤형으로 자산 관리를 도와주는 플랫폼이다.	최근 오픈뱅킹 시대가 열리면서 모바일 앱에서 국내 카드사 및 제1금융권 은행까지 100% 연동하며 고도화된 자산 분석 서비스를 제공한다. 기존에 은행이나 자산관리사를 만나야 가능했던 개인 금융자산 분석을 앱으로 편리하게 이용할 수 있어 2030에 집중되어 있던 사용자가 4050세대까지 확대되는 추세이다.	https://banksalad.com
15	뷰로그	프랑스에 본사를 둔 기업으로 차량 공유 서비스 사업자에게 필요한 갖가지 소프트웨어와 하드웨어를 공급한다.	사업자는 이동수단만 준비하면 뷰로그의 시스템을 활용하여 어디에서건 신속하게 모빌리티 공유 서비스를 시작할 수 있다. 여기에는 전기차와 내연기관차를 불문하고 세단, 경트럭, 밴 등의 3 · 4륜 차량은 물론 스쿠터와 킥보드까지 다양한 종류의 이동수단이 포함된다.	https://vulog.com
16	소프트뱅크	일본 최대 IT 회사 겸 세계적인 투자회사이며, 일본 시가총액 탑 3 기업이다.	일본 국내외 통신, 인공지능, IOT, 기업투자(비전펀드)를 중심으로 사업을 전개 중이다.	http://www.softbank.co.kr
17	쇼피파이	캐나다에 본사를 둔 글로벌 최대 클라우드 기반의 이커머스 플랫폼이며, 온라인 판매자가 쇼핑몰을 만드는 도구와 함께, 이커머스 생태계를 구성하는데 필요한 부가 솔루션을 제공하는 업체이다.	온라인 판매자가 쇼핑몰을 만드는 데 필요한 상품, 주문, 재고, 디자인, 물류, 결제, 고객관리 시스템과 고객에게 상품을 전달하는 가치사슬 안에서 필요한 부가적인 기능들을 판매한다. 전 세계에서 쇼피파이로 만들어진 80만 개 이상의 쇼핑몰이 1천억 달러 이상의 가치를 창출해 내는 것으로 알려졌다.	https://www.shopify.com
18	스카이스캐너	웹사이트 및 모바일 앱으로 전 세계 모든 항공권, 호텔, 렌트카의 검색, 가격비교 및 예약까지 가능한 서비스를 제공하는 업체이다.	스카이스캐너는 하나투어, 트립닷컴 등 여행 예약 사이트나 항공사 공식 홈페이지에 올라온 항공권, 호텔의 가격을 비교해 주는 역할을 하며 직접 판매하는 곳은 아니다.	https://www.skyscanner.co.kr

No.	기업명	사업 개요	특징	URL
19	스포티파이	2008년에 출범한 전 세계 최대의 음원 스트리밍 서비스 플랫폼이다.	2019년 10월 기준으로 사용자는 2억 4,800만 명 이상, 프리미엄 사용자는 1억 1,300만 명에 달한다. 전 세계 최대의 음원 스트리밍 서비스여서 Spotify 스트리밍 순위를 K-POP 가수의 해외 인기를 알 수 있는 지표로 삼기도 한다.	https://www.spotify.com
20	시터시티	지역에서 가정 내 의료 서비스를 고용하고자 하는 가족, 개인 및 회사 직원들을 위한 미국의 온라인 플랫폼이다.	시터시티에서 찾아볼 수 있는 간병인 유형으로는 베이비시터, 보모, 애완동물 베이비시터, 노인요양인, 가정주부가 있다. 이 사이트에는 현재 등록된 간병인이 500만 명이 넘으며, '믿음과 신뢰'가 무엇보다도 중요한 만큼 간병인 선발 기준을 엄격하게 관리한다.	https://www.sittercity.com
21	싸이월드	1999년 설립된 한국의 소셜 네트워크 서비스 회사이다. 설립 당시 절대적인 강자로 군림하였으나, 현재 페이스북과 인스타그램에 밀려 사용자가 거의 없는 상황이다.	미국의 페이스북, 마이스페이스와 영국의 베보와 같은 개인 가상 공간으로, 싸이월드 서비스에 포함된 '미니홈피'는 이미 고유명사가 되어 사용될 정도로 영향력을 가지게 되었다. 2018년 싸이월드의 새로운 뉴스 서비스인 '큐(QUE)'를 오픈하며 재도약을 준비했지만, 2019년 서비스를 잠정 중단했다.	https://cy.cyworld.com/cyMain
22	쏘카	스마트폰 어플리케이션을 통해 카셰어링 서비스를 제공하는 기업이다.	이용 방법이 단순하여 귀찮은 절차 없이 바로 대여하고 사용할 수 있으며 최소 이용시간이 30분으로 짧다는 장점이 있으나, 일반 렌트카에 비해 주행 요금이 비싸 장거리 운행 시 비용이 많이 들어간다. 따라서 차 없는 사람이 단시간 간단하게 주변으로 다녀올 때 유용하다.	https://www.socar.kr
23	아마존	1995년 미국에서 설립된 인터넷 서점으로 시작한 온라인 쇼핑몰 전문 글로벌 기업이다.	미국 온라인 쇼핑몰 매출 1위, 전체 온라인 소매 시장의 약 절반을 차지하고 있다. 책뿐만이 아니라 음반, 게임, 노트북, 스마트폰 등 다양한 물품을 구입할 수 있으며, 온라인 소매 2~10위 업체 매출을 다 합해도 아마존의 매출에 미치지 못한다.	https://www.amazon.com

No.	기업명	사업 개요	특징	URL
24	알리바바	중국의 기업가 마윈이 1999년에 설립한 인터넷 관련 기업으로 중국 야후, 타오바오, 알리바바닷컴을 운영하는 다국적 기업이다.	중국 전자상거래 시장에서 80%에 이르는 점유율을 차지하고 있는 최대의 전자상거래 업체로 매일 1억 명이 물건을 구매하기 위해 알리바바를 찾는다.	https://www.alibaba.com
25	야놀자	숙박 예약, 레저 액티비티 티켓 구매 서비스 및 여행 준비에 필요한 서비스를 포괄적으로 제공하는 글로벌 여가 플랫폼 기업이다.	2020년에는 인슈어테크 기업과 연계하여 항공권 예약부터 여행자보험까지 원스톱으로 간편하게 여행객들이 이용할 수 있도록 편의성을 높였다. 그밖에 블록체인 기반의 토큰을 레저와 쇼핑, 교통 등을 연결하는 매개로 삼아 사업을 확장할 예정이다.	https://yanolja.in/ko
26	에버데이즈	부고와 추모 소식을 알리기 위한 플랫폼이다.	2017년에 생긴 회사는 2년 만에 200만 명에 가까운 사람을 유치했다. 매일 7,500명가량의 사망자가 발생하는데, 그 중 0.6%가 에버데이즈를 통해 부고를 전하는 중이다. 고인과 가족들의 전화번호를 등록하면 휴대폰에 저장된 번호들이 동기화되고 가족들이 번호들을 선택하면 이들에게 초대장을 전송한다. 고인의 사진과 태어난 일시와 사망 날짜, 고인을 추억할 수 있는 사진 등을 볼 수 있으며 가족들이 주최하는 행사나 알림사항 등을 제공한다.	https://everdays.com
27	오픈테이블	레스토랑을 예약하고자 하는 소비자와 오픈테이블의 예약 시스템을 사용하는 서비스 제휴 음식점(기업 고객)을 연결해 주는 플랫폼 기업이다.	오픈테이블의 가맹점 레스토랑이 전 세계에 약 4만 개가 있다. 여행과 비즈니스 출장이 광범위해진 오늘날 타지에서의 레스토랑 예약은 해결해야 할 난제인데 글로벌 어디에서든 손쉽게 식당을 예약할 수 있는 장점으로 고객을 꾸준히 유지하고 있다.	https://www.opentable.com
28	와비파커	처방전 안경과 선글라스를 판매하는 미국 뉴욕에 본사를 둔 온라인 쇼핑몰이다.	안경업체 최초로 온라인을 통한 판매방식을 채택했다. 디자인부터 제조, 판매까지 모든 과정을 단축시켜 기존 독과점 구조의 안경가격의 5분의 1 수준으로 가격대를 낮췄다. 소비자가 홈페이지에서 마음에 드는 안경 5개를 고르고 배송받은 후 제일 마음에 드는 안경 디자인을 선택하면 맞춤안경을 최종 배송해 주는 시스템이다.	https://www.warbyparker.com

No.	기업명	사업 개요	특징	URL
29	우버	2009년 미국에서 창립된 운송 네트워크 회사이다. 스마트폰 어플리케이션으로 승객이 차량을 이용할 수 있게 하는 서비스를 제공한다.	자사 소속의 차량이나 공유된 차량을 승객과 중계하여 승객이 이용 요금을 지불하며, 그 회사에서 수수료 이익을 얻는 라이드 셰어링 서비스를 제공한다. 2014년 6월 기준 전 세계 100개 도시 이상에서 서비스 중이며, 한국에는 2013년에 진출하여 2014년 10월부터 서울에서 우버택시 서비스를 시작했다.	https://www.uber.com/kr/ko/seoul
30	위키피디아	누구나 자유롭게 글을 쓸 수 있는 사용자 참여형 온라인 백과사전이다.	전 세계 200여 개 언어로 만들어 가고 있으며 한국의 경우 2002년 10월부터 시작되었다. 다양한 방면의 지식들이 방대한 분량으로 자세히 수록되어 있고 내용이 끊임없이 갱신되며 접근이 편리하기 때문에 논란에도 불구하고 참고자료로 애용되고 있다.	https://www.wikipedia.org
31	유튜브	구글이 운영하는 동영상 공유 서비스로, 사용자가 동영상을 업로드하고 시청하며 공유할 수 있도록 한다.	유튜브는 당신(You)과 브라운관(Tube, 텔레비전)이라는 단어의 합성어이다. 월간 국내 사용자 수가 3,000만 명이 넘는 최대 동영상 공유 플랫폼이며, 제품 홍보 및 예능, 웹드라마 등 유튜브를 통한 마케팅이 활성화되고 있다. 유튜브의 동영상 광고 수익은 온라인 동영상 광고시장의 약 40%를 차지하고 있다.	www.youtube.com
32	이베이	1995년 미국에서 설립된 세계 최대 규모의 오픈마켓이며, 인터넷 경매와 고정가 방식의 쇼핑을 운영하는 기업이다.	수집품, 가전제품, 컴퓨터, 가구, 자동차를 비롯한 모든 종류의 신제품, 중고제품 등의 물건을 취급하고 있으며 무형의 서비스도 거래된다. 페이팔의 모회사이기도 하여 이베이에서 결제할 때 페이팔이 연동되고 있다.	https://www.ebay.com
33	인스타그램	온라인 사진 및 비디오 공유 어플리케이션이다. 사진과 비디오를 페이스북, 트위터, 플리커(Flickr) 등과 같은 소셜 네트워크 플랫폼으로 공유할 수 있기 때문에 소셜 네트워크 서비스(SNS)로 보기도 한다.	2012년 4월에는 사용자가 1억 명을 돌파하였으며, 2014년 12월에는 사용자가 3억 명에 이르렀다. 2011년 1월에는 해시태그(hashtag)를 추가하여 사용들이 사진이나 친구를 손쉽게 찾을 수 있도록 하였다. 2012년 4월 페이스북에 10억 달러에 인수되었으며, 인수 후에도 독립적으로 운영되고 있다.	https://www.instagram.com

No.	기업명	사업 개요	특징	URL
34	인튜잇	미국의 비즈니스 및 금융 소프트웨어 회사이다.	중소기업, 회계사, 개인 등을 위한 금융, 회계 및 조세 준비 소프트웨어 및 관련 서비스를 개발하고 판매하는 기업이다. 인튜잇이 개발한 회계 프로그램 퀵북(Quick Books)은 모두가 사용하는 회계 프로그램으로 참여자 간 커뮤니케이션이 원활하도록 서비스를 제공해줌으로써 유용한 플랫폼이 되었다.	https://www.intuit.com
35	지그재그	3,500개가 넘는 여성 쇼핑몰을 한번에 모아서 개인 취향에 맞는 쇼핑몰과 의류를 추천해 주는 플랫폼이다.	주요 소비자는 10~20대 여성이며, 20대 이용자가 전체의 54%를 차지한다. 새로운 것을 끊임없이 찾는 20대 소비 특성이 지그재그 서비스와 잘 부합했으며 다른 세대의 이용자를 끌어들이기 위한 큐레이션 기능을 보완하고 있다.	https://zigzag.kr
36	직방	2012년 한국에서 출시된 부동산 앱이다.	유저(임차인)–플랫폼–공인중개사(임대인) 구조의 부동산 플랫폼은 2004년 피터팬의 좋은방구하기라는 네이버 카페가 시초이나, 이를 독립된 플랫폼으로 웹–> 앱 형태로 구현/개발한 것은 직방이 최초이다.	https://www.zigbang.com
37	카카오IX	카카오가 2012년 11월 출시한 카카오톡 이모티콘 기반 캐릭터인 카카오프렌즈 관련 사업을 포함해, 브랜드 전문지, 외식업체 등을 운영하는 기업이다.	2019년 카카오 IX의 누적 매출은 전년 연간 매출인 1,051억 원을 넘어섰다. 카카오IX 매출이 캐릭터 매출과 정확히 일치하는 것은 아니지만 매출 증가 요인으로 카카오프렌즈의 온 · 오프라인 상품 매출 증가와 캐릭터 지식재산권(IP) 라이선스 확대, 해외 시장 진출 등으로 꼽을 수 있다.	https://www.kakaoix.com
38	카카오게임즈	카카오의 게임 전문 자회사로 게임 개발 및 배급사이다.	게임 퍼블리싱과 플랫폼 운영, 게임 개발 등을 아우르고 있는 종합 게임사로, 모바일 게임(카카오게임), PC온라인 게임(다음게임) 플랫폼을 운영 중이다.	https://www.kakaocorp.com
39	크몽	각 분야별 전문가(프리랜서)와 전문성이 필요한 사람을 연결하는 플랫폼이다.	다양한 분야의 전문가(컨설팅, 번역, 디자인, 프로그래밍 등)를 쉽게 검색하고, 저렴하게 작업 의뢰가 가능하며, 전문가는 본인의 전문성을 쉽게 판매함으로써 수익 창출이 가능한 오픈 마켓이다.	https://kmong.com

No.	기업명	사업 개요	특징	URL
40	타다	2018년 한국에서 출시된 모빌리티 플랫폼이다.	소비자가 앱으로 자동차를 빌리면 운전기사까지 함께 이용할 수 있는 서비스를 제공한다. 타다는 강제 배차돼 승차 거부가 없고, 기아차 카니발을 활용해 넓은 차로 이동할 수 있는 등의 장점으로 빠르게 성장했으나 택시업계 기사들의 생존권을 위협한다며 퇴출을 요구받고 있다.	https://tadatada.com
41	텐센트	중국 최대의 종합 인터넷 회사이자 매출액 기준 세계에서 가장 큰 게임 회사이다.	중국 내에서 가장 큰 규모의 포털을 보유하고 있으며, 메신저인 QQ는 텐센트의 대표적인 상품으로, 메신저를 포함하여 온라인 및 모바일 네트워크에서 포털, 게임, 엔터테인먼트 서비스를 제공하고 있다.	https://www.tencent.com
42	투로	미국의 카셰어링 회사로 자가용 차량 소유자들이 온라인과 모바일 인터페이스를 통해 차량을 대여해 주는 플랫폼이다.	전통적인 자동차 렌탈 서비스와 달리 투로는 자동차를 소유하거나 유지하지 않으며 차주들이 차를 빌릴 수 있는 플랫폼을 제공한다. 2017년에는 400만 명의 사용자가 이 서비스를 사용하기 위해 등록했으며 17만 대의 개인 소유 자동차를 대여하였다.	https://turo.com
43	틱톡	사용자들 간의 15초 이내의 짧은 동영상을 공유하는 영상 소셜 네트워크 플랫폼이다.	사용자는 오랜 시간 집중하기 어렵거나, 잠깐씩 재미를 느끼고 싶은 젊거나 어린 사용자에 집중되어 있으며, 정보 전달이나 지식습득보다는 Fun에 초점을 맞춰서 차별화함으로써 다수의 사용자를 확보하고 있다. 전 세계 105개 국가에서 75개 언어로 서비스 중이다.	www.tiktok.com
44	페이스북	미국에서 가장 성공한 소셜 네트워크 서비스(SNS) 웹사이트 이다.	시초는 하버드 학생들만 이용하던 사이트 'thefacebook'이 아이비리그에서 주변의 학교로 퍼져나가면서 학교 네트워크 사이트로 유명해졌고, 2006년에는 일반 사용자들까지 이메일 주소만 있으면 가입할 수 있도록 확대되었다. 빠른 속도로 성장하여 상장 초기의 우려를 종식시키며 2017년 미국의 상장기업 중 시가총액 6위에 해당하는 거대 기업이다.	https://www.facebook.com

No.	기업명	사업 개요	특징	URL
45	페이팔	온라인 결제가 필요한 사람과 온라인 판매 업체를 결제 시스템을 통해 연결하는 플랫폼이다.	전 세계에서 가장 많은 업체가 사용하고 있는 결제 시스템으로 구매자는 간편한 절차를 통해 안전하게 온라인 결제를 진행할 수 있으며, 판매업체는 편리한 결제 시스템을 통해 소비자들의 결제를 촉진한다.	www.paypal.com
46	피플카	2013년 한국에 출시된 모빌리티 플랫폼이다.	처음에는 자차를 이용하여 카셰어링 사업을 운영하였으나, 2017년부터 렌터카 업체에 솔루션을 제공하는 방식으로 사업을 전환하였다. 카셰어링, 렌트 통합 플랫폼 서비스를 시작하면서 4,000대 이상의 공급물량을 제공하고 있다. 2019년 피플카의 회원 수는 18만 명을 넘어선 상태이다.	https://www.peoplecar.co.kr
47	호갱노노	한국의 부동산 정보 플랫폼으로 국토교통부 실거래가 기반의 집값 정보를 제공한다.	'호갱'과 '노노'의 합성어로 호구 고객이 되지 말자는 뜻으로 부동산에 대한 객관적인 데이터를 제공하여 아파트 실거래가는 물론 호가, 인구, 주변 인프라 등 다양한 정보를 제공해 월 100만 명 이상이 접속하는 부동산 플랫폼이다.	https://hogangnono.com
48	헤이딜러	한국의 중고차 경매 플랫폼 기업이다.	내 차를 팔때 잔존가치를 실시간으로 확인할 수 있고 경매를 통해 내 차의 가치를 높게 책정해 주는 업체에게 차를 팔되 안전거래를 위한 장치를 마련해 둠으로서 중고차 거래를 원하는 고객들에게 편의성과 신뢰를 제공하고 있다.	https://heydealer.com

출처: 구글, 위키피디아, 나무위키, 두산백과, 언론 인터뷰 기사글 인용

마치며…

이제 플랫폼 비즈니스는 거스를 수 없는 대세이다. 물론 플랫폼 비즈니스만이 기업의 경쟁력을 가져오고 수익을 창출하는 유일한 비즈니스 모델은 아니다. 현대의 비즈니스 환경은 하나의 수익 모델을 허용할 정도로 단순하지 않기 때문이다.

전통적인 비즈니스에서 성공의 방정식은 우수한 기술력을 바탕으로 품질 좋은 제품 및 서비스를 생산하여 합리적인 가격에 고객들에게 전달하는 것이다. 하지만 플랫폼 비즈니스에서는 참여자 및 파트너와 함께 생태계를 구축하고 그들로 하여금 스스로 가치를 만들고 나눌 수 있는 환경을 조성하는 것이 무엇보다 중요하다. 플랫폼의 운영자는 이들이 보다 활발하게 상호작용을 할 수 있도록 잘 관리하고 운영하는 것이 플랫폼 비즈니스에서의 성공의 방정식이라 할 수 있다.

디지털이 몸에 익지 않은 기성세대에게는 플랫폼 비즈니스가 익숙하지 않아 어색한 것이 당연하다. 그렇다고 과거의 성공방식을 계속 고집할 수만은 없게 세상은 변해가고 있다. 어느 비즈니스나 마찬가지이듯이 소비자는 왕이고 진리이다.

소비자가 궁극적으로 품질 좋고 싸고 편리한 제품을 구매하고 사용하고자 하는 욕구는 변하지 않는 진리이다. 플랫폼은 공급자와 소비자 간에 거래(가치 교환)의 편리함을 제공하고, 제공되는 품질의 향상을 가져오고 거래비용을 감소시켜 주는 역할을 하면서 등장한 비즈니스 모델이기에 플랫폼이 제공하는 싸고 편리함을 이기는 비즈니스모델이 새로 등장하지 않는 한 이 비즈니스모델은 지속적으로 발전해 나갈 것이다. 플랫폼 비즈니스는 최근 들어 활발한 연구가 진행되고 있는 분야이기 때문에 검증된 이론이 부족한 것이 사실이지만, 지금까지 이야기한 플랫폼 비즈니스의 성공 방정식은 크게 변하지 않을 것이다.

이 책에서는 플랫폼 비즈니스의 개념부터 시작하여 PEC(Platform Ecosystem Canvas)를 활용한 디자인 방법, 그리고 주요 진입전략과 성공 조건들을 설명하였다. 그리고 전통적인 비즈니스와 플랫폼 비즈니스가 어떠한 차이가 있는지도 전반적으로 살펴보았다.

플랫폼 비즈니스에 막연한 두려움을 가지고 있거나 플랫폼으로 성공한 기업들에 대한 동경심을 가지고 있는 경영자들이 플랫폼의 실체를 이해하는 데 도움이 되기를 바라며 이 책을 마친다.

찾아보기

ㄱ

가치단위 40, 53

가치사슬 8, 170

가치제안 53, 57

거래 17, 25

거래 수수료를 통한 수익 창출 130

거래비용 18

거래형 플랫폼 227

게이미피케이션 93

교차면 네트워크 효과 70

구글 138

긍정적 네트워크 효과 70, 72, 73

기능 통합 86

기아자동차 16

ㄴ

나이키 182, 219

네이버 지식iN 93

네트워크 효과 7, 14, 40, 70, 74, 98

넷플릭스 98

ㄷ

대영백과사전 184

동일면 네트워크 효과 70

ㄹ

라이선스를 통한 수익 창출 139

리니어 기업 171

리프트 16, 77

링크드인 84

링크샵스 33

ㅁ

마이스페이스 79

마이크로소프트 113

마케팅 근시 50

매칭하기 83

ㅂ

바이럴리티 74

박스드 57

배달의 민족 13, 97

뱅크샐러드 86

보조금 전략 77

봇 90, 213

부정적 네트워크 효과 70, 72

뷰로그 115

블랙베리 183
비즈니스 모델 38
비즈니스 플랫폼 28, 31

ㅅ

사용자 생성 콘텐츠 91
상호작용 25, 40
서비스 플랫폼 28, 30
서비스거래형 플랫폼 35, 51
소셜형 플랫폼 36, 51
소프트뱅크 12
소프트웨어 플랫폼 28, 30
쇼피파이 57
수직계열화 191
순차적 사용자 확대전략 76
스포티파이 133
승자독식 125, 210
싸이월드 62
쏘카 101

ㅇ

아마존 89, 117, 193, 208
아이튠즈 8
안드로이드 216
알리바바 12
애플 8, 74, 88, 182, 213
에버데이즈 59
에어비앤비 13, 32, 79, 85, 110, 130
API 91
오픈테이블 144
와비파커 92
우버 13, 16, 37, 77, 160
위키피디아 211, 227
유료 사용료를 통한 수익 창출 132
유명 공급자의 활용 78
유명브랜드를 이용하는 전략 79
유명한 다른 사이트에 업어타기 전략 78
EA 스포츠 80
이해관계자 41, 157
이해관계자
인스타그램 13, 52

ㅈ

자산공유형 플랫폼 36
작은 시장에서부터 큰 시장으로 늘려가는 전략 81
제품거래형 플랫폼 35, 51
지식iN 94
직방 13

ㅊ

참여자의 타기팅 60
초기 리소스 제공 88
촉진하기 82
추천 시스템 88

ㅋ

카카오 72, 73, 91
카카오 게임즈 215
카카오톡 13
쿼북 194
큐레이션 135

ㅌ

타다 100, 158
텐센트 12
투로 36
트위터 63
틱톡 58

ㅍ

파이프라인 기업 171
파이프라인 비즈니스 15
파이프라인 사업 6
패스트 팔로워 222
페덱스 117
페이스북 63, 81, 113, 138
플랫폼 생태계 37
플랫폼 생태계 캔버스 27, 33, 39
PEC 150
피플카 103, 224
필터 84

ㅎ

하드웨어 플랫폼 28
헤이딜러 160
현대자동차 16

저자 소개

채서일

현재 고려대학교 경영대학 명예교수이며 한국 경영학계와 마케팅학계 거두 중 한 명이다. 1973년 서울대학교 상과대학에서 경영학 학사학위를 받고, 한국과학원에서 산업공학 석사, 미국 인디애나 대학교(Indiana University)에서 경영학 석사, 동 대학에서 마케팅으로 경영학 박사학위(1980년)를 받았다.

인디애나 대학교에서 교직생활을 시작했으며(1978~1980년), 피츠버그 대학교(Universityof Pittsburgh) 카츠 경영대학원(Katz School of Business)에서 1980년부터 4년간 조교수로 재직했다. 1984년 고려대학교 경영대학에 부임했으며, 1993~1994년 스탠퍼드 대학교(Stanford University) 경영대학원에서 Visiting Scholar로, 2000년 피츠버그 대학교 카츠 경영대학원과 2004년 캘리포니아 롱비치 주립대학교(California State University at Long Beach)에서 객원교수로 학생들을 가르쳤다.

한국소비자학회, 한국마케팅학회 회장을 지냈고 2006년에는 한국경영학회 회장직을 수행했다. 〈경영학연구〉 편집위원을 비롯해 〈마케팅연구〉, 〈소비자학연구〉 편집위원 및 편집위원장으로 활동했으며, *Asian Journal of Marketing*을 비롯한 해외저널의 편집위원으로도 활동했다. 아울러 지금까지 이들 학회에서 활발하게 위원회 활동을 하고 있으며 학술 논문 발표도 꾸준히 하고 있다.

경제기획원, 국무총리실, 외교통상부, 산업자원부, 중소기업청 등 정부기관의 자문으로도 활동하였으며 삼성, 현대, LG, SK, GS, KT, 데이콤, 한국투자증권, 에스콰이아 등 국내 유수기업 및 중견기업의 사외이사와 경영자문으로 활동하며 경영이론의 현실적용은 물론, 현장 경영에 근거한 한국적 경영학 연구의 토대를 마련하기 위해 애쓰고 있다.

현재 그의 관심 연구분야는 미래학에서의 기업경영, 기업의 사회적 책임, 디지털 트랜스포메이션과 비즈니스의 혁신, 플랫폼 비즈니스 구축 등이며, 관심 교육 분야는 비즈니스 현업의 다양한 변수를 동시에 적용할 수 있는 Business Simulation Game의 개발 및 이를 활용한 Interactive한 교육과 미래 경영환경에 대비할 수 있는 창의성을 개발하는 교육, 그리고 디지털을 이용한 비즈니스 모델 만들기이다.

주요 저서로는 《사회과학 조사방법론》, 《마케팅》, 《마케팅조사론》, 《유통관리》, 《신제품 밀레니움》, 《체계적 설문디자인》, 《마케팅전략 시뮬레이션 게임》, 《SPSS WIN을 이용한 통계분석》 등이 있으며, 〈경영학연구〉, 〈마케팅연구〉, 〈소비자학연구〉, 〈상품학연구〉, *Psychometrika*, *Journal of Product Innovation Management*, *Journal of Service Marketing*, *Journal of Business Research*, *Journal of Internet Commerce* 등 국내외 유수 저널에 50여 편의 논문을 발표했다.

저자와의
협의하에
인지생략

플랫폼 비즈니스

2020년 3월 25일 초판 인쇄
2020년 9월 15일 초판 2쇄 발행

저 자 : 채서일
발행인 : 정광식
발행처 : **비앤엠북스**
서울특별시 금천구 가산디지털1로 70 B1-103
등 록 2004. 12. 29. / 제313-2004-00298호
전 화 2627-5710~13, 팩스 2627-5720
홈페이지 www.대학교재.net
이 메 일 bnmbook@daum.net

가격 25,000원 ISBN 978-89-6821-108-9